補助金の申請と
会計・税務

藤原 勉／西村哲雄／太陽ASGグループ［編著］

一般社団法人 金融財政事情研究会

はしがき

　今から２年半前の2011年３月11日、東北太平洋沖で発生した巨大地震と大津波による被害で、同沿岸は壊滅的な打撃を受けました。これを受け、被災者の方々が一日も早い復興を成し遂げられるよう、国及び東北各県が、補助金を交付することを決定しました。独立行政法人　中小企業基盤整備機構では補助金申請者の方々への支援として、豊富な中小企業支援の経験を有するアドバイザーが、現場での相談に応じることとなりました。他方、同年４月に日本公認会計士協会が打ち出した「被災地への専門家としての人的支援」等により復旧・復興に協力するという方針を受け、東京に拠点を置く太陽ASG有限責任監査法人が、事務所内でボランティアを募り補助金申請の支援というかたちで復興に協力させていただいております。

　この度上程した「補助金の申請と会計・税務」は、上記の豊富な中小企業支援の経験を有するメンバーや同監査法人の公認会計士が、中小機構・東北本部復興支援センターの「震災復興支援アドバイザー」として従事した経験を基に、補助金の申請に関する実務や会計・税務のポイントをわかりやすくまとめたものです。

　被災者を対象とする補助金申請にあたっては、これらアドバイザーが釜石、大船渡、気仙沼、南三陸、石巻、仙台、山元、亘理、いわき等々、東北の各地を回って震災の被害を受けた方々からのご相談を受けました。そのなかで、①補助金の申請に際し被災者の方々が組成すべきグループの目的とは何か、②グループを構成する各メンバーの役割は何かなどの論点について被災者の方々とアドバイザーが夜遅くまで話合いを続けました。そうしたなかで、被災者グループ内のメンバー同士、被災者の方々とアドバイザーの間、各アドバイザー同士、のそれぞれに「絆」が生まれました。

　すでに補助金交付の対象になった被災地域や企業以外でも補助金を申請したいというグループは東北各地に数多くあると聞きます。また、補助金には被災者を対象とするもの以外にも多くの種類があります。本書では、これら

の補助金申請に必要な書類作成における要点や注意すべき点を、簡潔にかつわかりやすくまとめています。本書を読んでくださる方々にも「絆」が広がることを期待しています。

　震災で大きな被害を受けた岩手、宮城、福島の各県の主要漁港では、不漁や汚染水問題で復興の足掛かりがまだ築けずにいるところもあるようです。しかし、少しずつでも、東北の復興は着実に進んでいます。私たちは、補助金の申請を通して今後も復興のお手伝いをし、それにより「絆」の連鎖が広がって、より大きな「絆」となることを望んでいます。そこにこの本を読んでくださった方々の絆が加わり、さらに大きな「絆」に成長し、強く、太く、決して切れないものになってほしいと念願しています。

　日出ずる国、日本。その日本において最も早く日が昇る地域のひとつ、東北。太陽は沈んでもまた必ず昇ります。東北も必ず復興します。復興の後、東北が太陽となり、日本を、そして世界を照らしてくれると信じています。

　東日本大震災で被災された方々の、一日も早い復興を心からお祈り申し上げる次第です。

　本書の執筆にあたりましては、本当に数多くの方々にお世話になりました。中小機構・東北本部及び関係者の方々には「補助金のいろは」から細部の規程、書類の書き方に至るまでご教示いただきました。また、金融財政事情研究会・出版部および関係者の方々には、本書の出版に際して多大なるご協力を賜りました。この紙面をお借りして、厚く御礼申し上げます。

平成25年9月

執筆者一同

編著者略歴

藤原　勉（ふじわら　つとむ）

大学卒業後、政府系金融機関入庫。熊本支店長、東大阪支店長、金沢支店長及びさいたま支店長等を歴任し、平成22年退職。以後、地銀理事を経て、現在、中小企業コンサルティング業務に従事。長年にわたり数多くの中小企業の経営分析及び経営改善・事業再生等の実務に関与した経験を活かし、財務分析をベースとする事業計画の策定や経営改善指導を続けている。

西村　哲雄（にしむら　てつお）

コンピュータメーカー退職後、2008年に株式会社匠IT研究所を設立。同時に独立行政法人 中小企業基盤整備機構で、経営改善や販売促進資金調達等の支援活動を実施。2011年3月11日の震災以降、同機構の「震災復興支援アドバイザー」として被災企業の復旧復興の支援活動を開始。特にグループ補助金の申請は、20グループ、400社以上の支援実績を持ち、その他の震災関係の復興補助金申請にも精通し、現在でも多くの支援活動を継続。

太陽ASGグループ

太陽ASG有限責任監査法人

1971年設立。上場会社の監査クライアント数国内第4位の監査法人。歴史ある上場会社、近年上場を果たした企業、上場準備中の成長企業、金融機関、学校法人、独立行政法人、公益法人など、多様な規模と業種のクライアントを有する。設立から40年以上の経験により培った多彩なノウハウの蓄積に基づき、高品質な監査やアドバイザリーサービスを提供している。

八代　輝雄（やしろ　てるお）
パートナー、公認会計士
独立行政法人 中小企業基盤整備機構 震災復興支援アドバイザー

尾川　克明（おがわ　かつあき）
パートナー、公認会計士
独立行政法人 中小企業基盤整備機構 震災復興支援アドバイザー

大嶋　英一（おおしま　えいいち）
金融統括室長、東北復興支援統括

塩谷　淳一郎（しおや　じゅんいちろう）
公認会計士
独立行政法人 中小企業基盤整備機構 震災復興支援アドバイザー

高野　寛之（たかの　ひろゆき）
公認会計士
独立行政法人 中小企業基盤整備機構 震災復興支援アドバイザー

松下　周平（まつした　しゅうへい）
公認会計士
独立行政法人 中小企業基盤整備機構 震災復興支援アドバイザー

山林　貴裕（やまばやし　たかひろ）
公認会計士

グラントソントン太陽ASG税理士法人

1971年設立。企業活動のグローバル化と経済社会のボーダーレス化に伴い高度化する国内外の税務問題に、高い水準のノウハウと豊富な経験をもとに総合的なソリューションを提供している。ベンチャー企業及びオーナー系企業のコンサルティングに関して豊富な経験をもっており、税法・企業会計・商法・監査の組み合わせによる総合的な税務アドバイスを提供している。

田中　秀治（たなか　ひではる）
パートナー、税理士

目　次

第 1 章　補助金の概要

1 補助金とは何か……………………………………………………………2
2 なぜ補助金を交付するのか………………………………………………3
3 補助金に関する用語にはどのようなものがあるか……………………4
4 事業者が補助事業を実施するにあたり留意すべきことは何か………5
5 補助金の公募から交付までの流れはどのようになるか………………6
6 補助金の特徴は何か………………………………………………………8
7 どのような補助金があるか………………………………………………10
8 補助金の申請を検討している事業者は何をしたらよいか……………16
9 補助金の公募情報はどのように調べるか………………………………17
10 補助金の目的と内容はどのように調べるか……………………………18
11 申請する補助金の対象になる可能性はどのように判定するか………21
12 事業に要する経費が補助の対象となるかはどのように判定するか……23
[コラム]　第1章の最後に強調したいこと………………………………25

第 2 章　補助金の申請

1 補助金交付申請書類はどのような構成になっているか………………28
2 補助金交付申請書類の記入にあたり留意すべき点は何か……………30
3 申請書はどのように作成するか…………………………………………31
4 補助事業計画書はどのように作成するか………………………………32
5 事業の目的及び内容はどのように記入するか…………………………38
6 補助金申請書類の提出にあたり留意すべき点は何か…………………40

第 3 章　補助金の管理

1　補助事業計画が採択された後はどのようなことをすればよいか………44
2　なぜ補助金を管理するか……………………………………………………45
3　補助金の管理として何をすればよいか……………………………………47
4　証跡の整理と保管はどのように行うか……………………………………48
5　固定資産の取得時の証跡はどのように保管するか………………………50
6　人件費の支払時の証跡はどのように保管するか…………………………52
7　人件費関連の証跡はどのように作成するか………………………………54
8　人件費以外の経費を支払ったときの証跡はどのように保管するか……56
9　一定期間ごとに支払を行う経費の証跡はどのように保管するか………58
10　経費管理台帳はどのように作成するか(1)………………………………60
11　経費管理台帳はどのように作成するか(2)………………………………62
12　経費管理台帳はどのように作成するか(3)………………………………63
13　なぜ専用口座を開設し、専用預金元帳を作成するか……………………64
14　固定資産取得時の専用預金元帳はどのように作成するか………………65
15　研究開発にかかる経費等を支払った場合の専用預金元帳はどのように作成するか………………………………………………………………68
16　小口現金から支払を行った場合はどうするか……………………………70
17　補助対象外の経費とまとめて支払を行った場合はどのように記入するか………………………………………………………………………73
18　振込手数料が代金の受領者負担の場合の台帳と元帳はどのように記入するか………………………………………………………………………76
19　補助事業実施中の留意点は何か……………………………………………78
20　補助事業実施後の留意点は何か……………………………………………82
21　補助金の交付を受けた後の管理として何を行うか………………………83

第4章 会社が補助金を申請する場合の会計と税務

1. 経費にはどのような種類があるか……………………………………86
2. 仕訳とは何か……………………………………………………………88
3. 貸借対照表、損益計算書とは何か……………………………………90
4. 税金はどのように計算するか…………………………………………92
5. 補助金を交付されたときの処理はどのように行うか………………95
6. 固定資産を取得した場合の処理はどのように行うか………………97
7. 固定資産の費用化はどのように行うか………………………………100
8. 圧縮記帳とはどのような制度か………………………………………102
9. 圧縮記帳の留意点は何か………………………………………………105
10. 圧縮記帳を行うか否かの判定はどのように行うか…………………108
11. 「圧縮記帳の有利判定」はどのように行うか………………………110
12. 圧縮記帳を行えるのはどのような場合か……………………………114
13. 圧縮記帳で想定されるケースと会計処理はどのようになるか……118
14. ケースAの会計処理はどのように行うか……………………………120
15. ケースAの税額の計算はどのように行うか…………………………123
16. ケースBの会計処理はどのように行うか……………………………125
17. ケースBの税額の計算はどのように行うか…………………………128
18. 特別勘定とは何か………………………………………………………131
19. ケースCの会計処理はどのように行うか……………………………133
20. ケースCの税額の計算はどのように行うか…………………………136
21. ケースDの会計処理はどのように行うか……………………………139
22. ケースDの税額の計算はどのように行うか…………………………142
23. 現金ではなく現物の交付を受けた場合の処理はどのように行うか……146
24. 法人税申告書の別表十三㈠はどのように作成するか………………148
25. 固定資産の修繕を行った場合の処理はどのように行うか…………151
26. 大会社等における圧縮記帳ではどのような点に留意すべきか……154
27. 研究開発を行う場合の会計処理と税務処理はどのように行うか……159

28 特定の研究開発目的資産を取得した場合の会計処理と税務処理はどのように行うか··· 162
29 その他の経費に関する会計処理と税務処理はどのように行うか········ 165
［コラム］　土地の圧縮記帳を行うと課税を半永久的に繰り延べることができる？·· 166

第5章　個人事業者が補助金を申請する場合の会計と税務

1 所得税の確定申告とは何か ·· 168
2 個人事業者は圧縮記帳を行うことができるか ································ 170
3 想定されるケースと処理はどのように行うか ································ 174
4 ケースAの処理はどのように行うか ··· 176
5 ケースBの処理はどのように行うか ··· 180
6 ケースCの処理はどのように行うか ··· 185
7 ケースDの処理はどのように行うか ··· 191
8 「国庫補助金等の総収入金額不算入に関する明細書」はどのように作成するか ··· 194

第6章　事業計画

1 事業計画はどのようなプロセスで作成するか ································ 198
2 事業計画書はどのように構成するか ··· 200
3 実績としての決算の再整理をどのように行うか ···························· 203
4 収支構造をどのように把握し、改善につなげるか(1) ···················· 205
5 収支構造をどのように把握し、改善につなげるか(2) ···················· 208
6 収支構造をどのように把握し、改善につなげるか(3) ···················· 211
7 収支構造をどのように把握し、改善につなげるか(4) ···················· 214
8 財政状態をどのように把握するか(1) ··· 217
9 財政状態をどのように把握するか(2) ··· 220

10	資金の流れはどのようにつかむか(1)	223
11	資金の流れはどのようにつかむか(2)	226
12	SWOT分析とはどのようなものか	229
13	SWOT図の作成はどのような手順で行うか	232
14	SWOT分析のクロス表を用いた改善策はどのように行うか	235
15	要因の構造化と重要成功要因の把握をどのように行うか	238
16	目標管理による計画の進捗管理をどのように行うか	241
17	事業計画書をどのように作成するか(1)	245
18	事業計画書をどのように作成するか(2)	248

第7章 震災復興と補助金

1	東日本大震災後の経済と中小企業の支援策はどのようなものか	252
2	震災復興に関する補助金制度とは何か	255
3	グループ補助金とは何か	258
4	グループ補助金の実績はどのようになっているか	261
5	震災復興に必要なことは何か	263

第8章 グループ補助金の申請

1	グループ補助金の申請手順はどのようになっているか	268
2	復興事業計画書を作成するにあたり留意すべき点は何か	272
3	グループ補助金申請に必要な書類は何か	275
4	復興事業計画書の作成のポイントは何か	281

あとがき 307

第1章 補助金の概要

　本章では、補助金の全体像の把握に必要な基礎的な事項について解説する。具体的な内容としては、補助金に関係する用語、補助金の特徴、公募された補助金の例、申請できる補助金を選定する際の留意事項等である。

1 補助金とは何か

> **Point!!** 補助金とは、国や地方自治体などが税金などの貴重な財源を原資に事業者に交付する資金である

(1) **補助金とは**

補助金とは、国や地方自治体などが事業者に交付する返還不要な資金である。助成金や給付金、負担金などさまざまな名称のものがある。

(2) **補助金は誰が交付するのか**

補助金の交付機関としてまず思いつくのが、国と地方自治体である。ほかに国や地方自治体の外局や独立行政法人、民間の団体である大学や商工会議所、財団法人や企業も補助金を交付することがある。

(3) **補助金の財源は何か**

国や地方自治体が交付する補助金の財源は、主に税金である。民間の団体が交付する補助金の財源は各団体の資金であるが、これも各民間団体が自己の資金を交付するのであるから、貴重な財源であることに変わりはない。

(4) **補助金に関連する法令**

国庫補助金に関連する法令として、「補助金等に係る予算の執行の適正化に関する法律」(以下、「補助金適正化法」)がある。この法律は補助金の財源が貴重な税金であるため、補助金が適切に使用されること、及び補助金交付の決定が公平に行われることの確保を目的としている。また、補助金に関係する者の責務や補助金の交付の申請及び決定、補助金で行う事業の遂行などが規定されている。

なお、補助金適正化法に基づく政令として、「補助金等に係る予算の執行の適正化に関する法律施行令」が制定されている。

地方自治体が交付する補助金に関連する法令として、「地方自治法」がある。

民間の機関が交付する補助金には、法令等の規定はなく、交付を行う機関が独自にルールを定めている。

2 なぜ補助金を交付するのか

> **Point!!** 国や地方自治体などが特定の政策目的を達成するために交付する

　補助金制度は、国や地方自治体などが特定の政策目的を達成するために、補助金の交付のかたちをとるのが最も効果的で効率的であると判断した場合に創設される。そして政策目的を達成するための事業を実施する事業者に、当該事業に要した経費の全部又は一部を補助する。

　たとえば、国が「高齢者や障害者等の自立した日常生活等を確保するためにバリアフリー設備を普及させる」という政策目的を定めた場合、この目的の達成のため「バリアフリー設備を取得する事業を行った者に取得に要した金額の全部又は一部を補助する」という補助金制度を創設することがある。

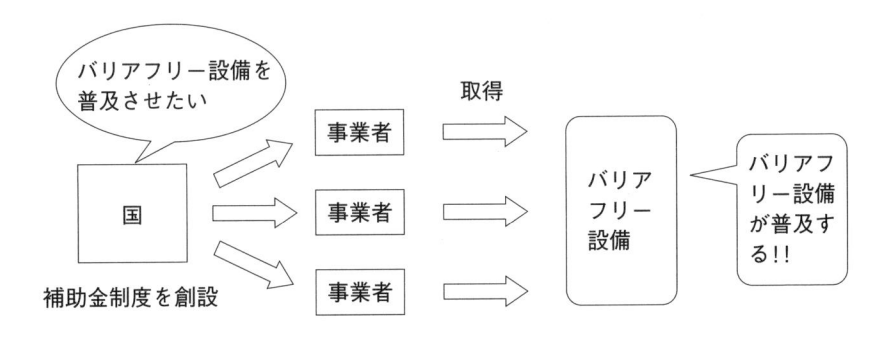

　本書では、国が事業者に対して交付する「国庫補助金」を念頭に、補助金適正化法等をふまえて話を進めるが、内容自体は地方自治体や民間の団体が交付する補助金に共通する点が多いと考えられる。

3 補助金に関する用語にはどのようなものがあるか

> **Point!!** 補助事業、補助事業計画、交付機関など

　本書では補助金適正化法等や実務事例をふまえ、補助金に関連する用語を次のとおり定義した。

	用　語	定　義
1	補助事業	補助金の交付の対象となる事業
2	補助事業者	補助事業を行う者
3	補助事業計画	補助事業を行うための計画
4	補助の対象となる経費	補助の対象となる、補助事業のために補助事業者が行う支出
5	補助率	補助事業に要する経費のうち、補助金の対象となる割合
6	交付機関	国や地方自治体など、補助金の交付の決定を行う機関
7	各省各庁	国の機関のうち、内閣府及び各省

　ここでいう「事業」とは、事業者が行う活動のことをいう。単純に物品を取得したり費用を支出したりする活動を指すこともあれば、なんらかのプロジェクトを指すこともある。なお、支出とは事業者が資金を流出することをいう。

　また「経費」とは、補助金適正化法においては事業者が行う支出のことをいう。一般的に経費といえば事業者が支出する費用のことをいうが、補助金適正化法における「経費」には固定資産の取得など、費用とはされない支出も含まれる。本書では、補助金適正化法における経費（広義の経費）と一般的な経費（狭義の経費）とを使い分けるため、前者を「経費」と呼び、後者を「費用」と呼ぶこととする。

　補助金の金額は、補助の対象となる経費に補助率を乗じて算定される。

❹ 事業者が補助事業を実施するにあたり留意すべきことは何か

> **Point!!** 補助事業を誠実に実施すること、そして補助事業を誠実に実施したことを書面に残すこと

補助金の財源は主に税金である。よって、事業者は次の点に留意して補助事業を行う必要がある。

(1) 補助事業を誠実に実施する

「補助事業を誠実に実施する」とは大きく次の2つに分けられる。

> ① 補助金の申請や補助事業実施の過程で不正や法令違反を行わない
> ② 補助事業計画どおりに補助事業を実施する

①は順守しなければならない。また、②にも留意する。事業者が補助事業を行うに際しては、補助事業計画が交付機関によって採択されなければならない。採択された場合、事業者は補助事業を原則として、採択された計画どおりに行う必要がある。やむをえない理由により当初の計画を変更する場合は、交付機関に報告し許可を得ることが必要となると考えられる。

(2) 補助事業を誠実に実施したことを書面に残す

補助金の財源は貴重な税金であるため、それが公正かつ効率的に使用されることを確保するのは、事業者のみならず交付機関の義務でもある。このため、交付機関は事業者が実施する補助事業を事前に審査し、補助事業の遂行状況について事業者から報告を受け検査する。

事業者は誠実に補助事業を行ったことを書面にて伝達しなければならない。

5 補助金の公募から交付までの流れはどのようになるか

Point!! 公募→申請→審査・採択→実施→報告→検査→確定→交付

　補助金の公募から交付までの流れは次のとおりである（補助金によってこの順番が入れ替わる可能性がある）。留意すべきは、事業者は2回書類を作成する必要がある点である。

	フェーズ	実施者	イベント
(1)	公募	各省各庁	補助事業計画の公募
(2)	申請	事業者	補助金交付申請書類の作成と提出
(3)	審査・採択	各省各庁	補助金交付申請書類の審査と事業者の採択
(4)	実施	事業者	補助事業の実施
(5)	報告	事業者	補助事業実績報告書の作成
(6)	検査	各省各庁	補助事業実績報告書の検査
(7)	確定	各省各庁	補助金の額の確定
(8)	交付	各省各庁	補助金の交付

(1) 各省各庁による補助事業計画の公募

　各省各庁により補助事業計画が公募される。通常、募集期間が定められている。最終日は時間の指定があることもある。

(2) 事業者による補助金交付申請書類の作成と提出

　補助金の申請を考える事業者は補助事業計画書を作成し、各省各庁に提出する。これが事業者の作成する1回目の書類である。事業者は募集期間内に計画書を作成し、提出しなければならない。特に郵送する場合は期限の時間まで届くように留意が必要である。

　また、補助事業計画書のほかに申請書と添付書類をあわせて提出するケースが多い。本書ではこれら提出書類をまとめて補助金交付申請書類と呼ぶ

(詳細は第2章参照)。

(3) **各省各庁による補助金交付申請書類の審査と事業者の採択**

各省各庁により補助金交付申請書類（特に補助事業計画書）の審査が行われ、採択された事業者が発表される。ここで行われるのは「補助事業計画」の採択である。各省各庁により事業者ごとの予算の枠取りが行われる段階であり、事業者に補助金を交付するか否かまでは確定していない。

(4) **事業者による補助事業の実施**

事業者は、採択された補助事業計画に従って補助事業を実施する。計画と異なる事業を行った場合、補助金の対象とならない可能性がある。

(5) **事業者による補助事業実績報告書の作成**

補助事業完了後、事業者は各省各庁から指示のあった様式を使用して補助事業実績報告書を作成する。これが事業者の作成する2回目の書類である。補助事業実績報告書は補助事業完了後すみやかに作成し、各省各庁に提出して検査を受ける。

(6) **各省各庁による補助事業実績報告書の検査**

事業者から補助事業実績報告書が提出された後、各省各庁は書類の内容をチェックし記入に不備がないか、及び補助事業が補助事業計画どおり行われているかを確かめる。事業者の事業所を訪問し補助事業の実施状況を実地調査したり、証跡や台帳類の作成・保管状況を確認したりすることもある。

(7) **各省各庁による補助金の額の確定**

各省各庁による補助事業実績報告書の検査の結果、各省各庁が事業者の補助事業が補助事業計画どおり行われており、補助金の交付が可能であると判断した場合、各省各庁は事業者に対して交付する補助金の額を確定させ、額が確定した旨の通知を行う。通常、書面で行われるケースが多い。

(8) **各省各庁による補助金の交付**

各省各庁により補助金の交付決定通知が行われた後、ほどなく各省各庁から事業者に補助金の交付が行われる。交付は銀行振込で行われることが多く、補助事業に要する経費の支払及び補助金交付を受けるための専用口座を開設することが義務づけられているケースもある。

6 補助金の特徴は何か

> **Point!!** 補助の対象となる経費は限定されている

　繰り返しになるが補助金の財源は税金である。これに起因する補助金の特徴として、大きく次の3つがあげられる。

> (1) 補助の対象となる経費は限定されている
> (2) 申請書類を作成する必要がある
> (3) 資金繰りに注意が必要である

(1) **補助の対象となる経費は限定されている**
　補助金は政策目的を達成するために交付されるので、多くの場合、使途が制限されている。交付機関はあらかじめ補助金の使途、すなわち補助の対象となる経費を定める。事業者は定められた使途に従い補助事業を実施し、完了後交付機関に報告する。補助事業が定められた使途に合致する場合のみ、事業に要した経費のうち補助の対象となる金額を事業者に交付する。

(2) **申請書類を作成する必要がある**
　補助金の交付を受けるためには申請書類を作成し、交付機関の審査を受ける必要がある。事業者による申請が適切に行われていることを書面で明らかにするとともに、各省各庁による審査を公平に行うためである。
　また、補助金の交付を受けた後も検査を受けることがある。交付前の検査を完了しても交付後の管理がずさんであれば、補助金の返還を求められる可能性もある。
　よって事業者は、誠実に補助事業を行うのみならず、証跡の保管や取得した資産等の適正な管理が必要となる。証跡とは、取引の事実、取引金額や会計処理の裏付けとなる証拠資料のことをいう。

(3) 資金繰りに注意が必要である

　補助事業を行う場合、意外かもしれないが資金繰りに注意が必要である。これを次の3つに分けて解説する。

> ① 補助金は、後払いのケースが多い
> ② 補助事業実施に際して一部自己負担が発生するケースが多い
> ③ 補助事業の実施期間が限定されている

① 補助金は後払いのケースが多い

　補助金は、補助事業を行ってから交付を受ける場合が多い。これは各省各庁が、補助事業が誠実に行われたかを検査したうえで補助金を交付するためであると考えられる。

　よって事業者は、自己資金で事業に要した経費をいったん全額を立替払いする必要がある。もし、全額を立替払いできない場合は、金融機関等からつなぎ融資を受けることも検討しなければならない。

② 補助事業実施に際して一部自己負担が発生するケースが多い

　補助事業に要した経費のうち、補助率が3分の1や2分の1の補助金が多く、100％となるものはまれである。また、補助金額には上限が設定されているケースも多い。財源に限りがあることも理由にあげられるが、補助事業の実施に際して事業者にもリスクを負わせ、補助事業実施の誠実性をよりいっそう担保することにより、税金の無駄遣いが発生することを防止するねらいもあると考えられる。

　よって事業者は、自社の状況にかんがみて自己負担額をまかなうことができるか、慎重に判断を行う必要がある。

③ 補助事業の実施期間は限定されている

　補助事業の実施期間は限定されているケースが多い。これは、各省各庁の予算が単年度予算であることのほか、補助事業の効果が最も大きくなる時期にその実施を促すねらいがあると考えられる。

　よって事業者は、実施期間内に補助事業を完了するように資金を用意しなければならない。ただし、延長が認められることもある。

7 どのような補助金があるか

Point!! 海外進出、研究開発等多くの事業が補助金の対象となっている

　国や地方公共団体、財団や商工会議所、大学や企業まで含めれば多数の補助金がある。このなかでも研究開発目的のものは約3,000、雇用創出目的のものは約300、震災復興支援のものは約100存在する。

(1) 補助金の対象となっている主な事業

　補助金の対象となっている主な事業は次のとおりである。これらの事業が補助金の目的で多くの事業が補助金の対象となっていることがわかる。

① 海外進出	② 研究開発	③ 産業振興	④ 地域再生
⑤ 雇用創出	⑥ IT普及促進	⑦ 文化保護	⑧ 人材育成
⑨ 医療福祉	⑩ 震災復興支援		

(2) 代表的な国庫補助金の例

　代表的な国庫補助金の例は次のとおりである。現時点では公募が終了しているものが多いが、今後似たような補助金が公募される可能性があるため、参考情報として活用してほしい。

① 海外進出

	交付機関	補助金の名称	補助金の概要	対象となる経費	支給額
1	中小企業庁	中小企業海外展開支援事業費補助金（JAPANブランド育成支援事業）	複数の中小企業等が連携して、ブランド力の確立を目指す取組みを補助	事業遂行に必要な謝金、旅費、事業費、試作品等開発費、その他の経費	100万円〜2,000万円、事業により補助率2/3もしくは定額

	交付機関	補助金の名称	補助金の概要	対象となる経費	支給額
2	中小企業庁	地域力活用市場獲得等支援事業（共同海外現地進出支援事業補助金）	単独では海外進出が困難だった中小企業者が海外市場を獲得する成功モデルを確立し、海外進出の促進を図る	旅費、謝金、市場調査費、会場借料、展示会出展費等	100万円～2,000万円、補助率2/3

② 研究開発

	交付機関	補助金の名称	補助金の概要	対象となる経費	支給額
1	経済産業省	円高・エネルギー制約対策のための先端設備等投資促進事業費補助金	産業競争力強化・空洞化防止に資する先端生産設備等の導入を促進	先端生産機械装置の導入に必要な経費の一部	上限額120億円 補助率1/5～1/2
2	独立行政法人新エネルギー・産業技術総合開発機構	イノベーション実用化ベンチャー支援事業	研究開発型ベンチャーの有する先端技術や有望な未利用技術を活用した実用化開発を支援	・機械装置等 ・労務費 ・その他経費 ・共同研究費	1,000万円～5億円 補助率2/3
3	中小企業庁	ものづくり中小企業・小規模事業者試作開発等支援補助金	きめ細かく顧客ニーズをとらえる創意工夫に取り組むために、認定支援機関等と連携しつつ、ものづくり中小企業・小規模事業者が実施する試作品の開発や設備投資等を支援	原材料費、機械装置費、外注加工費、技術導入費、直接人件費、委託費、知的財産権関連経費、専門家謝金、専門家旅費、運搬費、雑役務費	100万円～1,000万円、補助率2/3

③ 産業振興

	交付機関	補助金の名称	補助金の概要	対象となる経費	支給額
1	経済産業省	成長産業・企業立地促進等事業費補助金	成長分野における企業立地の促進や地域産業集積の形成及び活性化への取組みを支援	成長産業人材養成等事業に要する人件費、事業費、委託費	100万円〜3,000万円 補助率10/10以内
2	中小企業庁	新事業活動・農商工連携等促進支援補助金 地域資源活用新事業展開支援事業	地域の優れた資源を活用した新商品等の開発や販路開拓等の取組みを補助	事業費、販路開拓費、試作開発費、その他の経費	100万円〜3,000万円 補助率2/3

④ 地域再生

	交付機関	補助金の名称	補助金の概要	対象となる経費	支給額
1	中小企業庁	地域商業再生事業	まちづくり会社等の民間企業や特定非営利活動法人等と商店街組織がいったいとなって実施されるまちづくり計画と整合的な取組みを支援	地域状況調査分析、コミュニティの機能等再生に要する費用	100万円〜5億円 補助率2/3
2	中小企業庁	中小商業活力向上事業	商店街等が実施する地域資源を活用した集客力向上等への取組みを支援	商店街活性化を図る施設整備事業又は活性化支援事業を実施するために必要な経費	100万円〜1,000万円 補助率1/3〜2/3

⑤ 雇用創出

	交付機関	補助金の名称	補助金の概要	対象となる経費	支給額
1	厚生労働省	中小企業緊急雇用安定助成金	雇用する労働者を一時的に休業等させた場合に、休業手当等相当額の一部を助成	休業手当等相当額等の一部	休業手当相当額の4/5（上限あり）また1年間で100日、3年間で300日を限度とする
2	独立行政法人高齢・障害・求職者雇用支援機構	中小企業定年引上げ等奨励金（中小企業定年引上げ等奨励金）	定年引上げや継続雇用制度の導入を行った中小企業事業主に対して一定額を助成	実施した制度の種類と企業規模に応じて一定額を助成	20万円〜120万円

⑥ IT普及促進

	交付機関	補助金の名称	補助金の概要	対象となる経費	支給額
1	総務省	情報通信利用促進支援事業費補助金（デジタル・ディバイド解消に向けた技術等研究開発）	高齢者・障害者のための通信・放送役務の高度化に関する研究開発資金の一部を補助	補助対象事業（研究開発）を行うために直接必要な経費	上限4,000万円 補助率1/2
2	総務省	情報通信技術の研究開発に係る提案公募	課題ごとに研究開発を補助「超高速・低消費電力光ネットワーク技術の研究開発」「災害時に有効な衛星通信ネットワークの研究開発」など	研究の基本計画書に示した研究開発の実施及び研究成果の取りまとめに直接的に必要な経費（直接経費）とそれ以外の諸経費（一般管理費）	課題ごとに上限が設定されている「超高速・低消費電力光ネットワーク技術の研究開発」は29.8億円 補助率は100%

第1章　補助金の概要

⑦ 文化保護

	交付機関	補助金の名称	補助金の概要	対象となる経費	支給額
1	文化庁	地域と共働した美術館・歴史博物館創造活動支援事業	美術館等を地域文化の拠点として活性化し、その事業展開を支援	美術館・歴史博物館に要する賃金、諸謝金、旅費等の経費	予算の範囲内において定額
2	文化庁	メディア芸術デジタルアーカイブ事業	わが国メディア作品の保存と活用を促進するための基盤となるデジタルアーカイブ構築を支援	事業遂行に必要な人件費、事業費、一般管理費等	上限186百万円 補助率は100%

⑧ 人材育成

	交付機関	補助金の名称	補助金の概要	対象となる経費	支給額
1	中小企業庁	中小企業高度グローバル経営人材育成事業費補助金	中小企業者が、海外における新たな事業展開を図る場合に、社内人材の育成を支援	専門人材旅費、謝金、情報収集費、印刷製本費	100万円以上、上限なし 補助率2/3
2	中小企業庁	高度実践型支援人材育成事業費補助金	経営支援を行う者が経営支援に優れた実績及び中小企業の経営に関する専門的知識並びに優れた識見を有する者に実践的な経営支援に関する研修を受けることを支援	高度実践型研修費、経営支援者等旅費、専門家謝金、専門家旅費、情報収集費、印刷製本費・消耗品費	100万円以上、上限なし 補助率3/4

⑨ 医療福祉

	交付機関	補助金の名称	補助金の概要	対象となる経費	支給額
1	厚生労働省	障害者自立支援機器等開発促進事業	障害者にとって使いやすく適切な価格で販売される機器を企業が障害当事者と連携して開発する取組みに対して助成	支援機器の開発に必要な賃金、謝金、備品費、消耗品費等の経費	1テーマ当り年度ごとに1億円以内、補助率1/2
2	厚生労働省	事業所内保育施設設置運営等支援助成金	一定の基準を満たす事業所内保育施設の設置・運営等を行った事業主等に対し費用の一部を助成	・設置費 ・増築費 ・運営費 ・保育遊具購入費	上限は1,500万円(中小企業は2,300万円)、補助率は大企業1/3、中小企業2/3

⑩ 震災復興支援

	交付機関	補助金の名称	補助金の概要	対象となる経費	支給額
1	中小企業庁	中小企業等グループ施設等復旧整備事業	東日本大震災の被害地域における復興事業計画を国・県が支援	施設及び設備を復旧するのに要する経費	経費の1/2～3/4
2	経済産業省	中小企業経営支援等対策費補助金(先端農業産業化システム実証事業)	東日本大震災により被災した地域において、先端的な商業・工業の技術やノウハウを用いて農林漁業と連携したシステム等の実証及びビジネス化等を行う事業を支援	①人件費 ②事業費 ③委託費	1,000万円～3億円 事業によって2/3もしくは定額

なお、震災復興支援目的の補助金については第7章以降にて詳しく解説する。

8 補助金の申請を検討している事業者は何をしたらよいか

Point!! 補助金の目的と内容を調べ、内容が自社に合致しているかを判定する

補助金の申請を検討している事業者がすべきことは、次の3つである。

	事業者がすべきこと	解　説
1	補助金の公募情報を調べる	9節
2	補助金の目的と内容を調べる	10節
3	自社の事業が補助金の対象となるか判定する	11節

まず、どのような補助金が公募されているか調べる。そのなかで、自社の事業目的に合う補助金を候補としていくつか選択する。

そして、候補として選ばれた補助金の目的と内容を調べ、自社が申請する価値があるか、及び補助事業計画の申請を行った場合に採択される可能性があるか判定する。補助金の目的及び内容が自社の事業と合致している補助金にのみ申請を行う。

補助金申請を考えている事業者は、事前に次の資料を用意することが望まれる。

① 会社概要
② 過去3年分程度の決算書
③ 会社全体の事業計画

①会社概要については、会社の場合は資本金や役員などの基本情報のほか、会社の事業内容や業績の推移、財政状態や事業の今後の展望などをまとめる。事業報告を作成していれば、それをそのまま使用してもよい。

これらの資料は、いずれも補助金申請にあたって必要となる。③は、作成に時間を要することがあるので早めに準備することが望まれる。

なお、③については第6章参照のこと。

❾ 補助金の公募情報はどのように調べるか

> **Point!!** 電話で直接問い合わせるなどして、正確な情報を入手する

(1) 各省各庁及び地方自治体等交付機関の公式ウェブサイトで調べる

　補助金を公募している各省各庁等の交付機関のウェブサイトには補助金に関するページが存在している。そちらを閲覧すれば、現在どのような補助金が公募されているのか確認できる。7節の補助金の例をもとに、自社が行っている事業に関連する交付機関の情報を定期的に閲覧してほしい。また、過去に公募されていた補助金情報をみることができる場合、今後、類似の補助金が公募される可能性があるため、内容をチェックしておく。

(2) 情報を集約して公表しているウェブサイトで調べる

　複数の各省各庁等の交付機関による補助金の公募情報を集約して公表しているウェブサイトも存在する。特に有用なものとして、独立行政法人中小企業基盤整備機構が運営している「J-Net21（中小企業ビジネス支援サイト）」がある。このサイト中の「支援情報ヘッドライン」では経済産業省や農林水産省などの各省各庁のほか、独立行政法人や財団が公募する補助金の情報もみることができる。また、企業や個人が情報を集約し公開しているウェブサイトも存在するが、公開されている情報の正確性に注意が必要である。

　なお、ウェブサイトから得た情報は必ずしも正確ではないことがあるため、必ずより正確な情報を入手するよう留意する。補助金の公募情報をウェブサイトから得た場合は、その情報が正確か、必ず各省各庁及び地方自治体等交付機関の担当者に直接電話等で問い合わせて確認する。直接問い合わせることにより正確な情報が入手できるだけでなく、ウェブサイトでは得られなかった情報を入手できる可能性もある。

　正確な情報を入手することが補助金申請の第一歩である。

10 補助金の目的と内容はどのように調べるか

> **Point!!** 補助の対象となる事業を最もよく調べる

(1) 補助金の目的

自社の事業目的に合致する補助金を探すためには、まず補助金の名称に着目する。

名称で自社の事業目的と合致する可能性があると判断した補助金については、公募要領に記載されている補助金の目的を丁寧に読む。これにより自社の目的に合致する補助金であるかを判断する。

たとえば「中小企業のものづくり基盤技術の高度化に関する法律」（以下、「中小ものづくり高度化法」）等に基づく「ものづくり中小企業・小規模事業者試作開発等支援補助金」（以下、「ものづくり補助金」）の公募要項では目的が次のように規定されている。

> きめ細かく顧客ニーズをとらえる創意工夫に取り組むために、中小企業経営力強化支援法の認定経営革新等支援機関（認定支援機関）等と連携しつつ、ものづくり中小企業・小規模事業者が実施する試作品の開発や設備投資等を支援します。

(2) 補助金の内容

補助金の内容は、次の4点に注意して公募要領をよく読んで把握する。

> ①補助対象者、②事業期間、③補助対象事業、④補助の対象となる経費

① 補助対象者

通常、補助金の目的に応じて補助対象者は限定されている。たとえば、「ものづくり補助金」の公募要領には対象者が次のように規定されている。

> 日本国内に本社及び開発拠点を有する中小企業者

　ここでいう中小企業者とは「中小ものづくり高度化法」より規定された者であり、業種ごとに資本金や従業員規模の限度が規定されている。また、大企業に一定割合の株式を保有されている企業等を対象者から除外するなど不適格要件も規定されている。

② 事業期間

　補助事業の実施期間である。通常は次のように規定されている。

> 本事業期間は、原則、交付決定日から平成26年〇月末日までとなります。

③補助対象事業

　補助金交付の対象として具体的に規定されている。たとえば、「ものづくり補助金」公募要領には補助対象事業として次のように規定されている。

> ものづくり中小企業・小規模事業者が実施する試作品の開発又は設備投資等の取組みであり、以下の要件をすべて満たす事業であること。
> (1) 顧客ニーズにきめ細かく対応した競争力強化を行う事業であること
> (2) 認定支援期間に事業計画の実効性等が確認されていること
> (3) 「中小ものづくり高度化法」22分野の技術を活用した事業であること

　その他、留意事項として「ものづくり補助金」の公募要領には、共同体での取組みや事業で開発した試作品の活用、補助金の対象外となる事業について規定されている。

④ 補助の対象となる経費

　通常、補助の対象となる経費は、補助事業の対象として明確に区分できるもので、証拠書類によって金額等が確認できるものに限定され、原材料費・人件費等の各区分ごとに詳細が規定されている。たとえば、「ものづくり補助金」公募要領では、次の区分ごとに上限額や具体例などが規定されている。

> ①原材料費、②機械装置費、③直接人件費、④技術導入費、⑤外注加工費、⑥委託費、⑦知的財産権関連経費、⑧運搬費、⑨専門家旅費、⑩専門家謝金、⑪雑役務費

　また、通常は対象経費の補助率や補助上限額・補助下限額が規定され、さらに補助の対象とならない経費が具体的に規定されている。

11 申請する補助金の対象になる可能性はどのように判定するか

> **Point!!** 申請する事業が補助金交付の目的を効果的に達成できることを明らかにする

　通常、補助金の交付を受けるためには、補助金の交付機関に事業計画を提出し、審査を経て補助対象事業として採択される必要がある。補助金の交付機関による事業採択の審査は多くの場合、次のような視点から行われる。

(1)　事業が補助金制度の目的に合致していること
(2)　事業が実現可能であること
(3)　事業が他の申請事業と比較して優れていること

　補助金の交付を受けようとするならば、申請する事業がこれらの要件を満たしていることを提出する事業計画で明示しなければならない。したがって、申請を考えている事業は、これらの視点から補助対象事業として採択される可能性があるか検討する必要がある。

(1)　**事業が補助金制度の目的に合致していること**
　すでに述べたように補助金とは、国や地方公共団体が特定の政策目的を達成するために最も効果的と判断して交付するものである。したがって、補助対象事業として採択されるためには、申請した事業を遂行することが補助金制度の目的を達成するのにいかに効果的であるかが問われる。
　たとえば、地域再生目的の補助金であれば、事業を遂行することにより地域経済や雇用維持への貢献、地域コミュニティー機能の強化に資すること等が求められている。申請者は、自らの事業を遂行することにより、それらの目的を達成できるかについて検討する必要がある。

(2)　**事業が実現可能であること**
　事業採択の審査では、申請者の組織規模や人材・ノウハウ等の経営資源に

照らして、申請した事業を実行する能力があるかが問われる。

　補助事業の規模が申請者の売上や資産の規模と比較して著しく大きい場合、もしくは申請者の現状の事業領域とは異なる事業に進出する場合、事業の実行可能性に疑問符が付され、事業が採択される可能性は低いものと考えられる。そのような場合には、資金繰りや人材・ノウハウの調達の点でいっそう説得力のある事業計画を作成することが求められる。

　また、補助金は、制度ごとに補助率や補助上限額が規定され、後払いであることが多いため、補助事業の実行に際して資金負担の必要が生じることが多い。当然、事業採択の審査においても収支面からの事業の実行可能性が問われるため、申請にあたっては、収支面においても説得力のある事業計画を作成することができるか検討しなければならない。

(3) **事業が他の事業と比較して優れていること**

　補助金の対象事業を公募する場合、一定の要件を満たしている事業のすべてに対してではなく、交付機関の審査の結果、他の事業と比較して優れた一定の事業に対して補助金が交付されることが多い。

　したがって、申請者は、申請した事業が他の事業と比較して優位であることを事業計画において具体的数値や金額をもって主張することができるかという観点から採択の可能性を検討する。

12 事業に要する経費が補助の対象となるかはどのように判定するか

> **Point!!** 補助の対象となる経費は、補助事業に直接要したものに限定される

　補助の対象となる経費は、補助対象事業に直接要した経費である。

　たとえば、研究開発を目的とする補助金の交付を受けて、ある研究開発機関が「特定技術の開発」を補助事業として行う場合、補助の対象となるのは補助対象事業として採択された「特定技術の開発」に直接要した経費のみであり、この研究開発機関が行っている他の研究プロジェクトに要した経費や、研究開発活動を行っていない社員の人件費等は補助の対象とならない。また、原材料などは対象事業に使用したもののみが補助の対象となり、補助事業終了時に残ってしまった未使用残存品は補助の対象にならないケースが多い。

　多くの場合、補助金の交付を受ける際に、経費が補助の対象となるためには補助対象事業の実施のために直接要したものとして明確に区分できることや証拠書類によって金額等が確認できることが要求される。この点から補助事業に要した経費は、当該事業に直接要したことが明確に区分できるように別途管理台帳を作成し、証拠書類を整理することが必要となる（詳細は第3章）。

　補助の対象となる経費は、公募要領等に経費の区分ごとに具体的な詳細が規定されている。たとえば、「ものづくり補助金」の公募要領では、次のとおり規定されている（抜粋）。

①	原材料費	試作品の開発に必要な原材料及び副資材の購入に要する経費
②	機械装置費	機械装置又は工具器具備品の購入、改良、又は修繕に要する経費
③	直接人件費	試作品の開発業務に係る時間に対応する人件費
④	技術導入費	外部からの技術指導や知的財産権の導入に要する経費
⑦	知的財産権関連経費	試作品の開発成果の事業化にあたり必要となる知的財産権取得に関連する経費
⑩	専門家謝金	本事業遂行のために、依頼した専門家等に支払われる経費

　補助対象経費には多くの場合、補助率や補助上限額が定められており、補助対象事業の遂行に直接要した経費の全額が補助の対象となる訳ではない。たとえば、「ものづくり補助金」では以下のとおり規定されている。

①	補助率	補助対象経費の3分の2以内
②	補助限度額	1,000万円

　以上のように、補助の対象となる経費は、補助対象事業に直接要した経費であり、経費の区分ごとに詳細が定められ、補助率や上限額が設定されているケースが多い。
　したがって、補助金を申請する際には、補助の対象となる経費の判定を行い、その結果、自己負担の程度、資金調達の必要性とタイミングなどを勘案し事業計画を作成することが必要である。

コラム　第1章の最後に強調したいこと

　最後に、補助金の申請は経営判断であることを強調したい。補助金は自社の事業を大きく助ける可能性があるが、その情報は事業者が自ら探しに行かなければ入手できないものである。また、情報を入手できなかった場合の責任は誰もとってはくれない。

　もちろん、補助金の情報を入手し検討した結果、補助の対象となる経費や期間があわない、自己資金の負担が重い、あるいは補助金申請の事務手続が煩雑であるなどの理由で、補助金の申請に至らないこともある。しかし「情報を入手した結果、申請を行わない」ことも重要な経営判断であり、情報を入手し続けていることが自社にとって不利益となることはない。

　また、補助金の申請を行うにあたっては、必ず補助事業を行った場合にどのような会計処理が行われるかをイメージすることが重要である。会計処理は過去に行った事業の結果を表すものであるとともに、これから事業を実施する場合にどのような結果をもたらすかについての情報を提供してくれるものでもある。補助金申請に限らず、経営を行うにあたっては常に会計処理に与える影響を考えながら意思決定を行うことが望ましい。

　さらに、補助金の申請を行うかは長期的な視点で検討すべきである。なぜなら6節で述べたように、補助金は交付を受けた後も事業者に影響を及ぼすからである。ここで必要となるのはやはり計画である。計画には損益や税金などの数字に関連するものだけでなく、管理体制や管理スケジュールなど数字に関連しないものもあり、このどちらも検討したうえで補助金申請を行う必要がある。

　なお、補助金は申請しても必ず交付されるものではない。むしろ、交付されるケースのほうが少ないと考えるべきである。そのような場合、事業者は同じ補助金が次回公募されるのを待つか、他の補助金の申請を考える。補助金が交付されないからといって事業の実施を安易に諦めるべきではない。本当に価値を生み出す事業であればその実施のために試行錯誤しているうちに金融機関からの融資がつくなどして、事業が軌道に乗ることもある。

第2章 補助金の申請

　本章では、補助金の申請に関する基礎的な事項について解説する。具体的な内容としては、補助金交付申請書類に記入すべき事項、記入時の留意点、申請書類の記入例、申請書類提出時の留意点等である。

1 補助金交付申請書類はどのような構成になっているか

Point!! 3部構成になっていることが多い

　補助金交付申請書類は、(1)申請書、(2)補助事業計画書、(3)添付書類の3部構成になっていることが多い。

(1) 申　請　書
　申請書は、交付機関宛てに事業者が補助金の申請を行う意思を表明する文章が記載されている。誓約書を兼ねているケースもあり、事業者の押印が必要となる。

(2) 補助事業計画書
　事業者が最も力を入れて作成する必要のある書類である。通常、申請書の様式には次の事項を記入する欄がある。

> ① 申請者の氏名又は名称及び住所
> ② 補助事業の目的及び内容
> ③ 補助事業の経費の配分、経費の使用方法、補助事業の完了の予定期日、その他補助事業の遂行に関する計画
> ④ 交付を受けようとする補助金の額及びその算出の基礎
> ⑤ その他必要な事項（交付機関によって補助金制度ごとに策定される）

　これらの記入事項のなかでも特に重要なのは、②補助事業の目的及び内容である。申請が複数あるなか、交付機関はより有益と判断される補助事業計画を採択すると考えられる。補助事業計画を含む事業計画の策定は第6章で解説する。

(3) 添付書類
　申請書に次の書類の添付を求めるケースもある。添付書類は補助金によっ

て異なるため、公募要領等で求められている書類をそろえる必要がある。

> ① 申請者の営む主な事業
> ② 申請者の資産及び負債に関する事項
> ③ 補助事業の経費のうち補助金等によってまかなわれる部分以外の部分の負担者、負担額及び負担方法
> ④ 補助事業の効果
> ⑤ 補助事業に関して生ずる収入金に関する事項
> ⑥ その他交付機関が定める事項

② 補助金交付申請書類の記入にあたり留意すべき点は何か

> **Point!!** 申請書類は記載例を見ながらもれなく記入する

(1) **申請書類様式の入手**

補助金申請書類の記入を行うにあたっては、まず申請書類の様式を入手しなければならない。様式は補助金ごとに定められており、交付機関のウェブサイトからダウンロードできることが多い。

(2) **申請書類記入上の留意点**

申請書類記入上の留意点は次のとおりである。

① 記載例を見ながら記入する

交付機関が記載例を公表しているケースがある。記載例がある場合は、必ず記載例を見ながら申請書類に記入する。

② 補助金の目的に合うよう文章を組み立てる

申請書類には、「事業の目的」など文章を記入しなければならない箇所が存在する。このような場合は、補助金の目的に合うよう文章を組み立てる。補助金の目的に合う事業計画を策定していることを説明するためである。

③ 金額の単位は指定された単位で記入する（万円、千円など）

申請書類には金額を記入する欄が複数ある。この金額をどの単位で記入するかは補助金ごとに指定されている。また、申請書類のなかでも箇所によって指定されている単位が異なる場合がある。箇所ごとに指定された単位で金額を記入する必要がある点に留意する。

④ 記入した内容の整合性に注意

申請書類のなかで、同様の内容を記入する欄が複数存在するケースがある。この場合、内容が整合するよう記入する。同じ金額を複数箇所に記入しなければならないケースも同様に金額を一致させる。申請書類を記入し終わった後に内容や金額が整合しているか、見直しを行うのが効果的である。

3 申請書はどのように作成するか

Point!! 日付と押印を忘れない

　第1章第10節で記載した「ものづくり補助金」を例に、実際の申請書を紹介する。「ものづくり補助金」の様式1がこれに該当する。

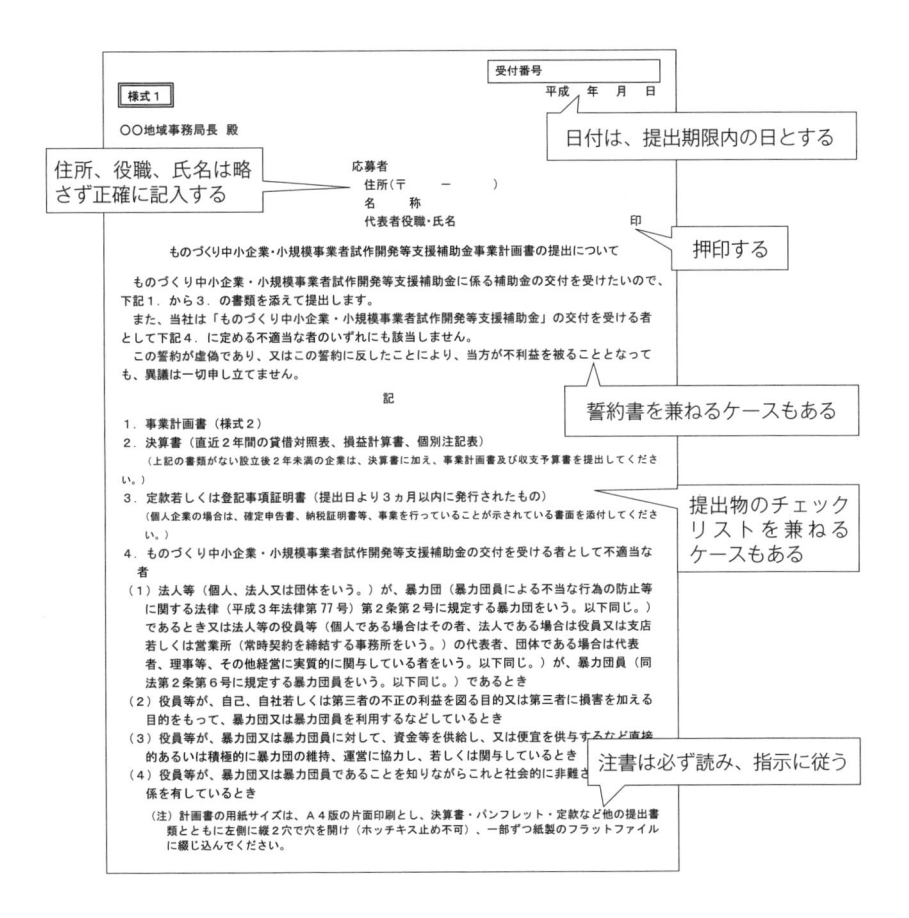

様式1

〇〇地域事務局長　殿

受付番号

平成　年　月　日

→ 日付は、提出期限内の日とする

応募者
　住所（〒　　－　　）
　名　称
　代表者役職・氏名　　　　　　　印

住所、役職、氏名は略さず正確に記入する

押印する

ものづくり中小企業・小規模事業者試作開発等支援補助金事業計画書の提出について

　ものづくり中小企業・小規模事業者試作開発等支援補助金に係る補助金の交付を受けたいので、下記1.から3.の書類を添えて提出します。
　また、当社は「ものづくり中小企業・小規模事業者試作開発等支援補助金」の交付を受ける者として下記4.に定める不適当な者のいずれにも該当しません。
　この誓約が虚偽であり、又はこの誓約に反したことにより、当方が不利益を被ることとなっても、異議は一切申し立てません。

誓約書を兼ねるケースもある

記

1. 事業計画書（様式2）
2. 決算書（直近2年間の貸借対照表、損益計算書、個別注記表）
　（上記の書類がない設立後2年未満の企業は、決算書に加え、事業計画書及び収支予算書を提出してください。）
3. 定款若しくは登記事項証明書（提出より3ヵ月以内に発行されたもの）
　（個人企業の場合は、確定申告書、納税証明書等、事業を行っていることが示されている書面を添付してください。）

提出物のチェックリストを兼ねるケースもある

4. ものづくり中小企業・小規模事業者試作開発等支援補助金の交付を受ける者として不適当な者
（1）法人等（個人、法人又は団体をいう。）が、暴力団（暴力団員による不当な行為の防止等に関する法律（平成3年法律第77号）第2条第2号に規定する暴力団をいう。以下同じ。）であるとき又は法人等の役員等（個人である場合はその者、法人である場合は役員又は支店若しくは営業所（常時契約を締結する事務所をいう。）の代表者、団体である場合は代表者、理事等、その他経営に実質的に関与している者をいう。以下同じ。）が、暴力団員（同法第2条第6号に規定する暴力団員をいう。以下同じ。）であるとき
（2）役員等が、自己、自社若しくは第三者の不正の利益を図る目的又は第三者に損害を加える目的をもって、暴力団又は暴力団員を利用するなどしているとき
（3）役員等が、暴力団又は暴力団員に対して、資金等を供給し、又は便宜を供与するなど直接的あるいは積極的に暴力団の維持、運営に協力し、若しくは関与しているとき
（4）役員等が、暴力団又は暴力団員であることを知りながらこれと社会的に非難される関係を有しているとき

注書は必ず読み、指示に従う

（注）計画書の用紙サイズは、A4版の片面印刷とし、決算書・パンフレット・定款など他の提出書類とともに左側に縦2穴で穴を開け（ホッチキス止め不可）、一部ずつ紙製のフラットファイルに綴じ込んでください。

第2章　補助金の申請　31

4 補助事業計画書はどのように作成するか

> **Point!!** 略さず正確に記入し、整合性に注意する

「ものづくり補助金」を例に実際の補助事業計画書を紹介する。様式2がこれに該当する。

(1) 申請者の氏名又は名称及び住所

補助事業計画書には、まず申請者の氏名又は名称及び住所などの事業者の概要を記入する欄がある。「ものづくり補助金」では様式2の(1)がこれに該当する。

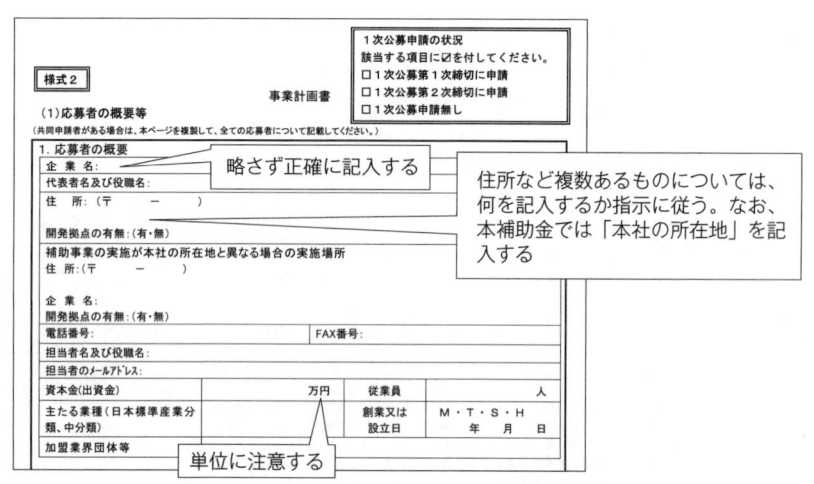

```
様式2                          事業計画書
(1)応募者の概要等
(共同申請がある場合は、本ページを複製して、全ての応募者について記載してください。)
  1. 応募者の概要
  企業名：
  代表者名及び役職名：
  住 所：(〒   －   )
  開発拠点の有無：(有・無)
  補助事業の実施が本社の所在地と異なる場合の実施場所
  住 所：(〒   －   )
  企 業 名：
  開発拠点の有無：(有・無)
  電話番号：              FAX番号：
  担当者名及び役職名：
  担当者のメールアドレス：
  資本金(出資金)          万円  従業員           人
  主たる業種(日本標準産業分      創業又は  M・T・S・H
  類、中分類)                   設立日   年　月　日
  加盟業界団体等
```

- 企業名：略さず正確に記入する
- 住所：住所など複数あるものについては、何を記入するか指示に従う。なお、本補助金では「本社の所在地」を記入する
- 資本金：単位に注意する

記入上のポイントは次のとおりである。

> ① 事業者名や所在地、代表者名や役職などは略さず、正確に記入する。
> ② 資本金など金額を記入する場合は、単位に注意する。
> ③ 申請書類には注書が記載されていることがある。住所や業種、従業員数など、補助金によって何を記入するか異なる事項について注書きがあるケースが多いため、丁寧に読み指示どおりに記入する。

(2) 事業の目的及び内容

補助事業計画書には、事業の目的及び内容を記入する欄がある。「ものづくり補助金」では様式2の(2)がこれに該当する。

(2)事業内容
1. 事業計画名 (注)事業目的を意識して30字程度で記載してください。
   → 事業目的に合致するわかりやすい計画名を付ける
2. 事業計画の概要
   (注)100字程度で簡潔に記載してください。なお、本項目は採択となった場合に公表することが……
   → 簡潔にまとめて記載する
3. 試作開発、設備投資の別 (注)該当する項目いずれか1つに☑を付してください。
   □ 試作開発＋設備投資　□ 試作開発のみ　□ 設備投資のみ
4. 事業の具体的な内容
   その1：将来の展望（本事業の成果の事業化に向けて想定している内容及び期待される効果）
   (注1) 本事業の成果が寄与すると想定している具体的なユーザー、マーケット及び市場規模等について、その成果の価格的・性能的な優位性・収益性や現在の市場規模も踏まえて記載してください。
   (注2) 本事業の成果の事業化見込みについて、目標となる時期・売上規模・量産化時の製品等の価格等について簡潔に記載してください。
   (注3) 必要に応じて図表や写真等を用い具体的かつ詳細に記載してください。
   → 簡潔にまとめて記載する

【補助事業終了後5年間の事業化スケジュール】 (単位：万円)

	経過年数				
	1年目	2年目	3年目	4年目	5年目

(注)「経過年数」とは本事業による補助事業終了後の経過年数を示します。

その2：主な工程ごとのスケジュール
(注) 具体的な取組内容における各工程に沿って、どのようなスケジュールで進めていくのかを記載してください。
交付決定日よりも前に発注、購入、契約等を実施したものは補助対象となりませんのでご注意ください。

取組内容	実施者	実施時期（10ヵ月を想定）									

```
┌─────────────────────────────────────────────────────────────┐
│ その3：試作品の開発や設備投資の具体的な取組内容                │
│ （注）試作品の開発を行う目的・手段について、課題を解決するための工程ごとに見出しをつけつつ、不可欠な開発 │
│      内容、材料や機械装置等を明確にしながら具体的な目標及びその具体的な達成手段を記載してください。（必 │
│      要に応じて図表や写真等を用い具体的かつ詳細に記載してください。）                │
│                                                             │
│                                    ◁─── 簡潔にまとめて記載する │
│                                                             │
│                                                             │
│                                                             │
│ 5．事業分野の類型 （注）概ね合致する類型のいずれか1つに☑を付してください。 │
│  □ ロボット    □ 情報家電   □ 自動車    □ 医療・バイオ  □ 産業機械 │
│  □ 環境・エネルギー □ 航空宇宙  □ 半導体    □ 構造物    □ 光学機器  □ 鉄鋼 │
│  □ 衣料生活資材  □ 印刷情報記録 □ 食料品   □ 化学工業   □ その他（    ） │
│ 6．競争力強化の形態との関連性 （注）概ね合致する類型のいずれか1つに☑を付してください。 │
│  □ 小ロ化・短納期化  □ ワンストップ化  □ サービス化  □ ニッチ分野特化  □ 生産プロセス強化 │
│ 7．22分野技術との関連性  （注）関連する技術分野に☑を付してください。 │
│  □ 組込みソフトウェア  □ 金型    □ 冷凍空調  □ 電子部品・デバイスの実装 □ プラスチック成形加工 │
│  □ 粉末冶金  □ 溶射・蒸着  □ 鍛造  □ 動力伝達  □ 部材の締結  □ 鋳造 │
│  □ 金属プレス加工  □ 位置決め  □ 切削加工  □ 繊維加工  □ 高機能化学合成  □ 熱処理 │
│  □ 溶接  □ 塗装  □ めっき  □ 発酵  □ 真空          │
└─────────────────────────────────────────────────────────────┘
```

　事業の目的及び内容の記入は、基本的には自由記入であり、交付機関が理解しやすいように簡潔にまとめて文章で説明しなければならないことがわかる。

　交付機関は補助事業の審査を行うにあたり、数ある申請のなかからより効果が出ると期待できる計画を採択すると考えられる。そして効果があるかは、主に「事業の目的及び内容」の欄を読んで判断すると思われる。よって、事業者は自社の事業が効果のあるものであることを、ここで説明しなければならない。

(3) **補助事業の経費の配分、経費の使用方法、補助事業の完了の予定期日、その他補助事業の遂行に関する計画**

　「ものづくり補助金」では、様式2の(2)(4)がこれに該当する。

(4) 経費明細表

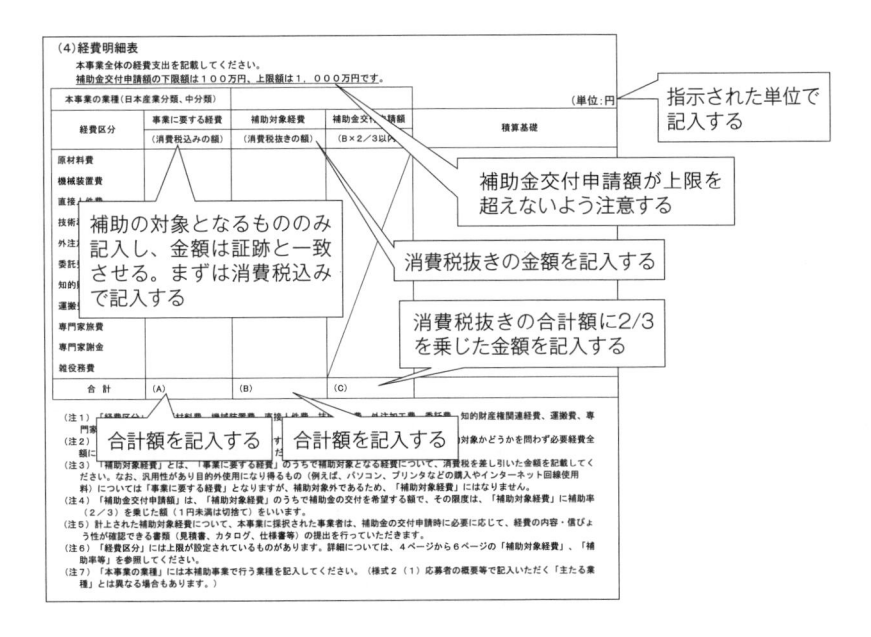

本事業全体の経費支出を記載してください。
補助金交付申請額の下限額は１００万円、上限額は１，０００万円です。

本事業の業種（日本産業分類、中分類）　　　　　　　　　　　　　　　　　　　　　　（単位：円）

経費区分	事業に要する経費 （消費税込みの額）	補助対象経費 （消費税抜きの額）	補助金交付申請額 （B×2/3以内）	積算基礎
原材料費				
機械装置費				
直接人件費				
技術導入費				
外注加工費				
委託費				
知的財産権関連経費				
運搬費				
専門家旅費				
専門家謝金				
雑役務費				
合計	(A)	(B)	(C)	

※図中の吹き出し：
- 指示された単位で記入する
- 補助金交付申請額が上限を超えないよう注意する
- 消費税抜きの金額を記入する
- 消費税抜きの合計額に2/3を乗じた金額を記入する
- 補助の対象となるもののみ記入し、金額は証跡と一致させる。まずは消費税込みで記入する
- 合計額を記入する
- 合計額を記入する

（注１）「経費区分」には上記以外の経費区分（材料費、機械装置費、直接人件費、技術導入費、外注加工費、委託費、知的財産権関連経費、運搬費、専門家旅費、専門家謝金、雑役務費）以外は記入できません。
（注２）「事業に要する経費」には、補助対象かどうかを問わず必要経費全額を記入します。
（注３）「補助対象経費」とは、「事業に要する経費」のうち補助対象となる経費について、消費税を差し引いた金額を記載してください。なお、汎用性があり目的外使用にもなり得るもの（例えば、パソコン、プリンタなどの購入やインターネット回線使用料）については「事業に要する経費」となりますが、補助対象外であるため、「補助対象経費」にはなりません。
（注４）「補助金交付申請額」は、「補助対象経費」のうち補助金の交付を希望する額で、その限度は、「補助対象経費」に補助率（２／３）を乗じた額（１円未満は切捨て）をいいます。
（注５）計上された補助対象経費について、本事業に採択された事業者は、補助金の交付申請に必要に応じて、経費の内容・値びょうが確認できる書類（見積書、カタログ、仕様書等）の提出を行っていただきます。
（注６）「経費区分」には上記に設定されているものがあります。詳細については、４ページから６ページの「補助対象経費」、「補助率等」を参照してください。
（注７）「事業の業種」には本補助事業で行う業種を記入してください。（様式２（１）応募者の概要等で記入いただく「主たる業種」とは異なる場合もあります。）

記入上のポイントは、次のとおりである。

① 補助の対象となる経費のみ記入する
② 事業に要する経費の金額は、見積書や契約書などの証跡と一致させる
③ 完了予定日は、補助金の事業期間内の日付とする
④ 事業に要する経費のうち補助の対象となる金額及び自己資金額は、補助金が定める方法に従って計算する。「ものづくり補助金」では、補助の対象となる金額は事業費×2/3である
⑤ 計算した補助の対象となる金額が、上限を超えないよう注意する
⑥ 記入する単位に注意する。「ものづくり補助金」では円単位である
⑦ 合計を記入する欄がある。合計額は必ず計算し、記入する

また、「ものづくり補助金」には記入する欄はないが、事業期間を記入する場合は、事業の完了予定日を補助金制度の定める事業期間内の日付とする点に留意する。

第２章　補助金の申請　　35

(4) 交付を受けようとする補助金の額及びその算出の基礎

「ものづくり補助金」では、様式2の(4)がこれに該当するが、ほかに(5)の作成も求められている。

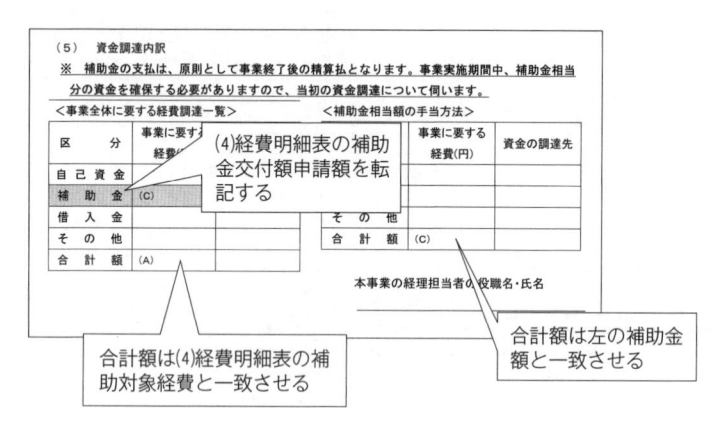

```
(5) 資金調達内訳
※ 補助金の支払は、原則として事業終了後の精算払となります。事業実施期間中、補助金相当
  分の資金を確保する必要がありますので、当初の資金調達について伺います。
```

＜事業全体に要する経費調達一覧＞		＜補助金相当額の手当方法＞	
区　分	事業に要する経費	事業に要する経費(円)	資金の調達先
自　己　資　金			
補　助　金	(C) ←(4)経費明細表の補助金交付額申請額を転記する		
借　入　金			
そ　の　他		その他	
合　計　額	(A)	合計額 (C)	

本事業の経理担当者の役職名・氏名

合計額は(4)経費明細表の補助対象経費と一致させる

合計額は左の補助金額と一致させる

金額を記入する場合、他の記入した内容との整合性をとる点に留意する。具体的には次のとおりである。

---

① 補助金額は、(4)経費明細表の補助金交付申請額を転記する。両記入額は一致する
② 合計額は、(4)経費明細表の補助対象経費を転記する。両記入額は一致する
③ 右の合計額は左の補助金額と一致させる

---

(5) その他必要な事項

そのほかに事業者の経営状況を記入するケースが多い。「ものづくり補助金」では、様式2の(1)の2以降で、株主や役員、経営状況について記入が求められている。

様式２の(1)　応募者（企業等）の概要等

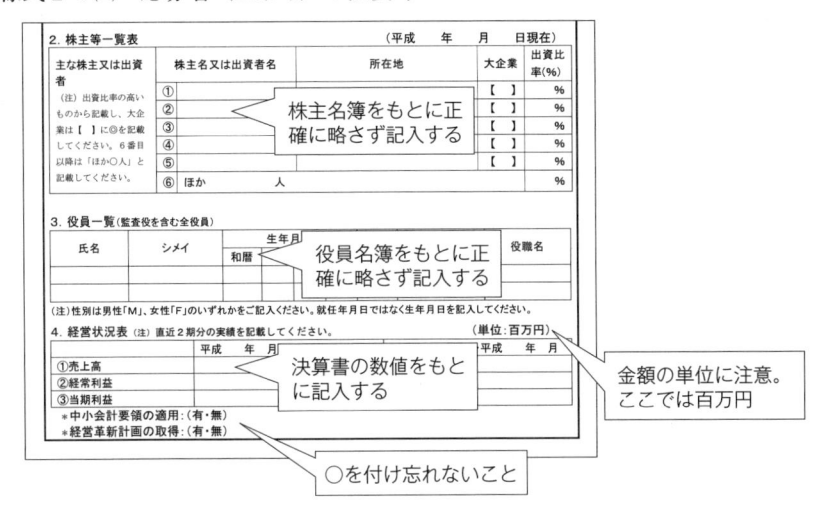

```
2. 株主等一覧表                    （平成　　年　　月　　日現在）
┌─────────┬─────────┬──────────────┬─────┬─────┐
│主な株主又は出資│株主名又は出資者名│    所在地      │大企業│出資比│
│者              │                  │                │      │率(%) │
│(注) 出資比率の高│①                │                │【　】│    % │
│いものから記載し│②                │株主名簿をもとに正│【　】│    % │
│、大企業は【　】│③                │確に略さず記入する│【　】│    % │
│に○を記入してく│④                │                │【　】│    % │
│ださい。6番目以│⑤                │                │【　】│    % │
│降は「ほか○人」│⑥ ほか　　　　人 │                │      │    % │
│と記載してくださ│                  │                │      │      │
│い。            │                  │                │      │      │
├─────────┴─────────┴──────────────┴─────┴─────┤
│3. 役員一覧表（監査役を含む全役員）                                │
├─────┬─────┬─────────┬─────────────┤
│  氏名   │ シメイ  │   生年月日       │         役職名             │
│         │         │  和暦            │                            │
│         │         │役員名簿をもとに正│                            │
│         │         │確に略さず記入する│                            │
├─────┴─────┴─────────┴─────────────┤
│(注)性別は男性「M」、女性「F」のいずれかをご記入ください。就任年月日│
│ではなく生年月日を記入してください。                                │
├─────────────────────────────────────┤
│4. 経営状況表 (注) 直近2期分の実績を記載してください。 （単位:百万円）│
├─────────┬─────────────┬─────────────┤
│                  │  平成　　年　　月   │  平成　　年　　月     │
├─────────┼─────────────┼─────────────┤
│①売上高          │決算書の数値をもと│                       │
│②経常利益        │に記入する        │                       │
│③当期利益        │                  │                       │
├─────────┴─────────────┴─────────────┤
│*中小会計要領の適用：(有・無)                                       │
│*経営革新計画の取得：(有・無)                                       │
└─────────────────────────────────────┘
        ○を付け忘れないこと
```

(吹き出し) 株主名簿をもとに正確に略さず記入する
(吹き出し) 役員名簿をもとに正確に略さず記入する
(吹き出し) 決算書の数値をもとに記入する
(吹き出し) 金額の単位に注意。ここでは百万円

経営状況表は決算書の数値をもとに記入する。また、金額の単位に注意する。

また、様式２の(3)で、過去に交付を受けた補助金の実績説明が求められている。補助金申請の重複を防ぐ趣旨である。

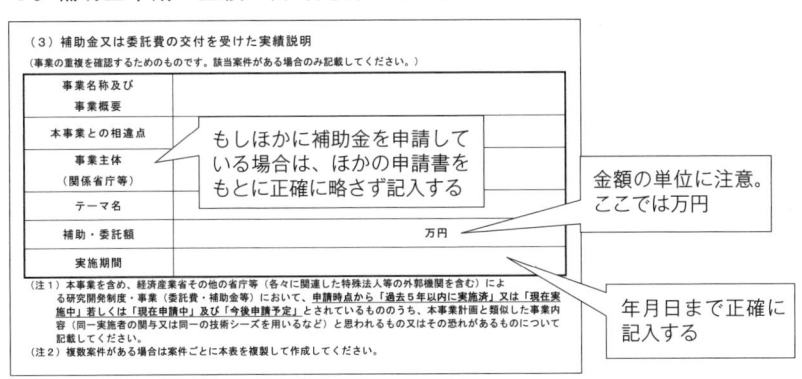

```
(3) 補助金又は委託費の交付を受けた実績説明
(事業の重複を確認するためのものです。該当案件がある場合のみ記載してください。)
┌──────────────┬───────────────────────┐
│事業名称及び                │                                      │
│事業概要                    │                                      │
├──────────────┼───────────────────────┤
│本事業との相違点            │                                      │
├──────────────┼───────────────────────┤
│事業主体                    │                                      │
│(関係省庁等)                │                                      │
├──────────────┼───────────────────────┤
│テーマ名                    │                                      │
├──────────────┼───────────────────────┤
│補助・委託額                │                           万円       │
├──────────────┼───────────────────────┤
│実施期間                    │                                      │
└──────────────┴───────────────────────┘
(注1) 本事業を含め、経済産業省その他の省庁等（各々に関連した特殊法人等の外郭機関を含む）による研究開発制度・事業（委託費・補助金等）において、申請時点から「過去5年以内に実施済」又は「現在実施中」若しくは「現在申請中」及び「今後申請予定」とされているもののうち、本事業計画と類似した事業内容（同一実施者の関与又は同一の技術シーズを用いるなど）と思われるもの又はその恐れがあるものについて記載してください。
(注2) 複数案件がある場合は案件ごとに本表を複製して作成してください。
```

(吹き出し) もしほかに補助金を申請している場合は、ほかの申請書をもとに正確に略さず記入する
(吹き出し) 金額の単位に注意。ここでは万円
(吹き出し) 年月日まで正確に記入する

なお、グループ補助金の申請書の作成方法は第８章で解説する。

第２章　補助金の申請　37

5 事業の目的及び内容はどのように記入するか

Point!! 審査項目に目を通し、キーワードを特定したうえで重点審査ポイントを洗い出す

　4節で、補助事業計画書における事業の目的及び内容は効果があると判断されるよう記入する必要があると解説した。

　効果があるように記入するためには、審査項目(交付機関が審査を行う際の基準)に目を通し、キーワードを特定することが有益である。審査のポイントは公表されているケースが多い。

　キーワードを特定したうえでキーワードから特に重要な審査ポイントを洗い出し、自社の事業計画は当該審査ポイントの達成が可能である旨を記入する。

　これを、「ものづくり補助金」を例に検討する。「ものづくり補助金」では、「審査項目」が右のように明記されている。

　補助金の目的などをふまえ、キーワードと考えられる箇所に下線を付した。これらをまとめると、特に重要な審査ポイントは次の3つになると考えられる。

表2：審査項目

審　査　項　目

(1) 補助対象事業としての適格性
　　P3(エ)に掲げる補助対象外事業に該当しないか。

(2) 技術面
　① 補助事業実施のための体制及び技術的能力が備わっているか。
　② 特定ものづくり基盤技術を活用した新製品・新技術(既存技術の転用や隠れた価値の発掘(設計・デザイン、アイディアの活用等を含む))の開発となっているか。
　③ 試作品の開発における技術的課題が明確になっているとともに、補助事業の目標に対する達成度の考え方を明確に設定しているか。
　④ 技術的課題の解決方法が明確かつ妥当であり、優位性が見込まれるか。

(3) 事業化面
　① 事業実施のための体制(人材、事務処理能力等)や最近の財務状況等から、補助事業が適切に遂行できると期待できるか。
　② 事業化に向けて、市場ニーズを考慮するとともに、補助事業の成果の事業化が寄与するユーザー、マーケット及び市場規模が明確か。
　③ 補助事業の成果が価格的・性能的に優位性を有し、かつ、事業化に至るまでの遂行方法及びスケジュールが妥当か。
　④ 補助事業として費用対効果(補助金の投入額に対して想定される売上・収益の規模、その実現性等)が高いか。

(4) 政策面
　① エネルギー制約等、厳しい内外環境の中にあって新たな活路を見いだす企業として他の企業のモデルとなるとともに、地域の開発型企業が中心になるなど地域経済と雇用の支援につながることが期待できる計画であるか。
　② 金融機関等からの十分な外部資金の調達が見込めるか。
　③ ものづくり中小企業・小規模事業者の競争力強化につながる経営資源の蓄積(例えば生産設備の改修・増強にも繋がる能力強化)につながるものであるか。
　④ 本事業計画申請時に有効な経営革新計画を取得しているか。また、「中小企業の会計に関する基本要領」(以下、「中小会計要領」という。)又は「中小企業の会計に関する指針」(以下、「中小指針」という。)に沿った会計書類を添付しているか。

(1) 補助事業を実施できる体制にあるか
(2) 補助事業として行う試作品開発の成果物に優位性と収益性があるか
(3) 事業化した際に一定量の売上を計上することができるか

　これらの3つについて、自社の計画では達成可能であることを様式2の(2)に記入する。

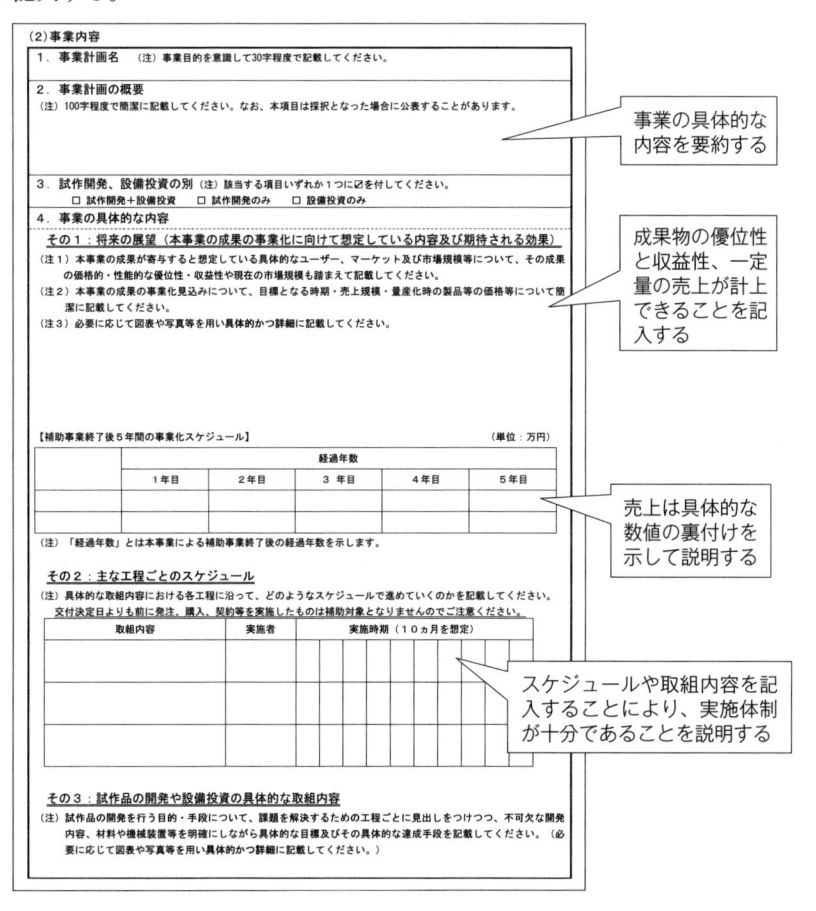

---

(2)事業内容

1．事業計画名　（注）事業目的を意識して30字程度で記載してください。

2．事業計画の概要
（注）100字程度で簡潔に記載してください。なお、本項目は採択となった場合に公表することがあります。
　　→ 事業の具体的な内容を要約する

3．試作開発、設備投資の別　（注）該当する項目いずれか1つに☑を付してください。
　□ 試作開発＋設備投資　　□ 試作開発のみ　　□ 設備投資のみ

4．事業の具体的な内容
　その1：将来の展望（本事業の成果の事業化に向けて想定している内容及び期待される効果）
（注1）本事業の成果が寄与すると想定している具体的なユーザー、マーケット及び市場規模等について、その価格的・性能的な優位性・収益性や現在の市場規模も踏まえて記載してください。
（注2）本事業の成果の事業化見込みについて、目標となる時期・売上規模・量産化時の製品等の価格等について簡潔に記載してください。
（注3）必要に応じて図表や写真等を用い具体的かつ詳細に記載してください。
　　→ 成果物の優位性と収益性、一定量の売上が計上できることを記入する

【補助事業終了後5年間の事業化スケジュール】（単位：万円）

経過年数				
1年目	2年目	3年目	4年目	5年目

（注）「経過年数」とは本事業による補助事業終了後の経過年数を示します。
　　→ 売上は具体的な数値の裏付けを示して説明する

　その2：主な工程ごとのスケジュール
（注）具体的な取組内容における各工程に沿って、どのようなスケジュールで進めていくのかを記載してください。
交付決定日よりも前に発注、購入、契約等を実施したものは補助対象となりませんのでご注意ください。

取組内容	実施者	実施時期（10ヵ月を想定）

　　→ スケジュールや取組内容を記入することにより、実施体制が十分であることを説明する

　その3：試作品の開発や設備投資の具体的な取組内容
（注）試作品の開発を行う目的・手段について、課題を解決するための工程ごとに見出しをつけつつ、不可欠な開発内容、材料や機械装置等を明確にしながら具体的な目標及びその具体的な達成手段を記載してください。（必要に応じて図表や写真等を用い具体的かつ詳細に記載してください。）

6 補助金申請書類の提出にあたり留意すべき点は何か

> **Point!!** 期限厳守、記入もれ、書類のもれがないかを確認する

　申請書類提出上の留意点は次のとおりである。
① 期限厳守
　期限を過ぎると申請類自体受理されないので提出の期限は厳守する。郵送により提出する場合は、申請書類が必ず期限内に交付機関に届くように発送する。
② 記入もれがないか提出前の最終確認
　提出前に、申請書類に記入もれがないか最終確認する。押印や署名が必要なケースもあるので、記載例などを見ながら念入りにチェックする。
③ 提出が必要な書類にもれがないかの最終確認
　申請書類のほかに、事業者の決算書や見積書といった証憑資料の一部など、添付書類の提出を求められるケースがある。この場合、添付書類の提出にもれがないか最終確認する。
　補助金によっては申請書類を含む提出書類のチェックリストが用意されているケースもある。チェックリストがある場合はこれを見ながら念入りにチェックする。提出部数にも注意する。

　参考までに、「ものづくり補助金」においては、次のような「提出書類チェックシート」が作成されている。書類がそろっていれば、「チェック欄」にチェックマークを記入する。

<提出書類チェックシート>

応募者名称：

※提出漏れがないかチェックを入れ、同封してください。

- 書類があればチェックマークを入れる
- 提出部数に注意する

事業計画名：

		提出書類	提出部数	CD-R格納
申請書類	☐	様式1 （ものづくり中小企業・小規模事業者試作開発等支援補助金計画書の提出について）	正本1部、副本5部	〇
	☐	様式2（事業計画書） (1)応募者の概要 (2)事業内容 (3)補助金又は委託費の交付を受けた実績説明 (4)経費明細表 (5)資金調達内訳	正本1部、副本5部	〇
	☐	認定支援機関確認書	正本1部、副本5部	〇
	☐	決算書 （直近2年間の貸借対照表及び損益計算書、個別注記表） ※上記の書類がない設立後2年未満の企業は、決算書に加え、事業計画書及び収支予算書を提出	正本1部、副本5部	ー
	☐	定款若しくは登記事項証明書（提出日より3ヵ月以内に発行されたもの） ※個人企業の場合は、確定申告書、納税証明書等、事業を行っていることが示されている書面	正本1部、副本5部	ー
	☐	会社案内等事業概要の確認ができるパンフレット（任意）	正本1部、副本5部	ー
	☐	様式1に応募者の代表者印が押印されていること。 ※電子媒体に収録するファイルには印は不要です。	ー	ー
電子媒体	☐	CD-R ※9ページの【CD-Rへのデータの収録方法】をご確認	1	
	☐	提出する①申請書類の正本とCD-R等に格納した内容が一致していること	ー	ー
事務書類	☐	提出書類チェックシート	1	
その他	☐	計画書（様式1、様式2）の下中央に通しページが付されていること。	ー	ー

※1 提出書類に不備のある場合、審査対象とならないことがありますのでご注意ください。
※2 提出書類は審査、契約、管理、確定、精算といった一連の業務遂行のためにのみ利用し、提案者の秘密は保持します。
※3 提出書類の返却はいたしませんので必ず、正本の控えを保持してください。
※4 ファイルの背表紙と表紙に「事業計画名」「応募者名」及び正副の別を記入してください。
※5 電子媒体（CD-R）には「事業計画名」と「応募者名」をラベル表紙に印字又は記載してください。

注書は丁寧に読み込み、もれなく対応する

「ものづくり補助金」の特徴として、事業計画の実効性について中小企業経営力強化支援法の「認定経営革新等支援機関（認定支援機関）」により確認される必要がある点があげられる。添付書類に次の認定支援機関確認書が含まれている。

```
                                                          平成  年  月  日
   ○○地域事務局長 殿
                              認定支援機関           ←[認定支援機関が記入する]
                              住  所
                              名  称
                              代表者名           印
                              電話番号

              平成２４年度ものづくり中小企業・小規模事業者試作開発等支援事業に係る
                         競争力強化についての確認書

      下記の事業者が作成した事業計画書について、以下のとおり競争力強化に資することが見込まれる
    ことを確認します。
                              記
   １．事業者名　　　　　　　　　　　　　　
   ２．事業計画名　
   ３．試作開発、設備投資の別　　　□試作開発＋設備投資　□試作開発のみ　□設備投資のみ
   ４．事業類型
      □小ロ化・短納期化　□ワンストップ化　□サービス化　□ニッチ分野特化　□生産プロセス強化
   ５．確認事項
```

競争力の強化が見込まれる事項	主たる理由（事業計画に対する改善提案の経緯等も記載してください。）
① 生産コスト面での競争力強化が期待できる	
② 技術面（製造・製品）での競争力強化が期待できる	
③ 製造能力面（リードタイムを含む）での競争力強化が期待できる	
④ 品質、性能、機能、デザイン等の面での競争力強化が期待できる	
⑤ 製品等に新規性があり市場訴求力の高さが期待できる	
⑥ 対象とする市場について今後の進展が期待できる	
⑦ ユーザー（市場・消費者等を含む）のニーズを捉えた開発・投資で販売の進展が期待できる	
⑧ 資金計画の確実性（金融機関からの理解が得られている等）が期待できる	
⑨ その他（　　　　　　）	

※ 競争力の強化が見込まれる事項（上位３項目まで）をあげ、その理由を記載してください。
※ 提案事業の客観的評価がある場合（提案事業の技術や手法等について、公的機関又はこれに準ずる機関からの技術評価やビジネス評価を受けている場合、中小企業の新たな事業活動の促進に関する法律に基づく経営革新計画の承認を受けている場合など）や提案事業の実施に当たり認定支援機関による支援を予定している場合には、その内容を「⑨その他」欄に記載してください。
※ 上記の代表者名欄に記入する氏名は、本書を確認する認定支援機関の内部規定等により判断してください。

　事業者は申請前に、認定支援機関とともに事業計画を作成する必要がある点に留意する。

第3章 補助金の管理

　本章では、実際に管理を行う際の指針として補助金の交付を受ける事業について適切に管理をするための留意事項を解説する。具体的な内容としては管理を行う必要性と保管すべき証跡、補助金管理用の帳票の作成方法等である。

1 補助事業計画が採択された後はどのようなことをすればよいか

Point!! 補助金の管理を適切に行うことを目的とした作業が必要となる

　交付機関により補助事業計画が採択されてから補助金の交付を受けるまでの主なスケジュールは次のとおりである。

No.	イベント	実施時期
1	補助事業計画の採択	－
2	(1) 専用口座を開設 (2) 専用の預金元帳の作成	補助金の交付を受ける前
3	(1) 固定資産の取得などの補助事業を実施 (2) 関連する証跡（※1）を入手 (3) 専用の管理台帳の作成	補助金の交付を受ける前
4	(1) 専用口座からの事業実施代金の支払 (2) 関連する証跡（※1）を入手 (3) 専用預金元帳への支払の記帳	補助金の交付を受ける前
5	補助事業実績報告書を作成し、交付機関に提出	補助金の交付を受ける前
6	(1) 交付機関による完了検査 (2) 補助金の額の確定	補助金の交付を受ける前
7	(1) 補助金の入金 (2) 専用元帳への入金の記帳	補助金の交付を受けた後
8	元帳及び台帳の締め	補助金の交付を受けた後
9	元帳、台帳及び証跡（※1）の保管	補助金の交付を受けた後

（※1）　証跡とは、取引の事実、取引金額や会計処理の裏付けとなる証拠資料のことをいう。

　上記のとおり、事業の実施以外でも多くの作業を行う必要があることがわかる。これらは、すべて補助金の管理を適切に行うために実施が求められる事項である。詳細については2節以降で解説する。

② なぜ補助金を管理するか

Point!! 補助金の交付を受ける際に補助事業の経費として明確に区分されていることが求められる

(1) **補助金を管理する必要性**

　補助金の管理が必要となるのは、その原資が税金であり、採択された事業計画どおりに適正な金額が効率的に使用されることが求められるためである。

　多くの補助金制度では、実際の交付金の支払を請求した後に交付機関による交付金額確定のための検査を受ける。その際に経費が補助対象として認められるためには、2つの条件を満たしていることが求められる。それは、①その経費が補助対象事業の遂行に直接要したものとして明確に区分できること、②その経費の金額等が証拠書類によって確認できることである。

　これらの条件を満たすためには、補助事業に要する経費について専用帳簿を作成することが効果的かつ効率的である。専用帳簿に記帳することにより、他の事業に要した経費と明確に区分することが可能となり、専用帳簿にあわせて証拠書類を整理しておくことで経費金額の証明が可能となる。

　さらに、交付された補助金の使途について会計検査院による検査が行われることもあることから、これに備える意味からも専用帳簿による補助金の管理は必要といえる。

(2) **補助金を管理することによる効果**

　すでに述べたように、専用帳簿を作成して補助事業に要する経費を管理することは補助金の支払請求において不可欠だからである。ただし、それだけではなく専用帳簿により補助金を管理することにより次のような副次的な効果を見込むことができる。

① 　無駄な支出の排除

　補助事業に係る経費を支払う場合、いつ、何を購入するために誰に対して

いくら支払ったのかを明確にしておかないと、重複した支出や無駄な支出が行われてしまう可能性がある。また、不必要な維持コストが発生することもある。補助金の管理を適切に行うことにより、重複した支出や無駄な支出を防止することができる。

② 補助事業の進捗管理

専用帳簿に補助事業に要した経費を記帳することにより、補助事業の実施に応じて経費がどの程度発生しているかが明確になる。これを事業の予算額と比較することにより、進捗程度や事業遂行の効率性を判断することができる。また、進捗程度と事業期間を勘案してスケジュールを調整するなど、事業の軌道修正を行うことができる。

3 補助金の管理として何をすればよいか

> **Point!!** 証跡を管理し、専用の帳票を作成する

補助金の管理は次の3つに分けられる。

> (1) 補助事業を行った場合は、支出の証跡となる書類を整理して保管する
> (2) 補助事業として固定資産を取得した場合、その他の経費を支払った場合は、専用の経費管理台帳を作成し、保管する
> (3) 代金の支払や補助金の交付を受ける専用の預金口座を開設し、専用の預金元帳を作成する

証跡とは次のものをいう。

> 取引の事実、取引金額や会計処理の裏付けとなる証拠資料

見積書や納品書、請求書や領収書などがこれに該当する。

なお、(2)の経費管理台帳、(3)の預金元帳は、従来から作成している財務報告及び税務申告用の固定資産台帳や総勘定元帳とは別に、補助金の管理目的専用に作成する。作成目的が異なるため、固定資産台帳や総勘定元帳はそのままでは補助金の管理のために使用できないためである。

4 証跡の整理と保管はどのように行うか

> **Point!!** 公募要領や補助事業実施の手引をもとに整理・保存する

証跡の整理と保管を行う目的は次のとおりである。

① 支出額の正確性を証明する
② 支出内容の妥当性を証明する

整理・保管しておくべき証跡類は公募要領か、補助事業計画の採択後に交付機関から補助事業者に配付されることがある補助事業実施の手引等に記載されているケースが多い。

ここでは、記載されていない場合であっても、最低限整理しておくべき証跡について説明する。

補助事業に要した経費は大きく次の3つに分けられる。

固定資産の取得
研究開発費
その他の経費

この3つはさらに次のように分けることができる。

固定資産の取得
　① 建物や建物附属設備などの不動産の取得
　② 備品や機械、車両運搬具などの動産の取得
研究開発費
　① 人件費の支払
　② 人件費以外の、物品やサービスの費消に伴う支払
　③ 特定の研究開発目的にのみ使用する固定資産の取得

> その他の経費
>   ① 人件費の支払
>   ② 人件費以外の、物品やサービスの費消に伴う支払

　5節以降で、それぞれの取引を行う際に整理・保管すべき証跡について解説する。ただし、研究開発費やその他の経費を支払う場合の証跡は原則として同じであるため、一括して解説する。

5 固定資産の取得時の証跡はどのように保管するか

> **Point!!** 証跡は支出ごとにひとまとめにし、番号を付す

　固定資産であっても、建物などの不動産と備品などの動産とでは整理・保管すべき証跡が若干異なる。

(1) 不動産を取得した場合

　補助事業で建物などの不動産を取得した場合は、次の書類を証跡として整理・保管する。また、これらの証跡は支出ごとにファイリングするか、紙に貼るかなどして常にまとまった状態で保管する。

① 仕様書
② 見積書・合見積書
③ 発注書（控え）
④ 契約書・発注請書
⑤ 図面等関係書類
⑥ 完成届
⑦ 完成検査報告書
⑧ 完成写真
⑨ 請求書
⑩ 支払を証する書類（領収書、振込画面など）

【○○事業】
○○建物
取得の証跡
No. ○

　「⑩支払を証する書類」としては領収書が一般的であり、銀行振込の場合は振込証や、インターネットバンキングを使用した場合は振込画面のコピーなども証跡として保管する。

　証跡の綴りには必ず表紙を付ける。表紙には取得した資産の種類、名称等を記入し、通し番号を付す。これを補助事業全体の通し番号として利用する。この番号が重要なポイントとなるので、必ず付す。

(2) 動産を取得した場合

　次に備品や機械、車両運搬具などの動産を取得した場合は、次の書類を証跡として整理・保管する。不動産と同様、これらの証跡は支出ごとにファイリングするか、紙に貼るかなどして常にまとまった状態で保管する。

```
①　仕様書
②　見積書・合見積書
③　発注書（控え）
④　契約書・発注請書
⑤　図面等関係書類
⑥　納品書（検収印等）
⑦　請求書
⑧　支払を証する書類（領収書、振込画面など）
```

【○○事業】
○○備品
取得の証跡
No. ○

　不動産と同様、「⑧支払を証する書類」としては領収書が一般的であり、銀行振込の場合は振込証や、インターネットバンキングを使用した場合は振込画面のコピーなども証跡として保管する。

　また、証跡の綴りには必ず表紙を付ける。表紙には取得した資産の種類、名称等を記入し、やはり通し番号を付す。

　補助事業の対象となるものについては①～⑧のすべての証跡を入手する必要がある。証跡を入手できない取引については補助金の対象とならない可能性が高いので、どうしても入手できない証跡があれば早めに交付機関に相談すべきであろう。

6 人件費の支払時の証跡はどのように保管するか

Point!! 人件費を補助の対象とする場合は、対象とする金額の計算が必要

人件費を支出した場合と物品やサービスを費消するために支出した場合とでは整理・保管すべき証跡が異なる。

人件費を支出した場合、次の書類を証跡として整理・保管する。

> ① 補助事業従事者の体制図
> ② 就業規則、給与規程
> ③ 給与テーブル
> ④ 給与台帳
> ⑤ 業務日報やタイムカードなど、人員ごとの月次総勤務時間及び日次の勤務時間がわかる資料
> ⑥ 支給控除額の計算書
>   →源泉税や社会保険料の金額を示す計算書
> ⑦ 支払を証する書類
>   →振込の場合は振込画面だが、現金払いの場合は領収書が必要
> ⑧ 補助事業に要した工数を示す資料
> ⑨ 補助の対象となる金額の計算表

このなかで特徴的なのは、⑧補助事業に要した工数を示す資料と⑨補助の対象となる金額の計算表である。

人件費は月ごとに定額で支払われることが多いが、全額が補助の対象となるとは限らない。補助の対象となるのは、月次給与のうち補助事業に従事した時間に対応する金額のみとなる。

まず、月次給与（または年間給与）と総勤務時間から1時間当り給与を計算する。当該1時間当り給与に補助事業に従事した時間を乗じて、補助の対象となる金額を計算する。

> **設例**
> 従業員であるA氏の1カ月当りの給与は30万円であり、1日の勤務時間は8時間、1カ月の勤務日数は20日である。
> A氏は平成25年2月に、補助事業に従事した。従事した時間は3日と3時間であった。

この場合、補助の対象となるA氏の人件費は次のように計算される。

【A氏の1時間当り給与】30万円÷20日÷8時間＝1,875円
【A氏が補助事業に従事した時間】8時間×3日＋3時間＝27時間
【補助の対象となるA氏の人件費】1,875円×27時間＝50,625円

この計算過程を示す資料と、計算の根拠となる工数を示す資料を証跡として作成、保管する必要がある。

なお、この作成方法については7節にて解説する。

また外部からの出向者に関する人件費を支出した場合は、上記に加えて次の証跡が必要である。

---
① 出向元との出向契約書
② 出向者の出向に関する同意書
③ 支払を証する書類
　給与相当額を出向元に支払う場合は、出向元から領収書等を入手する

また、これらの証跡を支出ごとにファイリングするか、紙に貼るかなどして常にまとまった状態で保管する点と、証跡には表紙を付けて通し番号を付す点は固定資産を取得した場合と同じである。

補助事業の対象となるものについては上記証跡をすべて入手する。証跡を入手できない取引については補助金の対象から外れてしまう可能性が高いから、どうしても入手できない証跡があれば早めに交付機関に相談すべきであろう。

7 人件費関連の証跡はどのように作成するか

Point!! 「工数管理表」と「対象人件費計算表」を作成する

　本節では人件費を補助の対象とする場合に、作成が求められる人件費の計算過程を示す資料(「対象人件費計算表」)と、計算の根拠となる工数を示す資料(「工数管理表」)の具体的な作成方法について説明する。

(1) 工数管理表の作成方法
　工数管理表は、次のように作成する。

	1	2	3	4	5
職員番号	××1	××2	××5	××6	××8
職員名	○山○夫	○海○子	○井○男	○田○彦	○村○代
H25/2/1	−	−	−	−	−
H25/2/2	8.0	8.0	4.5	4.0	3.5
(中略)					
H25/2/28	8.0	4.0	3.0	2.0	−
合計	64.0	40.0	12.5	8.0	7.5

　作成のポイントは次のとおり。

① 工数管理表は月単位で作成する
② まず、通し番号を付す。後ほど「対象人件費計算表」にて出てくる
③ 職員番号と職員名を記入する
④ 左列に日付を記入する
⑤ 日付列の右に、職員ごとの補助事業に従事した時間(従事工数)を記入する
⑥ 従事工数はタイムカードや日報などから根拠のある数字を転記する
⑦ 月単位で合計時間を算定する

なかでも重要なのは⑥根拠のある数字を転記することであろう。

(2) **対象人件費計算表の作成方法**

工数管理表ができたら対象人件費計算表を作成する。

	職員番号	職員名	月次給料（円）	月次総勤務時間	1時間当り単価（円）	従事工数	対象人件費（円）
1	××1	○山○夫	400,000	160	2,500	64.0	160,000
2	××2	○海○子	340,000	160	2,125	40.0	85,000
3	××5	○井○男	300,000	160	1,875	12.5	23,437
4	××6	○田○彦	300,000	160	1,875	8.0	15,000
5	××8	○村○代	260,000	160	1,625	7.5	12,187
合　計							295,624

作成のポイントは次のとおり。

① 番号、職員番号、職員名は「工数管理表」のとおり記入する
② 月次給料を月次総勤務時間で割り、1時間当り単価を計算する
③ 従事工数は「工数管理表」で計算したものを転記する
④ 1時間当り単価に従事工数を乗じて、個人ごとの対象人件費を計算する
⑤ 個人ごとの対象人件費を合計し、補助の対象となる人件費を算定する

また、超過勤務手当が補助の対象となるかは補助金制度により異なるので、超過勤務時間がある場合は、公募要領を確認する。もし超過勤務手当が補助の対象となる場合は、工数管理表には超過勤務時間も含めて集計する。また、対象人件費計算表の月次給料には月次の超過勤務手当総額を、月次総勤務時間には月次の総超過勤務時間も含めて1時間当り単価を計算する。

ただし、補助金制度によっては補助の対象となる超過勤務手当に上限がある場合がある。その場合は別途調整が必要となる。

8　人件費以外の経費を支払ったときの証跡はどのように保管するか

> **Point!!**　特定の研究開発目的資産を取得した場合の証跡に注意する

　人件費以外の経費、具体的には物品の購入やサービスの提供を受けるために支払を行った場合、次の書類を証跡として整理・保管する。

① 仕様書
② 見積書・合見積書
③ 発注書（控え）
④ 契約書
⑤ 納品書・サービスの提供を証する書類（検収印等）
⑥ 請求書
⑦ 支払を証する書類（領収書、振込画面など）

　固定資産を取得した場合と同様、⑦支払を証する書類としては領収書が一般的であり、銀行振込の場合は振込証や、インターネットバンキングを使用した場合は振込画面のコピーなども証跡として保管する。
　また、これらの証跡を支出ごとに紙に貼るなどしてまとまった状態で保管する点と、証跡には表紙を付けて通し番号を付す点は固定資産を取得した場合や人件費を支出した場合と同じである。
　証跡を入手できない取引については補助金の対象から外れてしまう可能性が高いので、どうしても入手できない証跡があれば早めに交付機関に相談すべきであろう。
　なお、特定の研究開発目的資産を取得した場合は注意が必要である。特定の研究開発目的にのみ使用され、他の目的に使用できない固定資産は、取得原価にかかわらず会計上取得時に費用として処理される（「研究開発費等に係る会計基準注解」（注

1）研究開発費を構成する原価要素について）。

　一方で、これらの固定資産は費用処理した翌期以降も現物としては存在しており、特定の研究開発目的では使用し続けることが考えられるため、現物の管理は継続して行い、特定の研究開発目的資産を取得した場合の証跡を整理・保管する。

⑨ 一定期間ごとに支払を行う経費の証跡はどのように保管するか

> **Point!!** 補助の対象となる金額の按分計算を行い、計算表を作成する

　水道光熱費など、一定期間ごとに支払を行う経費については、支払額のうち補助事業のために発生したものだけが補助の対象となる。よって補助の対象となる経費の金額を按分計算するとともに、計算資料を証跡として作成・保管する必要がある。

(1) **時間や使用量などを基礎に按分計算を行う場合**

設例

　平成25年2月分（2月1日から2月28日まで）の電気代は1,050円であった。
　当社ではA、B、Cの3つの事業を行っており、それぞれの事業における当期の電気の使用量は次のとおりであった。なお、補助事業はAである。

（単位：kwh）

事　業	A	B	C	合　計
使用量	50.0	30.0	20.0	100.0

この場合、補助の対象となる電気代は次のように計算される。

総電気代1,050円×（A事業の使用量50.0kwh÷総使用量100.0kwh）＝525円

また、次のような証跡を作成し保管する。

○○事業　電気代按分額計算表

事　業	使用量（kwh）	費用按分率（％）	費用按分額
A	50.0	50	525
B	30.0	30	315
C	20.0	20	210
合　計	100.0	100	1,050

計算表作成のポイントは次のとおりである。

① 費用按分率は、事業ごとの使用量を合計使用量で割って計算する
② 費用按分額は、総費用金額に費用按分率を乗じて算定する
③ 総費用金額は、領収書などの取引先が作成した証跡と金額が一致する

(2) **日割や月割で按分計算を行う場合**

設　例

平成25年2月分（2月1日から2月28日まで）の電気代は1,050円であった。当社では、A、B、Cの3つの事業を行っており、補助対象のA事業を行ったのは2月1日から2月14日までであった。その間にBとCの事業は行われていない。

この場合、補助の対象となる電気代は次のように計算される。

総電気代1,050円×（A事業の実施日数14日間÷1カ月の総日数28日間）＝525円

また、次のような証跡を作成し保管する。

○○事業　電気代按分の証跡

総電気代　1,050円×
（A事業の実施日数14日間÷1カ月の
総日数28日間）＝525円

10 経費管理台帳はどのように作成するか(1)

Point!! 補助事業に要した経費の内容及び金額を明瞭に記載する

(1) 経費管理台帳を作成する必要性

　補助金の支払額は、事業者が提出した実施報告書に基づく補助金交付機関の検査の結果、補助対象経費のうち実際に支出を要したと認められた経費の合計となる。この点から、実施報告書に経費明細を記載し、すべての支出について、その収支を明らかにした帳簿類及び領収書等の証跡が要求される。

　このように、経費管理台帳は補助事業に要した経費の収支を明らかにするために作成するものであるから、補助事業に要する支出をした場合には、経費管理台帳にその内容及び金額を明記し、保存証跡との関連が明らかになるように記帳する必要がある（実際の記入方法は11節を参照）。

(2) 経費管理台帳の作成上のポイント

① 番　　号

　支出項目ごとに管理番号を記入する。この管理番号は、保存してある証跡に付した番号と対応させる。

② 項　　目

　支出した経費区分を記入する。原材料費、機械装置費、外注加工費などの経費区分を記入する。

③ 相　手　先

　経費を支払った先の名称を記入する。○○建設や○○商店などとなる。

④ 金　　額

　経費の支払金額を記入する。その際、消費税込金額と消費税抜金額の両方を記入する。多くの場合、消費税は補助の対象とならないが、経費を支払った際の証跡には消費税込金額で記載されていることがあるため、いったん税込金額で記入したうえで消費税抜金額を算定する。

なお、税込金額から消費税抜金額を算定する際に小数点以下の端数が出た場合は、小数点以下を切り捨てるのが一般的であると考えられるが、公募要領等を確認してその指示に従う。

　また、人件費については消費税の課税対象とならないため、税込金額と税抜金額は同額を記入する。

⑤　支　払　先

　経費を支払った日付を記入する。原則として領収書の日付と一致させる。

　なお、補助事業で固定資産を取得した場合、関連する経費管理台帳や証跡はその固定資産を使用し続ける限り保管する。

　補助事業で取得した固定資産を処分する場合、補助金交付後であっても事前に交付機関の承認が必要なケースが多く、交付機関が承認を行う際に証跡の提出を求められる可能性があるためである。

11 経費管理台帳はどのように作成するか(2)

Point!! 固定資産を取得した場合は、資産ごとに取得原価を記入する

固定資産を取得した場合、経費管理台帳は次のように記入する。

設例

事業者は、補助事業として以下の事業を実施した。
① 平成25年2月3日に、A建物を○○建設から1,050円（税込）で取得した。代金は現金振込で支払、会計上A建物は「建物」に計上している。
② 平成25年2月4日に、B車両を○○自動車から525円（税込）で取得した。代金は現金振込で支払、会計上B車両は「車両運搬具」に計上している。
③ 平成25年2月4日に、C設備を○○商店から315円（税込）で取得した。代金は現金振込で支払、会計上C設備は「工具器具備品」に計上している。
④ 平成25年2月5日に、D設備を○○商店から210円（税込）で取得した。代金は手形を振り出し、会計上D設備は「工具器具備品」に計上している。

○○事業　経費管理台帳（例）

（単位：円）

番号	名称	計上科目	相手先	経費（税込）	経費（税抜）	取得日	支払方法
1	A建物	建物	○○建設	1,050	1,000	H25/2/3	現金振込
2	B車両	車両運搬具	○○自動車	525	500	H25/2/4	現金振込
3	C設備	工具器具備品	○○商店	315	300	H25/2/4	現金振込
4	D設備	工具器具備品	○○商店	210	200	H25/2/5	手形振出
合計				2,100	2,000		

12 経費管理台帳はどのように作成するか(3)

Point!! 研究開発に係る経費を支出した場合は、支出項目ごとに支払額を記入する

研究開発にかかる経費を支出した場合、経費管理台帳は次のように記入する。

設例

事業者に研究開発費を補助する補助金制度があった。S事業者は次の補助事業を行った。それらは、すべて補助金の対象となるものである。

① 研究のためにA材料を購入した。
　A材料は平成25年2月23日に○○商店から630円（税込）で購入し、現金振込にて支払った。会計上の計上科目名は「研究開発費」を使用した。

② 当研究のみに使用されるB機械を取得した。B機械は平成25年2月23日に○○電機から1,575円（税込）で購入し、手形を振り出した。会計上の計上科目名は「研究開発費」を使用した。

③ 研究のためにC氏を雇用した。計算された当研究開発のために要した人件費は1,000円であり、平成25年2月25日に現金振込にて支払った。

④ 研究のために電気を○○電力から購入し使用した。計算された光熱費は420円（税込）であり、平成25年2月28日に現金振込にて支払った。

○○事業　○○経費管理台帳（例）

（単位：円）

番号	名　称	計上科目	相手先	経費(税込)	経費(税抜)	支払日	支払方法
1	A材料	研究開発費	○○商店	630	600	H25/2/23	現金振込
2	B機械	研究開発費	○○電機	1,575	1,500	H25/2/23	手形振出
3	C氏人件費	研究開発費	C氏	1,000	1,000	H25/2/25	現金振込
4	電気代	研究開発費	○○電力	420	400	H25/2/28	現金振込
合計				3,625	3,500		

第3章　補助金の管理

13 なぜ専用口座を開設し、専用預金元帳を作成するか

Point!! 補助事業実施のための代金をいつ、どのように支出したのか証跡とともに明らかにするため

　補助事業により固定資産を取得する場合、研究開発費もしくはその他の経費を支払う場合、補助金のための専用預金口座を開設し、当該口座から行う。また、補助金の交付もこの専用預金口座で受ける。さらに、従来から作成している総勘定元帳とは別に、専用の預金元帳を作成する。

　専用預金口座を開設する目的は次のとおりである。

> 補助事業実施のための支出が確実に行われたこと及び入金の事実を証跡として残すため。

　また、専用の預金元帳を作成する目的は次のとおりである。

> 補助事業実施のための資金をいつ、誰に対して、どのように支出したかを明瞭にするため。

　預金元帳は、専用預金口座の通帳の収支と一致させる。これにより、預金元帳により補助金の収支を一元的に管理することができ、専用預金口座の通帳を証跡とすることが可能となる。

　なお、専用預金口座から振込にて代金の支払を行う場合、振込手数料をどのように取り扱うかが問題となる。事業者が負担する振込手数料は補助の対象とはならないケースが多いため、確認が必要である。

　一方、振込手数料を代金の受領者が負担する場合、当該振込手数料部分は仕入値引きやリベートと同じ性質を有すると考えられるため、事業者は補助の対象となる経費を算定するにあたり、取引金額から受領者が負担した振込手数料金額を控除しなければならないと考えられる。

14 固定資産取得時の専用預金元帳はどのように作成するか

Point!! 預金元帳は、専用預金通帳の収支と一致するよう作成する

　固定資産を取得する場合、研究開発活動を行う場合及び費用を支払う場合のそれぞれについて預金元帳を作成する。

設例

　平成25年2月1日に専用預金口座を開設し、当該口座に自己資金を1,500円振り替えるとともに、1,000円の借入れを行った。
　口座開設後に次の図表の1番から4番までの資産を取得した。うち、1番〜3番の資産は現金振込にて、4番の資産は手形振出により取得した。手形の振出は2月5日に行い、決済されたのは2月15日であった。振込手数料は1番の資産が200円、2番と3番の資産が100円であった。
　その後手続を行い、補助金1,500円が平成25年3月31日に振り込まれた。同日に借入金を返済し、残額を他の口座に振り替えた。

○○整備事業　預金元帳（例）

（単位：円）

日付	番号	摘要	支払方法	相手先	出金 代金（税込）	出金 振込手数料	出金 合計	入金	残高
H25/2/1	−	口座開設	−	○○銀行					0
H25/2/1	−	自己資金から振替	−	○○銀行	振込明細や通帳と金額が一致する			1,500	1,500
H25/2/1	−	借入	−	○○銀行				1,000	2,500
H25/2/3	1	A建物取得	現金振込	○○建設	1,050	200	1,250		1,250

請求書や領収書と金額が一致する

第3章　補助金の管理

日付	番号	摘要	支払方法	相手先	出　金			入金	残高
					代金（税込）	振込手数料	合計		
H25/2/4	2	B車両取得	現金振込	○○自動車	525	100	625		625
H25/2/4	3	C設備取得	現金振込	○○商店	315	100	415		210
H25/2/5	4	D設備取得	手形振出	○○商店					210
H25/2/15	−	振出手形決済	−	○○銀行	210	0	210		0
合計					2,100	400	2,500	2,500	
H25/3/31	−	補助金入金	−	○○省				1,500	1,500
H25/3/31	−	借入返済	−	○○銀行	1,000				500
H25/3/31	−	自己資金へ振替	−	○○銀行	500				0

預金元帳の作成上のポイントは、次のとおりである。

① 日　付
　支払を行った日を記入する。補助金専用預金口座の通帳の支払記帳日と一致する。
② 番　号
　番号を記入し、証跡と資産管理台帳に付した番号と対応させる。
③ 摘　要
　補助事業に直接関連する固定資産の取得のほか、自己資金振替や借入、補助金の入金など、補助事業に関連する資金取引についても記入する。
④ 支払方法
　現金振込、小切手振出、もしくは手形振出などと記入する。
⑤ 出　金
　出金は3列に分ける。左側の列に代金を税込金額で記入し、中央の列に振込手数料の金額を、右側の列に合計額を記入する。代金と振込手数料を分けるのは、補助の対象となる代金と補助の対象とならない振込手数料を明確に分けるとともに、証跡の金額と預金元帳記載額の照合を可能にするためであ

る。

> 「代金」列の金額→請求書や領収書の金額と一致する
> 「合計」列の金額→振込明細や預金通帳の金額と一致する

⑥ 入金、残高
　いずれも証跡及び補助金専用預金口座の通帳の金額どおりに記入する。
⑦ 口座開設の記帳
　口座を開設した日を摘要欄に「口座開設」と記入する。
⑧ 小切手・手形振出
　小切手及び手形の振出日には、預金残高は動かない。そのため、小切手と手形の振出日には日付から相手先までを記入し、出金金額は記入しない。その上で実際に決済が行われた日に、出金金額を記帳する。摘要欄には「振出手形決済」と記入する。
⑨ 補助事業が終了した時点での合計額の計算
　すべての補助事業が終了した時点で、いったん出金及び入金の合計額を計算し仮締めを行う。完了検査を受ける際に補助事業のための支出額の合計を明示するためである。
⑩ 補助金入金の記帳
　相手先は補助金の交付機関名を記入する。

15 研究開発にかかる経費等を支払った場合の専用預金元帳はどのように作成するか

Point!! どのような事業の場合でも、預金元帳は1つだけ作成すればよい

　研究開発にかかる経費等を支払った場合の預金元帳について、ポイントは固定資産取得時の預金元帳と同じであるため、ここでは作成例を示すにとどめる。

研究開発にかかる経費を支払った場合の預金元帳

> **設　例**
> 　平成25年2月21日に口座を開設し、当該口座に自己資金を2,825円振り替えるとともに、借入を1,000円行った。
> 　口座開設に次の図表の1番から4番までの研究開発費を支払った。うち、1番と4番の費用は現金振込により、2番の費用は手形振出により支払った。3番の費用は現金を引き出して支払った。手形の振出は2月25日に行い、決済されたのは3月5日であった。1番と4番の振込手数料はそれぞれ100円であった。その後、手続を行い、補助金2,625円が平成25年3月31日に振り込まれた。同日に借入金を返済し、残額を他の口座に振り替えた。

○○整備事業　預金元帳（例）

（単位：円）

日付	番号	摘要	支払方法	相手先	出金			入金	残高
					代金	振込手数料	合計		
H25/2/21	－	口座開設	－	○○銀行					0
H25/2/21	－	自己資金振替	－	○○銀行				2,825	2,825
H25/2/21	－	借入	－	○○銀行				1,000	3,825

68

日付	番号	摘要	支払方法	相手先	出金 代金	出金 振込手数料	出金 合計	入金	残高
H25/2/23	1	A材料購入	現金振込	○○商店	630	100	730		3,095
H25/2/25	2	B機械購入	手形振出	○○電機	-				3,095
H25/2/25	3	C氏人件費	現金支払	C氏	1,000	0	1,000		2,095
H25/2/28	4	電気代	現金振込	○○電力	420	100	520		1,575
H25/3/5	-	振出手形決済	-	○○銀行	1,575	0	1,575		0
合計					3,625	200	3,825	3,825	
H25/3/31	-	補助金入金	-	○○省				2,625	2,625
H25/3/31	-	借入返済	-	○○銀行	1,000				1,625
H25/3/31	-	自己資金振替	-	○○銀行	1,625				0

16 小口現金から支払を行った場合はどうするか

Point!!　小口現金出納帳を作成する

　補助事業を行うに際し、小口現金を手元においてそこから支払を行わなければならないケースもある。特に支払を行うために小口現金をまとめて引き出す場合、次の点に留意する。

(1)　小口現金の引出しは、専用預金口座から行うこと
(2)　専用預金元帳に、小口現金を引き出した旨を記入すること
(3)　小口現金の受払いを管理する小口現金出納帳を作成すること

(1)　**小口現金の引出しは、専用預金口座から行う**
　専用預金口座の通帳に、いくら小口現金を引き出したか記録として残すためである。

(2)　**専用預金元帳に、小口現金の引出しを記入する**

> **設　例**
> 　事業者は、補助事業を行うため、小口現金1,000円を専用預金口座から引き出した。
> 　引き出した1,000円は交通費（電車）とA消耗品の支払に充てた。交通費は400円、消耗品費は600円であった。

預金元帳は、次のように作成する。

○○整備事業　預金元帳（例）

(単位：円)

日付	番号	摘要	支払方法	相手先	出金			入金	残高
					代金	振込手数料	合計		
(省略)									1,500
H25/2/3	−	小口現金引出し	現金引出	小口現金	1,000	0	1,000		500
(省略)									

預金元帳作成のポイントは次のとおりである。

① 番号は記入しない。小口現金出納帳に記入するためである
② 摘要には、「小口現金引出し」と記入する
③ 支払方法には、「現金引出」と記入する
④ 相手先には、「小口現金」と記入する

(3) **小口現金出納帳を作成する**

小口現金から複数の支出を行う場合、次の小口現金出納帳を作成する。

○○事業　小口現金出納帳（例）

(単位：円)

日付	番号	摘要	相手先	出金	入金	残高
H25/2/3	−	現金引出	○○銀行			1,000
H25/2/3	1	交通費支払	○○鉄道	400		600
H25/2/3	2	A消耗品購入	○○商店	600		0
合計				1,000	1,000	

小口現金出納帳の作成上のポイントは次のとおりである。

① 日付
　現金の受払いを行った日を記入する。預金口座からの引き出しであれば通帳に記帳されている引出日と、支払であれば領収書の記載日と一致する。

② 番　　号
　証跡及び管理台帳と対応する番号を記入する。
③ 摘　　要
　預金口座から引き出しを行った場合は、「現金引出」と記入する。支払を行った場合は、支払の内容を具体的に記入する。
④ 相　手　先
　預金口座から引き出しを行った場合は、口座を開設している銀行名を記入する。支払を行った場合は、支払を行った先の名称を記入する。
⑤ 出金、入金
　金額は引き出しを行った場合は通帳記帳額、支払を行った場合は領収書記載額と一致する。
⑥ 残　　高
　小口現金の実際在高と一致する。
⑦ 合　　計
　すべての補助事業が完了したら、出金と入金の合計額を計算する。

17 補助対象外の経費とまとめて支払を行った場合はどのように記入するか

> **Point!!** 預金元帳を対象になるものとならないものに分けて記帳する

　預金口座からの支払は、原則として補助金の対象となるものについてのみ行うべきである。

　しかし、補助金の対象となるものと対象外のものを同じ業者から同じ時期に仕入れた場合など、やむをえない理由により補助金の対象となるものとならないものの代金を専用預金口座からまとめて支払わなければならないケースもある。支払の一部でも補助金の対象となるものがある場合、支払は必ず専用預金口座から行う。支払の証跡を専用預金口座の通帳に残すためである。

　預金通帳には補助対象外のものの支払も記帳される。支払には補助対象外のものもあることを明確にするため、専用預金元帳は次のように作成する。

> **設 例**
>
> 　事業者は、A備品（1,050円）とB機械（525円）を、○○商店から一括して取得した。○○商店から支払もまとめて行うよう依頼され、平成25年2月21日に専用口座から一括して代金の支払を行った。振込手数料は合計で300円あった。A備品は補助金の対象となるものであるが、B機械は補助金の対象外のものである。

第3章　補助金の管理

○○整備事業　預金元帳（例）

(単位：円)

日付	番号	摘要	支払方法	相手先	出金 補助対象代金	出金 補助対象外代金	出金 振込手数料	出金 合計	入金	残高
（省略）										3,300
H25/2/21	1	A備品取得	現金振込	○○商店	1,050		200	1,250		2,050
H25/2/21	－	B機械取得	現金振込	○○商店		525	100	625		1,425
（省略）										0
合計					2,000	1,000	300	3,300	3,300	
（省略）										

振込手数料を按分する例である

預金元帳作成上のポイントは次のとおりである。

① 番　　号
　補助対象となる取引についてのみ、番号を記入する。証跡及び管理台帳に付した番号と対応させる。
② 出　　金
　出金を4列に分ける。代金のうち補助対象となるものは「補助対象代金」の列に、補助対象外のものは「補助対象外代金」の列に金額を記入する。その他「振込手数料」列と「合計」列を設け、金額を記入する。
③ 残　　高
　補助対象外の支出があっても、残高は常に専用預金口座の通帳記帳額と一致させる。
④ 合　　計
　すべての補助事業が終了した段階で、補助対象出金、補助対象外出金、入金の合計額を計算する。

なお、振込手数料は項目ごとに代金等を基準に按分して記入してもよいし、按分額が計算できなければ、１つの項目にまとめて記入してもよい。１つの項目にまとめて記入した場合の預金元帳の例は次のとおりである。この例ではA備品取得の行にまとめて記入している。

○○整備事業　預金元帳（例）

（単位：円）

日付	番号	摘要	支払方法	相手先	出金				入金	残高
					補助対象代金	補助対象外代金	振込手数料	合計		
（省略）										3,300
H25/2/21	1	A備品取得	現金振込	○○商店	1,050		300	1,350		1,950
H25/2/21	－	B機械取得	現金振込	○○商店		525	0	525		1,425
（省略）										0
合計					2,000	1,000	300	3,300	3,300	
（省略）										

振込手数料をまとめて記入する例である

18 振込手数料が代金の受領者負担の場合の台帳と元帳はどのように記入するか

Point!! 預金元帳を対象になるものとならないものに分けて記帳する

振込手数料が代金の受領者負担である場合、当該振込手数料に相当する金額は代金の値引きもしくはリベートとしての性質を有するため、補助の対象とはならないと考えられる。

この場合、管理台帳は次のように作成する。

設例

事業者は、補助事業として以下の事業を実施した。
① 平成25年2月3日に、A建物を○○建設から1,050円（税込）で取得した。
代金は現金振込で支払、会計上A建物は「建物」に計上している。
なお、振込手数料210円（税込）は、○○建設が負担し、当社が振り込んだのは代金1,050円（税込）から手数料210円（税込）を差し引いた840円であった。

○○事業　○○資産管理台帳（例）

（単位：円）

番号	名称	計上科目	相手先	経費（税込）	経費（税抜）	取得日	支払方法
1	A建物	建物	○○建設	1,050	1,000	H25/2/3	現金振込
1-1	A建物	雑収入	○○建設	△210	△200	H25/2/3	振込手数料先方負担
合計				840	800		

資産管理台帳の作成上のポイントは次のとおりである。

> 振込手数料の受領者負担があった場合、1行追加して当該負担について記入する。
> ① 番　　号
> 　取得した資産に付随する枝番を付す。今回は1-1。
> ② 名称と相手先、取得日
> 　取得した資産と同様に記入する。
> ③ 計上科目
> 　実際に会計処理を行った科目名を記入する。
> ④ 経　　費
> 　税込及び税抜金額を△を付してマイナス表記する。受領者が負担した振込手数料（税抜）を補助の対象となる経費から除外するためである。
> ⑤ 支払方法
> 　「振込手数料先方負担」と記入する。

また、預金元帳は次のように作成する。

○○整備事業　預金元帳（例）

(単位：円)

日付	番号	摘要	支払方法	相手先	出金 代金（税込）	出金 振込手数料	出金 合計	入金	残高
（省　略）									
H25/2/3	1	A建物取得	現金振込	○○建設	840	0	840		××
（省　略）									

預金元帳作成上のポイントは次のとおりである。

> ① 代金（税込）
> 　振込手数料（税込）を控除した振込額を記入する。当該金額は振込明細の金額と一致する。
> ② 振込手数料
> 　当社が負担した振込手数料はないため、0円と記入する。

上記以外の記入方法は、振込手数料を当社が負担した場合と同じである。

19 補助事業実施中の留意点は何か

> **Point!!** 消費税は補助の対象とはならない

(1) 支払は原則振込で行う

支払は、原則現金振込で行う。手形・小切手を振り出して支払を行うこともできるが、手形・小切手が決済されるまで補助事業の完了とはみなされず、実績報告を行うことができないためである。

手形・小切手を振り出して支払を行う際は、必ず事業期間内に決済が行われるよう、振り出すことが望ましい。

(2) 消費税の取扱い

消費税は、補助の対象とはならない。なぜなら、消費税は事業者に負担義務があるものではなく、支払った消費税は預った消費税と相殺することができるためである。

> **設 例**
> 事業者は、商品を105円（税込）で仕入れ、210円（税込）で販売した。

① 仕入税額の計算

事業者は製品を仕入れるにあたり、次の計算式で計算される5円の消費税を支払っている。

> 105円 −（105円 ÷（1 ＋消費税率5％））＝ 5円

② 預った消費税額の計算

事業者は製品を販売するにあたり、次の計算式で計算される10円の消費税を預っている。

> 210円 − (210円 ÷ (1 + 消費税率 5 %)) = 10円

③　納付する消費税額の計算

　事業者は預った10円から支払った5円を差し引いた5円を税務署に納付する。

　このように、一般的に事業者は消費税の支払を行っても預った消費税と相殺できるため、消費税を負担する義務はなく、事業者の費用とならないため、補助の対象とはならない。

(3) **自社製品や関係会社からの調達を経費とした場合の利益等排除**

　補助事業において事業者の自社製品の調達又は関係会社からの調達分がある場合、経費のなかに事業者もしくは関係会社の利益相当額が含まれる。利益部分が補助の対象となるのは補助金の性質上ふさわしくないと考えられており、経費のうち利益部分を補助の対象から除く手続が必要となる。これを「利益等排除」という。

　利益等排除の対象範囲は、次のとおりである。

> ①　補助事業者自身
> ②　100％同一の資本に属するグループ企業
> ③　補助事業者の関係会社（上記②以外）

①　事業者が自社製品を調達した場合

　調達品の製造原価を補助の対象となる経費とする。

②　100％同一の資本に属するグループ企業から調達した場合

　取引価額が調達品の製造原価以内と証明できる場合には、取引価額を補助の対象となる経費とする。

　当該証明ができない場合は、調達先の直近年度の損益計算書における売上総利益率（売上総利益率がマイナスの場合は0とする）をもって利益相当額を計算し、当該金額を取引価額から控除した金額を補助の対象となる経費とする。

③ 事業者の関係会社（上記②以外）から調達した場合

　取引価額が製造原価と当該調達品のために発生した販売費及び一般管理費との合計以内であると証明できる場合、取引価額を補助の対象となる経費とする。

　当該証明ができない場合は、調達先の直近年度の損益計算書における営業利益率（営業利益率がマイナスの場合は0とする）をもって利益相当額を計算し、当該金額を取引価額から控除した金額を補助の対象となる経費とする。

　なお、「製造原価」及び「販売費及び一般管理費」については、それが当該調達品のために要した経費であることを証明できる根拠資料の用意が必要である（「補助事業事務処理マニュアル」平成24年4月　経済産業大臣官房会計課）。

(4) **補助事業の実施中、不測の事態が発生した場合の取扱い**

　補助事業の実施中、次のような不測の事態が発生することが考えられる。このような事態が発生した場合の取扱いは、公募要領に記載されているケースがある。また、すみやかに交付機関に報告する。

---

① 補助事業に要する経費の配分の変更
② 補助事業の内容の変更
③ 補助事業の中止又は廃止
④ 補助事業が予定の期間内に完了しない場合
⑤ 補助事業から収益が発生してしまった場合

　このうち、①には金額の変更と費目の変更が存在する。金額の変更の場合、一般的に金額を減額することはできるが増額することはできない、すなわち事業者負担で増額することはできるが補助金の枠が増えることはない点に注意が必要である。また費目の変更の場合、変更には正当な理由が必要であり、変更後の費目の合計が補助金の枠の総額を超えることができない点に留意する。

　②はたとえば、当初は工場を建設する予定であったが店舗の建設に変更するような、事業の根本が変更となるケースである。

③はそもそも発生してはいけない。補助事業を中止又は廃止した場合は、交付機関から次回以降の申請を受け付けないなどのペナルティーが課される可能性もあるので、補助事業計画の申請を行う段階で、確実に実施することが可能な事業のみ申請を行うべきである。

　④はなんらかの理由により事業が遅れ当初の事業期間内に事業が完了しない場合である。原則として事業期間内に事業が完了しなければ補助金の対象とはならないが、申請を行えば延期が可能なケースもある。

最後に、⑤は原則発生しないが、まれに受取利息やリベート収入などが発生することがある。これらは交付機関に返還を求められるか、収益に相当する金額を補助金の交付額から差し引かれることが多い。

20 補助事業実施後の留意点は何か

> **Point!!** 補助金は会計処理及び税務処理に影響を与える

補助事業実施後の留意点として次の3つがあげられる。

(1) 引き続き補助金の管理を行う

交付機関による検査が行われ、補助金交付後も会計検査院などによる検査が行われる可能性がある。

これらの検査を通過し、補助金の返還を求められるような事態にならないために、事業者は補助金の管理を行う必要がある。

(2) 会計及び税務処理を適正に行う

交付を受けた補助金は会計上、原則として利益に計上する必要がある。

また、補助金は税務上も益金となり、原則として課税の対象となる。

よって補助金の交付を受けることは会計処理や税務計算に大きな影響を与える。そのために、適正な会計及び税務処理が求められる。

具体的な会計及び税務処理の方法は、第4章と第5章にて詳しく解説する。

(3) 補助金の交付を受けた以上は成果をあげる

事業者が交付を受けた補助金は社会全体の利益のために使用されなければならない。補助金の交付を受けた事業者には最低限、経営活動を継続して社会に貢献する義務がある。そのためには、安定した経営基盤の構築が不可欠である。

21 補助金の交付を受けた後の管理として何を行うか

> **Point!!** 定期的に固定資産の現物実査を実施する

(1) **証跡の保管**

補助金の交付を受けた後も検査を受ける可能性があるため、証跡は引き続き保管する必要がある。特に固定資産を取得する補助事業を行う場合、固定資産を使用し続ける限り証跡の保管が必要な点に留意が必要である。

(2) **定期的な現物実査の実施**

固定資産は、時の経過に応じて状態が変化するものである。そのため補助事業として固定資産を取得した場合、定期的（年1回程度）に現物実査を行いその実在性と状態を確かめ、現物が実在しており使用できる状態であることを現物管理台帳に記入するのが望ましい。現物管理台帳は、次のように作成する。

○○事業　現物管理台帳

番号	名称	取得日	支払方法	現物確認		
				取得日	H××/×/××	H××/×/××
1	A建物	H24/7/3	現金振込	○		
2	B車両	H24/7/4	現金振込	○		
3	C設備	H24/7/4	現金振込	○		
4	D設備	H24/7/5	手形振出	○		
合計						

現物管理台帳の作成上のポイントは、次のとおりである。

第3章　補助金の管理

> ① 番号から支払方法までは、資産管理台帳を転記する
> ② 「現物確認」項目の下に複数の列を設けて、現物実査を行った日と結果を資産ごとに記入する

　現物実査は、まず取得日に行う。その後はおおむね1年に1回をメドに実施する。現物実査は、事業年度の末日に行うのが望ましい。実査を行った日に、実在性と状態について問題なければ「○」を付す。もし資産がなくなっていたり壊れていたりしたら「×」を付す。「×」が付された場合、すみやかに交付機関に報告する。

第4章 会社が補助金を申請する場合の会計と税務

　本章では、会社が補助金の交付を受けた場合にどのような処理を行えばよいかについて解説する。交付された補助金は、税務では益金に当たり課税の対象となる。補助金に対して課せられた税金の支払に補助金の一部を充てることになれば、当初予定していた資産等を取得することができなくなる可能性もある。このような事態を回避し、税金の支払を将来に繰り延べるための方法として圧縮記帳が認められている。本章では、この圧縮記帳を中心に会社が行うべき会計上及び税務上の処理について紹介する。実際に補助金を交付された場合の参考にしてほしい。

1 経費にはどのような種類があるか

> **Point!!** 経費は3種類に分けられ、それぞれ処理が異なる

　補助金を管理することの必要性については、すでに第3章において述べた。本章では、補助事業の遂行にあたり、補助金を交付された場合や経費が発生した場合に会計処理や税額の計算をどのように行えばよいかについて解説する。

本章の構成

　イントロダクションとして会計や税務についての基本的な考え方を説明したのち、補助金が交付された場合や経費が発生した場合の具体的処理について解説する。会計や税務の基本的な知識をお持ちの方は、イントロダクションは飛ばして頂いて構わない。経費処理については、想定されるさまざまなケースに対応できるように条件等に応じた場合分けを行っているので、見取り図を参考に該当するケースの項を参照してほしい。

【本章の見取り図】

		内　容	解説
イントロダクション	会計・税務の基本	仕訳とは	2節
		貸借対照表、損益計算書とは	3節
		税金計算の基本	4節
補助金の処理	補助金受取り	交付時の処理	5節
経費の処理	固定資産を取得する場合	固定資産とは（定義・処理）	6節
		固定資産の費用化（減価償却）	7節
		圧縮記帳（※後述）	8～26節
	研究開発にかかる経費	会計処理・税額の計算	27節
		研究開発目的資産の取得	28節
	その他の経費	会計処理・税額の計算	29節

見取り図をみて明らかなように本章では「固定資産を取得する場合」における「圧縮記帳」について多くのページを割いているが、これは補助金により固定資産を購入する場合に、税金の支払を繰り延べることができる処理である。補助事業者が会社である場合に用いる処理を「圧縮記帳」、個人事業者の場合に用いる処理を「総収入金額不算入処理」という。それぞれ、本章と第5章で解説する。特殊な処理ではあるが、事業における資金繰りに大きく関係する処理であるので、ぜひ参考にしてほしい。
　ただし、事業者の所得の状況によっては税金の繰り延べの効果を有しないこともあるため、実際に圧縮記帳するかしないかについて、その適用に際しては要否の検討が必要である。また、適用要件が満たされるタイミングによって処理方法が異なるため、想定される4つのケースに場合分けをして解説する。

【圧縮記帳】

処理方法	内　　容	解説
圧縮記帳 （会社の処理）	圧縮記帳とはどのような制度か	8節
	圧縮記帳の留意点	9節
	圧縮記帳を行うか否かの判断（有利判定）	10節
	有利判定ケーススタディ　圧縮記帳の有利判定	11節
	圧縮記帳を行うための要件	12節
	圧縮記帳で想定されるケースと会計処理	13節
	想定されるケース別会計処理・税額の計算（ケースA）	14、15節
	想定されるケース別会計処理・税額の計算（ケースB）	16、17節
	特別勘定とは	18節
	想定されるケース別会計処理・税額の計算（ケースC）	19、20節
	想定されるケース別会計処理・税額の計算（ケースD）	21、22節
	現物資産の交付を受けた場合の処理	23節
	圧縮記帳した場合の税務申告書別表十三㈠	24節
	固定資産の修繕を行った場合の処理	25節
	大会社等の場合の会計処理・税額の計算	26節

② 仕訳とは何か

Point!! 会社の行った取引を金額単位で記録するものである

(1) 仕　訳

　仕訳は、会社が行った取引を記録するものである。1年分の仕訳を積み上げていくことにより、決算書（貸借対照表と損益計算書）を作成する。

　向かって左側を借方（かりかた）、右側を貸方（かしかた）と呼び、それぞれに勘定科目と金額を記入する。借方と貸方それぞれの合計金額は必ず一致する。

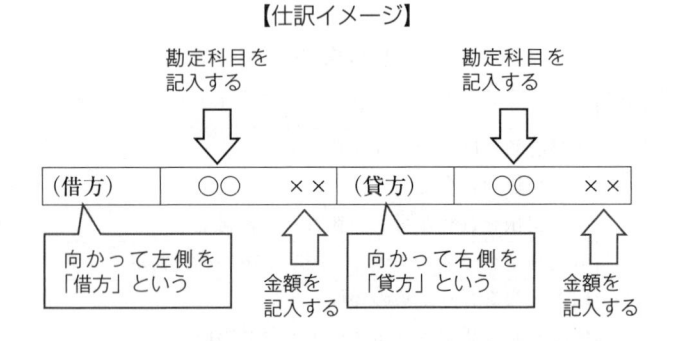

【仕訳イメージ】

```
             勘定科目を              勘定科目を
             記入する                記入する
                ↓                       ↓
  (借方)      ○○    ××    (貸方)    ○○    ××
    ↑                ↑        ↑                ↑
 向かって左側を   金額を   向かって右側を   金額を
 「借方」という   記入する  「貸方」という   記入する
```

勘定科目は主として、資産、負債、収益及び費用に分けられる。
まとめると、次のとおりである。

借　方	貸　方
資産の増加	資産の減少
負債の減少	負債の増加
費用の増加	費用の減少
収益の減少	収益の増加

> **設例**
>
> ① 金融機関から200円の借入を行った。
>
> | (借方) | 現金預金 | 200 | (貸方) | 借入金 | 200 |
>
> ② 取引先に対して商品を200円で売り上げ、代金を掛とした。
>
> | (借方) | 売掛金 | 200 | (貸方) | 売上 | 200 |

3 貸借対照表、損益計算書とは何か

Point!! 貸借対照表は財政状態を表すものであり、損益計算書は経営成績を明らかにするものである

(1) **貸借対照表**

　貸借対照表は、決算日（貸借対照表日）時点での企業の財政状態を表すものである。向かって左側を「資産の部」と呼び、右側を「負債及び純資産の部」と呼ぶ。右側はさらに「負債の部」と「純資産の部」に分かれる。

　資産の部、負債の部及び純資産の部の関係を表すと、次のとおりとなる。

　資産の部＝負債の部＋純資産の部

(2) **損益計算書**

　損益計算書は、一事業年度における企業の経営成績を明らかにするものである。企業の儲けを表す収益と儲けを獲得するために要したすべての費用を発生原因ごとに記録し、収益から費用を差し引くことにより企業の経営成績である利益を計算する。

貸借対照表及び損益計算書の例は次のとおりである。

（貸借対照表）

資産の部		負債の部	
流動資産		流動負債	
現金預金	700	買掛金	500
商品	400	固定負債	
固定資産		長期借入金	800
建物	1,400	純資産の部	
機械装置	600	資本金	1,000
繰延資産		資本剰余金	500
社債発行費	100	利益剰余金	400
資産合計	3,200	負債及び純資産合計	3,200

（損益計算書）

①	売上高	1,000	
②	売上原価	600	
③	売上総利益	400	①−②
④	販売費及び一般管理費	100	
⑤	営業利益	300	③−④
⑥	営業外収益	50	
⑦	営業外費用	100	
⑧	経常利益	250	⑤+⑥−⑦
⑨	特別利益	150	
⑩	特別損失	100	
⑪	税引前当期純利益	300	⑧+⑨−⑩
⑫	法人税、住民税及び事業税	114	
⑬	当期純利益	186	⑪−⑫

4 税金はどのように計算するか

> **Point!!** 税金計算の基礎となる所得は会計上の利益に会計と税務の差異を加減して算定する

(1) 税務の概要

税務上の収益を益金といい、税務上の費用を損金という。また、税務上の利益を所得といい、益金から損金を差し引いて計算する。そして所得に一定の税率を乗じることで、各事業年度の納付税額を計算する。

(2) 会計と税務の差異

会計は、企業の適正な期間損益を計算することを目的としている。一方、税務は公正な課税を実現することを目的としている。両者の目的が異なるため、会計上の収益・費用と税務上の益金・損金の間に差異が生じることがある。

(3) 別　表

法人税の確定申告を行う際に、法人税額の計算をするために作成する書類を「別表」という。そのなかでも会計上の利益に会計と税務の差異を加減算し所得を計算する書類を「別表四」といい、所得に税率を乗じて納付する法人税額を計算する書類を「別表一」という。

(4) 別 表 四

日本では「確定決算主義」が採用されており、所得は会計上の利益を基礎に、会計と税務の差異を加減算することにより算定する。別表四ではこのような加減算を行う。別表四の抜粋は次のとおりである。

別表四（抜粋）

(単位：円)

区　分	総額①	処分	
		留保②	社外流出③
当期利益又は当期欠損の額　1	××	××	配当　××
			その他　××
加算　○○　2	××	××	
○○　3	××	××	
小　計　4	××	××	
減算　○○　5	××	××	
○○　6	××	××	
小　計　7	××	××	
仮　計　8	××	××	
○○　9			
一部省略			
所得金額又は欠損金額　48	××	××	××

- 会計上の純利益（又は純損失）からスタートする
- 会計と税務の差異を加算もしくは減算する
- 会計上の純利益（又は純損失）に差異を加減算して所得を計算する

会計と税務の差異は次の4項目に分けられる。

No	差異の名称	定　義	調　整	具体例
1	損金不算入項目	会計上は費用となるが、税務上は損金とならない項目	加算	資産の評価損、交際費や寄附金の一部
2	益金算入項目	会計上は収益とならないが、税務上は益金となる項目	加算	圧縮積立金取崩額
3	損金算入項目	会計上は費用とならないが、税務上は損金となる項目	減算	圧縮積立金認定損
4	益金不算入項目	会計上は収益となるが、税務上は益金とならない項目	減算	受取配当金の一部や資産の評価益

(5) 繰越欠損金

　税務上、損金が益金を上回り、課税所得がマイナスであった場合の当該マイナス金額を「欠損金」という。欠損金は発生の翌事業年度以降9年間にわたって繰り越すことができ、各事業年度の所得金額の計算上損金の額に算入

することができる。この発生の翌事業年度以降に繰り越す欠損金を「繰越欠損金」という。欠損金の繰越控除を行うためには、欠損金が生じた事業年度において法人税の青色確定申告書を提出し、かつ、その後の事業年度において連続して青色確定申告書を提出する必要がある。

なお、中小法人等（※1）については事業年度ごとの控除限度額はその事業年度の繰越欠損金控除前課税所得の100％相当額であるが、中小法人等以外の法人については80％相当額である。

（※1） 中小法人等とは、資本金の額または出資金の額が1億円以下の法人のうち大法人の100％子法人等を除く法人をいう。

> **設例**
>
> 当社は中小法人等である。×1年度に欠損金150円が発生した。×2年度及び×3年度に繰越欠損金控除前課税所得がそれぞれ100円発生した。

① ×2年度の繰越欠損金控除限度額

期首の繰越欠損金150円＞繰越欠損金控除前課税所得100円のため、繰越欠損金控除限度額は100円、翌期首の繰越欠損金は（100円－50円＝50円）となる。

② ×3年度の繰越欠損金控除限度額

期首の繰越欠損金50円＜繰越欠損金控除前課税所得100円のため、繰越欠損金控除限度額は50円となる。

⬥5 補助金を交付されたときの処理はどのように行うか

> **Point!!** 補助金は、特別利益に計上し原則として課税の対象となる

(1) 会計上の処理

補助金の交付を受けた場合、交付された時点で会計上の収益として計上する。原則として損益計算書の特別利益に国庫補助金受贈益という勘定科目で計上する。

(仕訳例)

| (借方) | 現金預金 | ×× | (貸方) | 国庫補助金受贈益 | ×× |

国庫補助金受贈益を計上するのは、次のいずれか早いほうの事業年度である。

① 補助金の額及び返還不要が確定したとき
② 補助金の入金が行われたとき

②よりも①が先行するケース

事業者が固定資産を取得し、補助金交付ための諸手続をすませると、各省各庁による検査等の完了を経て補助金の「額及び返還不要が確定」し、補助金が交付される。実際の入金がない場合でも、補助金の返還不要が確定していれば、その確定額を特別利益に計上する。この場合、相手科目は未収入金を使用する。

| (借方) | 未収入金 | ×× | (貸方) | 国庫補助金受贈益 | ×× |

①よりも②が先行するケース

補助金によっては、その額及び返還不要が確定する前に概算払いが認められることがある。そのような場合には補助金の「額及び返還不要が確定」し

ていなくても、入金時点で実際の入金額を特別利益として計上する。

| (借方) | 現金預金 | ×× | (貸方) | 国庫補助金受贈益 | ×× |

> **設 例**
>
> それぞれの設例の×1年3月期の会計処理は次のとおりである（3月決算）。
> ① 国庫補助金150円を申請し、×1年3月29日に入金があり、同日付けの「額及び返還不要の確定通知」が同日に送付された。
>
> | (借方) | 現金預金 | 150 | (貸方) | 国庫補助金受贈益 | 150 |
>
> → 入金も「額及び返還不要の確定通知」も×1年3月期中に行われているため、同事業年度に国庫補助金受贈益の計上を行う。
>
> ② 国庫補助金150円を申請し、×1年3月29日付けで「額及び返還不要の確定通知」が同日に送付された。しかし、実際の入金は4月2日となった。
>
> | (借方) | 未収入金 | 150 | (貸方) | 国庫補助金受贈益 | 150 |
>
> → 入金は4月以降であるが、「額及び返還不要の確定通知」が×1年3月期中に行われているため、同事業年度に国庫補助金受贈益の計上を行う。
>
> ③ 国庫補助金150円を申請し、×1年3月29日付けに入金があったが、「額及び返還不要の確定通知」は4月2日付けで4月10日に送付された。×1年3月期の会計処理は次のとおりである。
>
> | (借方) | 現金預金 | 150 | (貸方) | 国庫補助金受贈益 | 150 |
>
> → 額及び返還不要の確定は4月以降であるが、入金は×1年3月期中に行われているため、同事業年度に国庫補助金受贈益の計上を行う。

(2) **税務上の処理**

国庫補助金受贈益は、法人税の計算上益金に算入される。益金となるため、原則として国庫補助金は法人税等の課税の対象となる。

6 固定資産を取得した場合の処理はどのように行うか

Point!! 固定資産は取得に要した金額で資産の部に計上する

(1) 固定資産

　固定資産は、販売目的ではなく、企業が長期にわたって利用または所有する資産をいう。固定資産は有形固定資産・無形固定資産・投資その他の資産に分類される

① 有形固定資産

　企業などが長期にわたって利用または所有する資産のなかで、物理的なかたちを有するものをいう。土地、建物、備品、車両運搬具等があげられる。

② 無形固定資産

　企業などが長期にわたって利用または所有する資産のなかで、物理的なかたちを有しないものをいう。特許権、営業権、ソフトウェア等があげられる。

③ 投資その他の資産

　固定資産のなかで、有形固定資産と無形固定資産に属さないものをいう。企業の経営支配、取引関係の維持、長期的な余裕資金の運用などのための長期的外部投資や長期債権から構成されている。関係会社株式、投資有価証券、長期貸付金、破産更生債権等があげられる。

(2) 会計処理の流れ

　固定資産を取得した場合は、取得に要した金額（取得価額）は一括して費用計上するのではなく、いったん、資産として計上し、資産を使用する年度（耐用年数）にわたって費用化していく。この処理を減価償却といい、耐用年数にわたり使用した場合は、取得に要した金額はすべて費用として処理されて、備忘価額の１円が残る。また、固定資産が滅失したり、使用できなくなった場合には、滅失または廃棄した時点までの残存価額を固定資産除却損

として計上する。

なお、補助金により取得した固定資産は、補助事業終了後も引き続き交付目的に従って使用し続けることが求められ、処分制限期間内に売却等をする場合には監督官庁の承認が必要となる。またその際に収益が発生すれば監督官庁への納付が求められることがある。

(3) **固定資産の計上処理**

固定資産を取得した場合、取得した時点で貸借対照表に資産として計上する。その際の計上金額は、「取得に要した金額」となる。

(仕訳例)

(借方)	固定資産	××	(貸方)	現金預金	××

「取得に要した金額」には、固定資産の購入代価のほか次のものが含まれる。

① 引取運賃、荷役費、運送保険料、購入手数料、関税、その他当該資産の購入のために要した費用の額
② 当該資産を事業の費用に供するために直接要した費用の額（据付費等）

なお、固定資産は、決算書では貸借対照表の有形固定資産の部に区分される。

設 例

機械装置を取得した（取得に要した金額は200円）。預金から振込で支払を行った。

(借方)	機械装置	200	(貸方)	現金預金	200

固定資産を取得したときの処理は、会計上も税務上も同様となる。

(4) **固定資産の除却処理**

固定資産が滅失した場合や使用不能となり廃棄した場合には、固定資産が滅失したもしくは廃棄した事業年度に固定資産除却損を計上する。

> **設 例**
>
> 取得原価300円、減価償却累計額200円の固定資産を廃棄した。
>
> | （借方） | 減価償却累計額 | 200 | （貸方） | 固定資産 | 300 |
> |---|---|---|---|---|---|
> | | 固定資産除却損（※） | 100 | | | |
>
> （※） 固定資産除却損＝取得原価300円－減価償却累計額200円＝100円
> 　　　なお、会計及び税務とも同様の処理となるため、税務調整の必要はない。

7 固定資産の費用化はどのように行うか

Point!! 減価償却により費用化を行う

　固定資産の取得に要した金額は、資産の取得時点に一括して費用として処理するのではなく、その資産が使用に耐えられる期間にわたって費用化することになる。この固定資産が使用に耐えられる期間を「耐用年数」といい、固定資産の取得に要した金額を耐用年数にわたって費用化していく処理を減価償却という。なお、減価償却費は、決算書では損益計算書に費用として計上される。

　減価償却費が損益計算書のどの区分に計上されるかは、その固定資産がどのような使途で使用されているかにより異なる。たとえば、製造用設備であれば製造原価に、販売や管理の部門、もしくは研究開発部門で使用されるものであれば販売費及び一般管理費に、その他の使途で使用されるものであれば営業外費用に計上されることになる。

　減価償却費の計算方法にはいくつかの方法があるが、主なものは定額法と定率法である。

No.	名　称	減価償却方法	特　徴
1	定額法	固定資産の取得原価を耐用年数にわたり毎期均等額を減価償却費とする	毎事業年度、同じ額が減価償却費として計上される
2	定率法	固定資産の未償却簿価に一定率（耐用年数ごとに決められている）を乗じて計算した金額を減価償却費とする	固定資産の取得初期に計上される減価償却費が最も大きくなり、徐々に逓減していく

　耐用年数は、会計上は経済的に使用可能な年数を採用するのが理論的であるが、実務上は税法に規定された耐用年数を使用するケースが多い。

設例(定額法)

×1年4月1日に機械装置を200円で取得した。耐用年数は5年とする。×2年3月期に定額法により減価償却を行う(3月決算)。

| (借方) | 減価償却費(※) | 40 | (貸方) | 機械装置減価償却累計額 | 40 |

(※) 200円÷5年＝40円

設例(定率法)

×1年4月1日に機械装置を200円で取得した。耐用年数は5年とする。耐用年数5年の場合の定率法償却率は0.4である。×2年3月期に定率法により減価償却を行う(3月決算)。

| (借方) | 減価償却費(※) | 80 | (貸方) | 機械装置減価償却累計額 | 80 |

(※) 200円×0.4＝80円

　定額法のほうが理解しやすいため、以降の説明では減価償却方法として定額法を採用しているものとする。

8 圧縮記帳とはどのような制度か

Point!! 圧縮記帳を行うことで、当初予定していた固定資産の取得が可能になる

(1) 補助金が収益（益金）となることの問題点

交付を受けた補助金は税務上益金に算入され、課税の対象となってしまう。その税金の支払を補助金の一部をもって行うと、当初予定していた固定資産の取得ができなくなってしまうおそれがある。

設例

取得原価が400円の固定資産を取得し、国庫補助金300円の交付を受けた。税率は40％とする。

税額の計算（圧縮記帳を行わない場合）

（単位：円）

①	益金	国庫補助金受贈益	300
②	損金	なし	-
③	課税所得（①-②）		300
④	税率		40％
⑤	納付税額（③×④）		120

（参考）固定資産の期末残高	400

→ 国庫補助金受贈益のみ計上されるため、課税所得が発生する

→ 納付税額も発生してしまう

益金に国庫補助金受贈益300円が計上される。損金は0円であったと仮定する。課税所得は益金300円から損金0円を引いた300円と計算され、納付税額は当該課税所得に税率40％を乗じて120円と計算される。

300円の補助金の交付を受けたにもかかわらず、120円については税金として支払う義務が発生するため、残額は180円となってしまう。固定資産の取得原価を400円とすると、補助金による300円以外に100円を自己資金として用意すれば済むはずが、実際には固定資産の取得のための資金400円のほか

に税金として支払う120円を用意する必要がでてくる。その結果、自己資金が不足し、当初予定していた固定資産の取得ができなくなってしまう可能性がある。このような事態を回避するため、法人税法では交付された補助金に対して課税が即座には行われないための措置として圧縮記帳を認めている。

(2) 圧縮記帳

すでに述べたとおり、交付された補助金は何もしなければ（収益）益金となり課税の対象となってしまうため、益金と同額の損失（損金）を計上することで収益（益金）との相殺を図り、収益を一時に課税の対象とせずに税金の支払を翌期以降に繰り延べる処理が圧縮記帳である。

(3) 圧縮記帳の基本的な方法

国庫補助金と同額の「固定資産圧縮損」を計上して国庫補助金受贈益と相殺することにより、収益として計上された国庫補助金が一時に課税対象となるのを回避する。なお、税務上圧縮記帳しようとする場合、原則として損金経理（会計処理をすること）を要件としている。つまり、会計でも同様の処理をしていることが前提となる。

(仕訳例)

| (借方) | 現金預金 | 300 | (貸方) | 国庫補助金受贈益 | 300 |
| (借方) | 固定資産圧縮損 | 300 | (貸方) | 固定資産 | 300 |

国庫補助金受贈益として収益（特別利益）に計上した金額と同額を固定資産から減額（固定資産の圧縮）し、固定資産圧縮損として損失（特別損失）に計上する。

税額の計算(圧縮記帳を行う場合)

(単位:円)

①	益金	国庫補助金受贈益	300
②	損金	固定資産圧縮損	300
③	課税所得(①-②)		-
④	税率		40%
⑤	納付税額(③×④)		-
(参考)固定資産の期末残高			100

③について:国庫補助金受贈益に見合う固定資産圧縮損が計上されるため、課税所得は0円となる

⑤について:課税所得が0円のため、納付税額も0円となる

　益金に国庫補助金受贈益300円が計上されるとともに損金に固定資産圧縮損300円が計上される。課税所得は、益金から損金を引いて計算されるが、この場合は課税所得が発生していないため、納付税額も0円となる。

　このように圧縮記帳を行えば税金の支払が発生せず、交付された補助金300円のすべてが手元に残る。そのため自己資金は当初計画どおり100円用意すれば足り、予定していた固定資産を取得することが可能となる。

9 圧縮記帳の留意点は何か

Point!! 課税の繰り延べにすぎないため、課税を完全に回避する効果はない

圧縮記帳には課税を完全に回避する効果はなく、課税の繰り延べができるにすぎない。これを簡単な設例を用いて解説する。

> **設例**
> 固定資産を×1期に取得し、同事業年度に補助金の交付を受けた。
> ・固定資産の取得金額：400円、固定資産の耐用年数：2年
> ・交付を受けた国庫補助金の額：300円
> 1年目の売上（益金）は0円、2年目以降の売上（益金）は200円と仮定する。また、税率は40％とする。減価償却は×2年から行う。

【ケース1】圧縮記帳を行わない場合の納付税額
税額の計算
(単位：円)

No.	損益	項目	(×1期)	(×2期)	(×3期)
①	益金	売上高	－	200	200
②	益金	国庫補助金受贈益	300	－	－
③	損金	減価償却費	－	200	200
④		課税所得（①+②-③）	300	－	－
⑤		税率	40％	40％	40％
⑥		納付税額（④×⑤）	120	－	－
(参考)		固定資産の期末残高	400	200	－

×1期に課税所得は発生し、納付税額も発生する

×2期以降は課税所得が発生せず、納付税額も発生しない

×1期の課税所得は、益金（国庫補助金受贈益300円）から損金（0円）を控除して300円と計算され、この課税所得に税率40％を乗じて納付税額は120

円と計算される。一方、×2期以降の減価償却費は、×1期で圧縮記帳を行わないため資産の取得価額400円を基礎に200円と計算される。

> 減価償却費＝取得価額400÷耐用年数2年＝200円

　課税所得は益金（売上200円）から損金（減価償却費200円）を引いて0円と計算され、納付税額も0円となる。×3期の納付税額も同様に計算される。

【ケース2】圧縮記帳を行う場合の納付税額
税額の計算

（単位：円）

No.	損益	項目	（×1期）	（×2期）	（×3期）
①	益金	売上高	－	200	200
②	益金	国庫補助金受贈益	300	－	－
③	損金	固定資産圧縮損	300		
④	損金	減価償却費	－	50	50
⑤		課税所得（①＋②－③－④）	－	150	150
⑥		税率	40％	40％	40％
⑦		納付税額（⑤×⑥）	－	60	60
（参考）固定資産の期末残高			100	50	－

×1期に課税所得は発生せず、納付税額も発生しない　　×2期以降は課税所得が発生し、納付税額も発生する

　×1期の課税所得は、益金（国庫補助金受贈益300円）から損金（固定資産圧縮損300円）を控除して0円と計算され、納付税額も0円となる。一方、×2期の減価償却費は、圧縮記帳後の取得価額を基礎に50円と計算される。

> 減価償却費＝（取得価額400円－圧縮金額300円）÷耐用年数2年＝50円

　したがって、課税所得は益金（売上200円）から損金（減価償却費50円）を引いて150円と計算され、納付税額は150円に税率40％を乗じた60円となる。
　圧縮記帳を行う場合でも行わない場合でも、損金処理する総額は固定資産の取得価額であるため、圧縮記帳をすると損金が一時に増加するが、その

分、以降の年度において減価償却費が減少する。

圧縮記帳を行うか	取得価額	事業年度ごとの費用化する金額		
圧縮記帳を行わない場合	400円	×2期200円	×3期200円	
圧縮記帳を行う場合	400円	×1期300円	×2期50円	×3期50円

どちらのケースでも損金処理の総額に相違はなく、総納付税額は同額となる。

```
【ケース1】圧縮記帳を行わない場合の総納付税額
    （1年目：120円）＋（2年目：0円）＋（3年目：0円）＝120円
【ケース2】圧縮記帳を行う場合の総納付税額
    （1年目：0円）＋（2年目：60円）＋（3年目：60円）＝120円
```

ただし貨幣の時間価値を考慮すると、総納付税額は同じであっても、課税は繰り延べたほうが有利であるといえる。

⑩ 圧縮記帳を行うか否かの判定はどのように行うか

> **Point!!** 課税所得と繰越欠損金の有無により判定する

　平成23年度税制改正において、中小法人等以外の法人等について、欠損金の繰越控除限度額が繰越控除前の所得金額の80％に制限されることとなったため、以下では制限のない中小法人等を例に解説する。

　圧縮記帳と同様に課税所得を減少させ、税金負担を軽減する効果を有するものとして税務上の繰越欠損金がある。これは、発生した損失を繰り延べ、将来の課税所得と相殺することにより税金負担の軽減を図るものであるが、損失を繰り越すことができる期間は限定されている。

　圧縮記帳が課税の繰り延べにすぎないこと、繰越欠損金に期限があることをふまえると、事業者の状況によって、圧縮記帳が課税の繰り延べの効果を発揮しない場合があり、圧縮記帳を行うことが税務上有利となるとは限らない。

　そこで各事業者において、圧縮記帳を行うことが有利か否かの判定を行う必要がある。

(1) 圧縮記帳を行うか否かの判定のポイント

　圧縮記帳を行うか否かの判定は、次の２つから行う。

> ① 当事業年度において、課税所得が発生しているか
> ② 当事業年度の期首において、繰越欠損金が存在しているか

① 当事業年度において、課税所得が発生しているか

　圧縮記帳を行う前あるいは繰越欠損金を控除する前に課税所得が存在していれば、圧縮記帳を行い、課税を繰り延べるのが有利である。

　一方、課税所得がなければそもそも課税されないので、その繰り延べを考

える必要がなく圧縮記帳も行わない。

② 当事業年度の期首において、繰越欠損金が存在しているか

　繰越欠損金には圧縮記帳と同様に、課税所得を減少させ税金負担を軽減させる効果がある。ただし繰越欠損金には繰越期限（9年）があるため、繰越欠損金の使用は圧縮記帳より優先させる必要がある。

(2) 圧縮記帳の有利判定表

　これをふまえた圧縮記帳の有利判定表は次のとおりである。

		当事業年度の期首において繰越欠損金は存在しているか		
		Yes		No
当事業年度において課税所得は発生しているか（※）	Yes	課税所得＞繰越欠損金	（ケース1）圧縮記帳を行う	（ケース3）圧縮記帳を行う
		課税所得≦繰越欠損金	（ケース2）圧縮記帳を行わない	
	No	（ケース4）圧縮記帳を行わない		

（※）ここでいう課税所得は、圧縮記帳を行う前の繰越欠損金控除前課税所得である。

　有利判定表より、圧縮記帳を行うほうが有利なのは、ケース1とケース3の状況にある事業者であることがわかる。

(3) 圧縮記帳の有利判定フロー図

　圧縮記帳の有利判定を行う際のフロー図は次のとおりである。

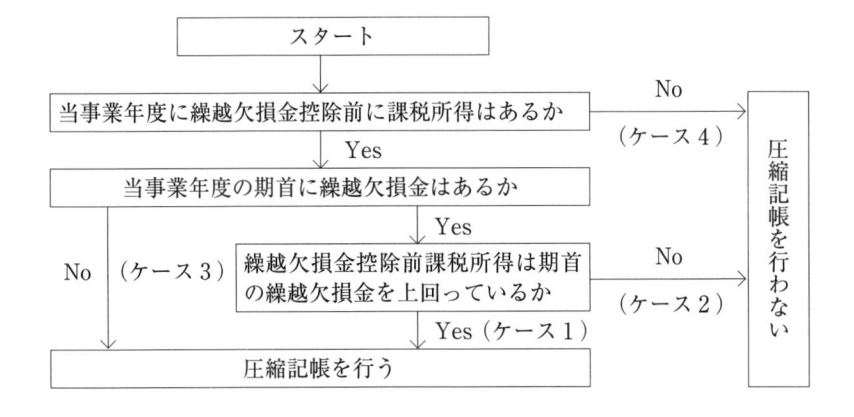

```
                    スタート
                       │
                       ▼
    当事業年度に繰越欠損金控除前に課税所得はあるか ──No──→ （ケース4）──┐
                       │Yes                                              │
                       ▼                                                 │
       当事業年度の期首に繰越欠損金はあるか                              │
          │                    │                                         │
          │No（ケース3）        │Yes                                     │
          │                    ▼                                         │ 圧縮記帳を
          │    繰越欠損金控除前課税所得は期首の                          │  行わない
          │    繰越欠損金を上回っているか ──No──→ （ケース2）──────────┤
          │                    │Yes（ケース1）                           │
          ▼                    ▼                                         │
                 圧縮記帳を行う
```

第4章　会社が補助金を申請する場合の会計と税務　　109

11 「圧縮記帳の有利判定」はどのように行うか

Point!! 有利判定を行うには自社がどのような状況にあるかについて把握が必要である

　圧縮記帳の有利判定表におけるケースごとの設例は次のとおりである。なお、いずれの設例も税率は40％とし、簡便化のため減価償却を省略する。

(1) ケース1 (繰越欠損金控除前課税所得＞繰越欠損金の場合)

設 例
　当事業年度に国庫補助金300円の交付を受けた。ほかに売上高200円が発生している。また、当事業年度の期首に繰越欠損金が100円存在する。

(単位：円)

No.	損益	項目	圧縮記帳を行わない	圧縮記帳を行う
①	益金	売上	200	200
②	益金	国庫補助金受贈益	300	300
③	損金	固定資産圧縮損	－	300
④		繰越欠損金控除前課税所得 (①＋②－③)	500	200
⑤		繰越欠損金の当期控除額	100	100
⑥		課税所得	400	100
⑦		税率	40％	40％
⑧		納付税額 (⑥×⑦)	160	40
		(参考) 繰越欠損金の期末残高	－	－

圧縮記帳を行うほうが、納付税額が小さくなる

　圧縮記帳を行うと課税を繰り延べることができるため、行わない場合に比べて納付税額が120円少なくなっており、税務上有利である。
　なお、圧縮記帳には限度額があるが (詳細は第13節参照)、私見では、会社

法の大会社や上場会社以外の中小会社の場合、限度額以内であれば圧縮記帳の金額は自由に決定できると考えられる。たとえば、圧縮記帳を行う前の課税所得が繰越欠損金を上回るものの、その金額は圧縮限度額よりも小さい場合などは、圧縮記帳を行う前の段階で計算された課税所得が繰越欠損金を上回る金額についてのみ圧縮記帳を行うことが課税上最も有利となる。圧縮記帳を行わなければ課税所得が生じてしまい納付税額が発生するが、限度額全額の圧縮記帳を行うと繰越期限のある欠損金が発生してしまうからである。なお、圧縮記帳を行わなかった部分については、減価償却により損金計上することができ、繰越欠損金のような期限を考慮する必要はないのである。

(2) ケース2 (繰越欠損金控除前課税所得≦繰越欠損金の場合)

設例

当事業年度に国庫補助金300円の交付を受けた。他に売上高200円が発生している。また、当事業年度の期首に繰越欠損金が1,000円存在する。

(単位：円)

No.	損益	項目	圧縮記帳を行わない	圧縮記帳を行う
①	益金	売上	200	200
②	益金	国庫補助金受贈益	300	300
③	損金	固定資産圧縮損	−	300
④		繰越欠損金控除前課税所得 (①+②−③)	500	200
⑤		繰越欠損金の当期控除額 (※)	500	200
⑥		課税所得	−	−
⑦		税率	40%	40%
⑧		納付税額 (⑥×⑦)	−	−
(参考)		繰越欠損金の期末残高	500	800

どちらも納付税額は0円となる

圧縮記帳を行うと、繰越欠損金の当期使用額が小さくなってしまう

(※) 繰越欠損金の当期控除額は、繰越欠損金控除前課税所得を限度とする。設例では、圧縮記帳の実施いかんにかかわらず課税所得を上回る繰越欠損金が存在するため、課税所得は発生しない。この場合、圧縮記帳を行わないほうが期限の定めのある繰越欠損金をより多く使用することになるため、税務上は有利と考えられる。

(3) ケース3 (課税所得が発生しており、繰越欠損金がない場合)

> **設 例**
>
> 当事業年度に国庫補助金300円の交付を受けた。ほかに売上高200円が発生している。また、当事業年度の期首に繰越欠損金は存在していない。

(単位：円)

No.	損益	項目	圧縮記帳を行わない	圧縮記帳を行う
①	益金	売上	200	200
②	益金	国庫補助金受贈益	300	300
③	損金	固定資産圧縮損	−	300
④		繰越欠損金控除前課税所得（①+②−③）	500	200
⑤		繰越欠損金の当期控除額	−	−
⑥		課税所得	500	200
⑦		税率	40％	40％
⑧		納付税額（⑥×⑦）	200	80
(参考) 繰越欠損金の期末残高			−	−

　本設例の場合は繰越欠損金が存在しないため、圧縮記帳を行うことで当年度の課税所得を減少させ、課税を繰り延べることになる。納付税額は圧縮記帳を行わない場合に比べて120円減少しており、税務上は有利といえる。

　なお中小会社の場合で、圧縮記帳前の課税所得は発生しているもののその金額が圧縮限度額より小さい場合は、課税所得の金額に相当する額のみ圧縮記帳を行うのが税務上は最も有利であると考えられる。

(4) ケース4（課税所得が発生していない場合）

設例

当事業年度に国庫補助金300円の交付を受けた。当期の売上高200円が発生しているほかに費用が600円発生している。また、当事業年度の期首に繰越欠損金が200円存在する。

(単位：円)

No.	損益	項目	圧縮記帳を行わない	圧縮記帳を行う
①	益金	売上	200	200
②	益金	国庫補助金受贈益	300	300
③	損金	費用	600	600
④	損金	固定資産圧縮損	－	300
⑤		繰越欠損金控除前課税所得（①+②-③-④）	△100	△400
⑥		繰越欠損金の当期控除額	－	－
⑦		課税所得	△100	△400
⑧		税率	40%	40%
⑨		納付税額（⑦×⑧）	－	－
(参考)		繰越欠損金の期末残高	100	400

どちらも納付税額は0円となる

圧縮記帳すると、繰越欠損金の当期発生額が大きくなってしまう

　本設例の場合、圧縮記帳の実施いかんによらず課税所得が発生しないため、圧縮記帳による納付税額への影響はない。このような場合は、圧縮記帳を行うことにより繰越期限が定められている繰越欠損金を増やすよりも、圧縮記帳を行わずに固定資産の減価償却費として翌事業年度以降に費用処理したほうが有利であると考えられる。

12 圧縮記帳を行えるのはどのような場合か

> **Point!!** 圧縮記帳を行うには3つの要件を満たすことが必要である

(1) 対象法人

圧縮記帳は、原則として、青色申告法人であるかどうかに関係なくすべての法人に適用される。ただし、清算中の法人については適用がない。

清算中の法人について圧縮記帳の適用を認めていないのは、そもそも圧縮記帳とは課税を繰り延べる制度であり、近い将来に消滅する予定である清算法人については、課税の繰り延べを行う必要がないためである。

(2) 対象資産

圧縮記帳の対象資産は、固定資産や有価証券等に限られている。原則として棚卸資産は圧縮の対象資産となっていない。

(3) 申告要件

圧縮記帳を行うためには、固定資産圧縮損を損益計算書において損金経理をするとともに、確定申告書の別表十三㈠「国庫補助金等、工事負担金及び賦課金で取得した固定資産等の圧縮額等の損金算入に関する明細書」を提出する必要がある。ただし、明細書の提出を失念した場合でも、税務署長がやむをえない事情があると認めた場合においては、適用される場合がある。

① 損益計算書の抜粋

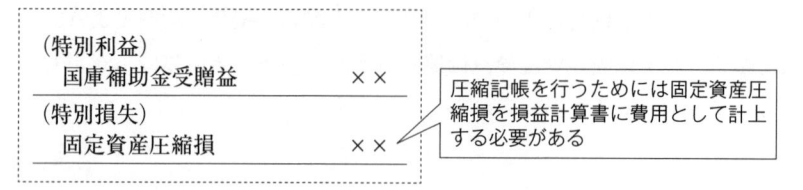

```
(特別利益)
    国庫補助金受贈益      ××
(特別損失)
    固定資産圧縮損        ××
```

圧縮記帳を行うためには固定資産圧縮損を損益計算書に費用として計上する必要がある

② 貸借対照表の抜粋

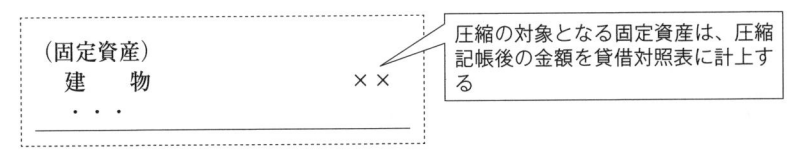

```
（固定資産）
  建　物　　　　　　　　××
  　…
```

圧縮の対象となる固定資産は、圧縮記帳後の金額を貸借対照表に計上する

③ 別表四の抜粋

区　分		総額	処分	
			留保	社外流出
		①	②	③
当期利益又は当期欠損の額	1			配当
				その他
加算	××	2		
	××	3		
	小　計	4		
減算	××	5		
	××	6		
	小　計	7		
仮　計		8		

損金経理を行えば、「当期利益又は当期欠損の額」に国庫補助金受贈益と固定資産圧縮損が含まれるため、別表四での加算・減算は不要である

(4) 圧縮記帳の要件

　圧縮記帳を行う基本的な要件は、次のとおりである。この3つの要件を満たして初めて圧縮記帳を行うことが可能になる。

---
① 国庫補助金の交付を受ける
② 国庫補助金等をもってその交付の目的に適合する固定資産を取得する
③ 国庫補助金等の返還を要しないことが確定する

　このうち、③国庫補助金等の返還を要しないことが確定するのは、各省各庁による完了検査が終了し、各省各庁が補助金の額を確定させた時であると考えられる。

　補助金制度によって、次のような条件が付されていることがあるが、これらの条件があるために返還を要しないことが確定していないと考える必要はない。

> ① 交付の条件に違反した場合には返還しなければならないこと
> ② 一定期間内に相当の収益が生じた場合には返還しなければならないこと

(5) 圧縮記帳の要件に関する実務上の留意点

　圧縮記帳を行うには、「固定資産の取得」「補助金の交付」「返還不要の確定」という３つ要件を満たす必要があるが、実務ではこれらの要件は必ずしも同じ事業年度内に満たされるとは限らない。３つの要件を満たすタイミングの違いによって４つのケースに分けることができるが、それぞれ実施すべき会計処理・税額の計算が異なる。

　また、補助金の概算払いを受けたが、期末日までに返還不要が確定しないケースもある。この場合にも特有の会計及び税額の計算が定められている。

　場合分けと詳細な会計処理・税額の計算については、13節以降にて解説する。

(6) 対象となる国庫補助金等の範囲

　圧縮記帳の対象となる国庫補助金等は固定資産の取得又は改良に充てるために交付される助成金、給付金または補助金である（法人税法42条１項）。

　具体的には、次のものがあげられる。

> ① 国の補助金または給付金
> ② 地方公共団体の補助金または交付金
> ③ 障害者の雇用の促進等に関する法律に基づく独立行政法人高齢・障害者雇用支援機構の助成金で一定の業務に係るもの
> ④ 雇用福祉業務の廃止に伴う経過措置に基づく独立行政法人雇用・能力開発機構の助成金で一定の業務に係るもの
> ⑤ 福祉用具の研究開発及び普及の促進に関する法律に基づく独立行政法人新エネルギー・産業技術総合開発機構の助成金で一定の業務に係るもの
> ⑥ 独立行政法人新エネルギー・産業技術総合開発機構法に基づく独立行政法人新エネルギー・産業技術総合開発機構の助成金で一定の業務に係るもの
> ⑦ 公共用飛行場周辺における航空機騒音による障害の防止等に関する法律に基づく独立行政法人空港周辺整備機構または成田国際空港株式会社の補助金

⑧　独立行政法人農畜産業振興機構法に基づく独立行政法人農畜産業振興機構の補助金
⑨　独立行政法人鉄道建設・運輸施設整備支援機構法に基づく独立行政法人鉄道建設・運輸施設設備支援機構の補助金
⑩　電波法に基づく同法に規定する指定周波数変更対策機関の給付金
⑪　日本たばこ産業株式会社法に基づく葉たばこ生産基盤強化のための助成金で一定の事業に係るもの

(法人税法施行令79条1項)

13 圧縮記帳で想定されるケースと会計処理はどのようになるか

Point!! 要件充足のタイミングにより圧縮記帳を行う事業年度、圧縮限度額及び会計処理が異なる

　圧縮記帳を行うための3つの要件（①固定資産の取得、②補助金の交付、③返還不要の確定）が満たされるタイミングの違いにより、圧縮記帳は4つのケースに分けることができる。それぞれのケースで、圧縮記帳を行う事業年度や圧縮限度額、会計処理が異なる。

ケース	想定されるケース（※1）	圧縮記帳を実施する年度	圧縮限度額（※2）	解説
A	同じ年度に3つの要件がすべて満たされる場合	補助金の返還不要が確定した事業年度	固定資産の取得等に充てた国庫補助金等の額	14節 15節
B	「固定資産の取得」が先行し、「補助金の交付」「返還不要の確定」が翌年以降になる場合	補助金の返還不要が確定した事業年度	返還不要の確定時に算定した金額（※3）	16節 17節
C	「固定資産の取得」が行われた年に「補助金の交付」を受けたが、「返還不要の確定」が翌年以降となる場合	補助金の返還不要が確定した事業年度	返還不要の確定時に算定した金額（※3）	19節 20節
D	「補助金の交付」はなされたが、「固定資産の取得」と「返還不要の確定」が翌年以降となる場合	補助金の返還不要が確定した事業年度	固定資産の取得等に充てた国庫補助金等の額	21節 22節

（※1）　ケースごとに3つの要件（「固定資産の取得」「補助金の交付」「返還不要の確定」）が満たされるタイミングを明示すると、次のとおりとなる。

想定ケース	固定資産の取得	補助金の交付	返還不要の確定
ケースA	当事業年度	当事業年度	当事業年度
ケースB	当事業年度	翌事業年度以降	翌事業年度以降
ケースC	当事業年度	当事業年度	翌事業年度以降
ケースD	翌事業年度以降	当事業年度	翌事業年度以降

（※２） 圧縮記帳をすることにより固定資産の帳簿価額が１円未満となる場合には、固定資産の帳簿価額は１円以上となるようにしなければならない（法人税法施行令93条）。
（※３） 資産を先行取得した場合の圧縮限度額の計算（算式）

$$\left[\begin{array}{l}\text{国庫補助金等の}\\\text{交付を受け、返}\\\text{還不要が確定し}\\\text{た日におけるそ}\\\text{の固定資産の帳}\\\text{簿価額}\end{array}\right] \times \frac{\text{交付を受けた国庫補助金等の額（取得価額を限度とする）}}{\text{その固定資産の取得等に要した金額}}$$

　ケースBやケースCのように固定資産を取得した年度よりも後の年度に補助金の返還不要が確定する場合は、圧縮記帳を行う時点ですでに固定資産の帳簿価額は減価償却により減少している。そこで、確定した補助金の全額について圧縮記帳を行うのではなく、ケースAのように固定資産を取得した時に圧縮記帳を行った場合と計算結果が同じになるような調整を行うのである。

　ケースCとケースDのように補助金の交付を受けてはいるが、同じ年度に返還不要が確定しないような場合は、要件が満たされていないためその年度に固定資産の圧縮記帳を行うことはできない。しかし、圧縮記帳と同様の効果を有する処理として特別勘定の設定が認められており、課税を繰り延べることが可能となる。特別勘定については18節で解説する。

　なお、圧縮限度額は圧縮記帳を行う際の上限額であり、税務上は限度額の範囲内であれば自由に圧縮記帳を行う金額を決定することができる。ただし、会社法の大会社や上場会社では自由に決定できない点に留意が必要である（26節参照）。

14 ケースAの会計処理はどのように行うか

> **Point!!** 圧縮限度額＝固定資産の取得に充てた国庫補助金等の額

ケースAは、圧縮記帳を行うための3つの要件「固定資産の取得」「補助金の交付」「返還不要の確定」が同じ事業年度に満たされた場合である。その会計処理について次の設例により具体的に説明する。

> **設 例**
> X1期の期首に固定資産を取得し、同事業年度に補助金の交付を受けるとともに返還不要が確定した。
> ・取得した固定資産の取得原価は600円であった
> ・交付を受けた補助金は300円であった
> ・減価償却の方法として、定額法を採用する。耐用年数は3年とする

それぞれの要件が満たされる時点を図で示すと次のようになる。ケースAでは、すべての要件がX1期に満たされているという設定である。

ケースA

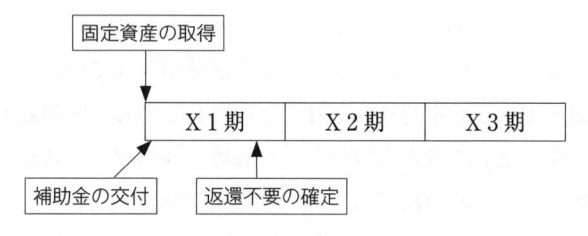

```
                固定資産の取得
                     ↓
              ┌──────┬──────┬──────┐
              │ X1期 │ X2期 │ X3期 │
              └──────┴──────┴──────┘
               ↑      ↑
         補助金の交付  返還不要の確定
```

(1) ×1期の会計処理

① 固定資産取得の会計処理

| (借方) | 固定資産 | 600 | (貸方) | 現金預金 | 600 |

② 補助金の交付を受けた場合の会計処理

| (借方) | 現金預金 | 300 | (貸方) | 国庫補助金受贈益(※) | 300 |

(※) 国庫補助金受贈益は原則として特別利益として計上する。

③ 減価償却費の計上(圧縮記帳を行わない場合)

減価償却費は、取得原価600円÷耐用年数3年=200円となる。

| (借方) | 減価償却費 | 200 | (貸方) | 減価償却累計額 | 200 |

④ 圧縮記帳の会計処理(圧縮記帳を行う場合)

圧縮額には限度が定められており、次のとおりである。

| 圧縮限度額=固定資産の取得等に充てた国庫補助金等の額 |

固定資産の取得等に充てた国庫補助金等の額は300円であり、これが圧縮限度額となる。

| (借方) | 固定資産圧縮損(※) | 300 | (貸方) | 固定資産 | 300 |

(※) 固定資産圧縮損は原則として特別損失として計上する。

⑤ 減価償却費の計上(圧縮記帳を行う場合)

固定資産の圧縮記帳後、減価償却費は次のように計算される。
圧縮損計上後の帳簿価額は次のとおりである。

| 圧縮損計上後の帳簿価額=(取得原価600円)−(固定資産圧縮損300円)=300円 |

耐用年数3年であり、減価償却費は次のように計算される。

| (固定資産の圧縮記帳後の帳簿価額300円)÷耐用年数3年=100円 |

| (借方) | 減価償却費 | 100 | (貸方) | 減価償却累計額 | 100 |

(2) ×2期以降の会計処理

① 減価償却費の計上（圧縮記帳を行わない場合）

　減価償却費は、取得原価600円÷耐用年数3年＝200円となる。

| (借方) | 減価償却費 | 200 | (貸方) | 減価償却累計額 | 200 |

② 減価償却費の計上（圧縮記帳を行う場合）

　減価償却費は、(取得原価600円－固定資産圧縮額損300円)÷3年＝100円となる。

| (借方) | 減価償却費 | 100 | (貸方) | 減価償却累計額 | 100 |

15 ケースAの税額の計算はどのように行うか

Point!! 圧縮記帳を行うと、1年目の税額が小さくなる一方で、2年目以降の税額は大きくなる

ケースAは、すなわち固定資産の取得と補助金の交付及び返還不要の確定という要件が同一事業年度に満たされた場合である。税額の計算は次のとおりである。

なお、各期の売上高は200円、税率は40％とする。

(1) ×1期の税額の計算

(単位：円)

No.	損益	項目	圧縮記帳を行わない	圧縮記帳を行う
①	益金	売上	200	200
②	益金	国庫補助金受贈益	300	300
③	損金	固定資産圧縮損	－	300
④	損金	減価償却費	200	100
⑤		課税所得（①＋②－③－④）	300	100
⑥		税率	40％	40％
⑦		納付税額（⑤×⑥）	120	40
(参考)		固定資産の期末残高	400	200

固定資産圧縮損が計上されないため課税所得が発生し、納付税額も発生する

固定資産圧縮損が計上されるため課税所得が減少する

圧縮記帳を行わない場合、課税所得は300円と計算され、納付税額は120円となる。一方、圧縮記帳を行う場合は、固定資産圧縮損300円が計上されるため課税所得は100円と計算され、納付税額も40円となる。

なお、圧縮記帳を行う場合には法人税申告書別表十三(一)の記入が必要となる。

(2) ×2期の税額の計算

(単位：円)

No.	損益	項目	圧縮記帳を行わない	圧縮記帳を行う
①	益金	売上	200	200
②	損金	減価償却費	200	100
③		課税所得（①－②）	－	100
④		税率	40％	40％
⑤		納付税額（③×④）	－	40
(参考)		固定資産の期末残高	200	100

課税所得は発生しない

減価償却費が小さくなる。その結果課税所得が発生し、納付税額も発生する

　圧縮記帳を行わない場合は減価償却費200円（取得原価600円÷耐用年数3年）が計上されて課税所得は0円と計算され、納付税額も0円となる。

　一方、圧縮記帳を行う場合の減価償却費は、圧縮記帳を行わない場合と比べて100円少ない100円となる（(取得価額600円－固定資産圧縮損300円)÷耐用年数3年）。その結果、課税所得は100円と計算され、納付税額は40円となる。

(3) **納付税額の比較**

　圧縮記帳を行う場合と行わない場合の総納付税額は次のとおりである。

(単位：円)

事業年度	圧縮記帳を行わない	圧縮記帳を行う
×1期	120	40
×2期	－	40
×3期	－	40
総納付税額	120	120

　圧縮記帳を行うと、行わない場合に比べて、×1期の納付税額が小さくなる一方で、×2期以降の納付税額は大きくなる。その結果、総納付税額は同額になる。

16 ケースBの会計処理はどのように行うか

Point!! 圧縮限度額は、固定資産の取得と補助金の交付が同一事業年度に行われた場合より小さくなる

　ケースBは、固定資産を取得した事業年度の翌期以降に補助金が交付され返還不要が確定する場合である。設例により具体的にその会計処理を説明する。なお、諸条件はケースAと同様とする。固定資産の取得はX1期の期首である。X1期において減価償却費が計上された後、X2期期首に補助金の交付が行われ、返還不要が確定すると仮定する。よって、圧縮記帳を行うか否かの検討もX2期期首における固定資産の帳簿価額を基礎として行うとする。それぞれの要件が満たされる時点を図で示すと次のようになる。

ケースB

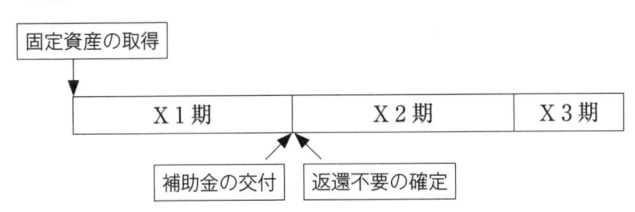

```
固定資産の取得
    ↓
┌────────┬────────┬────────┐
│  X1期  │  X2期  │  X3期  │
└────────┴────────┴────────┘
           ↑↑
    補助金の交付 返還不要の確定
```

(1) X1期の会計処理

① 固定資産取得

　固定資産を取得し、現金を支払った。

(借方)	固定資産	600	(貸方)	現金預金	600

② 減価償却費の計上

　減価償却費は、固定資産の取得原価600円÷耐用年数3年＝200円と計算される。

(借方)	減価償却費	200	(貸方)	減価償却累計額	200

(2) ×2期の会計処理
① 補助金の交付を受けた場合の会計処理
　補助金の交付を受けた際に国庫補助金受贈益として特別利益に計上する。

| (借方) | 現金預金 | 300 | (貸方) | 国庫補助金受贈益 | 300 |

② 減価償却費の計上（圧縮記帳を行わない場合）

| (借方) | 減価償却費 | 200 | (貸方) | 減価償却累計額 | 200 |

③ 圧縮記帳の会計処理
　圧縮限度額の計算は次のとおりである（法人税基本通達10－2－2）。

圧縮限度額＝a×(b÷c)
a：国庫補助金等の交付を受け、返還不要が確定した日におけるその固定資産の帳簿価額
b：交付を受けた国庫補助金等の額（固定資産の取得価額を限度とする）
c：固定資産の取得等に要した金額

　これを今回の設例に当てはめると、次のとおりとなる。

a：国庫補助金等の交付を受け、返還不要が確定した日におけるその固定資産の帳簿価額＝（取得原価600円）－（減価償却累計額200円）＝400円
b：交付を受けた国庫補助金等の額＝300円
c：固定資産の取得等に要した金額＝600円
圧縮限度額＝400円×300円÷600円＝200円

　仕訳は、次のとおりであり、固定資産圧縮損は原則として特別損失として計上する。

| (借方) | 固定資産圧縮損 | 200 | (貸方) | 固定資産 | 200 |

　×1期に固定資産について減価償却（200円）を行っているので帳簿価額は400円になっている。そこで補助金の交付額（300円）全額を圧縮損として

計上するのではなく、簿価の減少にあわせて比例的に圧縮限度額の調整を行う必要がある。

④ 減価償却費の計上(圧縮記帳を行う場合)

固定資産の圧縮後、減価償却費は次のように計算される。

圧縮損計上後の帳簿価額は次のとおりである。

> 圧縮損計上後の帳簿価額＝(取得原価600円)－(×1期の減価償却費200円)
> －(固定資産圧縮損200円)＝200円

耐用年数3年のうち1年は経過しているため残存耐用年数は2年であり、減価償却費は次のように計算される。

> (固定資産の圧縮損計上後の帳簿価額200円)÷残存耐用年数2年＝100円

| (借方) | 減価償却費 | 100 | (貸方) | 減価償却累計額 | 100 |

上記圧縮限度額の調整を行うことにより、圧縮記帳を行った後の減価償却費はケースAと同額になる。

(3) ×3期の会計処理

① 減価償却費の計上(圧縮記帳を行わない場合)

×2期と同額の減価償却費を計上する。

| (借方) | 減価償却費 | 200 | (貸方) | 減価償却累計額 | 200 |

② 減価償却費の計上(圧縮記帳を行う場合)

×2期と同額の減価償却費を計上する。

| (借方) | 減価償却費 | 100 | (貸方) | 減価償却累計額 | 100 |

上記圧縮限度額の調整を行うことにより、圧縮記帳を行った後の減価償却費はケースAと同額になる。

17 ケースBの税額の計算はどのように行うか

Point!! 補助金の交付を受け返還不要が確定した事業年度において、課税の繰り延べ効果を発揮する

　ケースBは、固定資産を取得した事業年度の翌期以降に補助金が交付され返還不要が確定する場合である。税額の計算は次のとおりである。
　なお、税率は40％とする。また、簡便化のため、×1期以降の売上は200円とする。

(1) ×1期の税額の計算

　このケースにおいては、×1期においては圧縮処理を行わず、減価償却費200円を計上する。税額の計算は次のとおりとなる。

(単位：円)

①	益金	売上	200
②	損金	減価償却費	200
③	課税所得（①−②）		−
④	税率		40％
⑤	納付税額（③×④）		−
(参考) 固定資産の期末残高			400

(2) ×2期の税額の計算

(単位：円)

No.	損益	項目	圧縮記帳を行わない	圧縮記帳を行う
①	益金	売上	200	200
②	益金	国庫補助金受贈益	300	300
③	損金	固定資産圧縮損	−	200
④	損金	減価償却費	200	100
⑤	課税所得（①+②−③−④）		300	200
⑥	税率		40%	40%
⑦	納付税額（⑤×⑥）		120	80
（参考）固定資産の期末残高			200	100

固定資産圧縮損が計上されないため計上される場合より課税所得が多く発生する

固定資産圧縮損が計上される。ただしケースBでは補助金の交付額より小さくなる

　圧縮記帳を行わない場合の課税所得は300円となるが、圧縮記帳を行う場合は、固定資産圧縮損200円が計上されるとともに減価償却費が圧縮記帳前の200円から100円に減少し、課税所得は200円となり納付税額が80円となる。

　補助金確定額300円に対して圧縮限度額は200円と算定されており、その差額100円は、「圧縮記帳後の減価償却費」が「資産を取得した当初から圧縮記帳していると仮定した場合の減価償却費」と等しくなるように圧縮限度額を調整したものといえる。（圧縮記帳を行わない場合の減価償却費200円）−（圧縮記帳を行う場合の減価償却費100円）＝100円と一致する。設例では圧縮記帳後の減価償却費100円と資産取得当初から圧縮記帳していると仮定した場合の減価償却費100円（（600円−300円）÷3年）が一致するように、上記の差額100円を補助金確定額300円から控除した金額が圧縮限度額となっている。

　なお、圧縮記帳を行う場合には法人税申告書別表十三㈠の作成が必要となる。

(3) ×3期の税額の計算

(単位:円)

No.	損益	項目	圧縮記帳を行わない	圧縮記帳を行う
①	益金	売上	200	200
②	損金	減価償却費	200	100
③	課税所得（①-②）		-	100
④	税率		40％	40％
⑤	納付税額（③×④）		-	40
固定資産の期末残高			-	-

課税所得は発生しない

減価償却費が少なくなるため課税所得が発生し、納付税額が生じる

　圧縮記帳を行わない場合、減価償却費は前事業年度と同じ200円となる。課税所得は0円となり、納付税額も発生しない。一方、圧縮記帳を行う場合の減価償却費は行わない場合と比べて100円小さい100円となり、課税所得が100円発生し、納付税額が40円となる。

(4) **納付税額の比較**

　圧縮記帳を行う場合と行わない場合の総納付税額は次のとおりである。

(単位:円)

事業年度	圧縮記帳を行わない	圧縮記帳を行う
×1期	-	-
×2期	120	80
×3期	-	40
総納付税額	120	120

　圧縮記帳を行うと、行わない場合に比べて、×2期の納付税額が小さくなるが、×3期は納付税額が大きくなるため、総納付税額は同額になる。

18 特別勘定とは何か

Point!! 交付を受けた補助金の返還不要が年度末までに確定しない場合でも、圧縮記帳にかわる制度がある

(1) 特別勘定

　補助金を交付されたものの年度末までに返還不要が確定しない場合は、要件が満たされないため、その事業年度に圧縮記帳を行うことができない。このままでは補助金への課税が発生し、計画どおりに資産を購入することができないおそれもある。

　このような場合の処理として圧縮特別勘定の設定が認められている。これは、補助金受贈益に対応する損失を計上することで補助金への課税を繰り延べるとともに、固定資産に対応する負債を計上することで圧縮記帳と同様の効果を得ることができる処理である。

(仕訳例)

(借方)	固定資産圧縮特別勘定繰入額（特別損失）	××	(貸方)	固定資産圧縮未決算特別勘定（負債）	××

(2) 特別勘定を設定するための要件

　圧縮特別勘定を設定するための要件は、法人税法で次のとおりに定められている（法人税法43条1項）。

① 特定の事業年度において、国庫補助金等の交付を受けること
② 国庫補助金等の返還を要しないことが当該事業年度終了の時までに確定していないこと
③ 国庫補助金等の額に相当する金額以下の金額を当該事業年度の確定した決算において特別勘定を設ける方法により経理すること

なお、圧縮特別勘定を設定する場合、法人税申告書の別表十三㈠「国庫補助金等、工事負担金及び賦課金で取得した固定資産等の圧縮額等の損金算入に関する明細書」を作成しなければならない。

① 損益計算書の抜粋

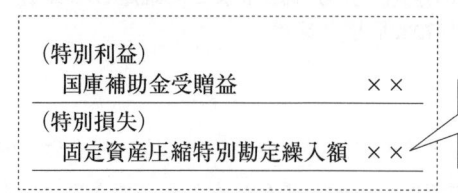

```
（特別利益）
　国庫補助金受贈益　　　××
（特別損失）
　固定資産圧縮特別勘定繰入額　××
```

→ 特別勘定を設定するためには固定資産圧縮特別勘定繰入額を損益計算書に計上する必要がある

② 貸借対照表の抜粋

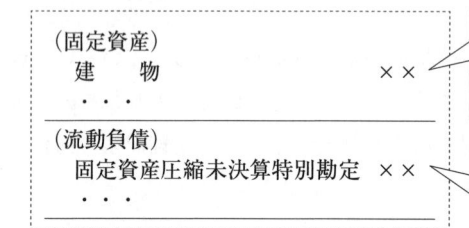

```
（固定資産）
　建　物　　　　　　　　××
　・・・
（流動負債）
　固定資産圧縮未決算特別勘定　××
　・・・
```

→ 特別勘定の対象となる固定資産は、特別勘定設定額を控除しない取得原価を貸借対照表の固定資産の部に計上する

→ 固定資産圧縮未決算特別勘定は、原則として貸借対照表の流動負債の部に計上する

③ 別表四の抜粋

区　分			総額	処分	
				留保	社外流出
			①	②	③
当期利益又は当期欠損の額		1		配当	
				その他	
加算	××	2			
	××	3			
	小　計	4			
減算	××	5			
	××	6			
	小　計	7			
	仮　計	8			

→ 損金経理を行えば、「当期利益又は当期欠損の額」に国庫補助金受贈益と固定資産圧縮特別勘定繰入額が計上されるため、別表四での加算・減算は不要である

19 ケースCの会計処理はどのように行うか

Point!! 圧縮特別勘定の設定限度額＝固定資産の取得等に充てた国庫補助金等の額

　ケースCは、固定資産を取得した事業年度に補助金の交付を受けたが、返還不要が確定するのが翌事業年度以降になる場合である。その会計処理は次のとおりである。なお、設例の諸条件はケースAと同様とする。それぞれの要件が満たされる時点を図で示すと次のようになる。

ケースC

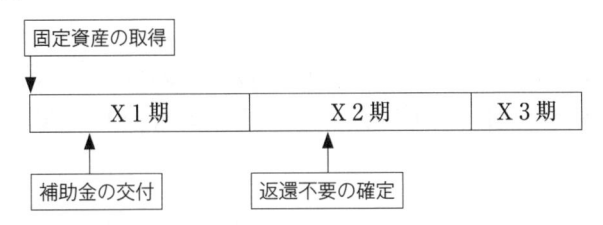

```
        固定資産の取得
              ↓
    ┌─────────┬─────────┬─────────┐
    │  X1期   │  X2期   │  X3期   │
    └─────────┴─────────┴─────────┘
         ↑         ↑
     補助金の交付  返還不要の確定
```

(1) X1期の会計処理

① 固定資産取得の会計処理

（借方）	固定資産	600	（貸方）	現金預金	600

② 補助金の交付を受けた場合の会計処理

（借方）	現金預金	300	（貸方）	国庫補助金受贈益（※）	300

（※）　国庫補助金受贈益は原則として特別利益として計上する。

③ 特別勘定繰入の会計処理（圧縮特別勘定の設定を行う場合）

　圧縮特別勘定は無限に設定できるわけではなく、設定額に限度が定められている（法人税法施行令82条）。

圧縮特別勘定の設定限度額＝固定資産の取得等に充てた国庫補助金等の額

これを今回の設例に当てはめると、固定資産の取得等に充てた国庫補助金等の額は300円であるため、圧縮特別勘定の設定限度額は300円となる。圧縮特別勘定の会計処理は次のとおりである。

(借方)	固定資産圧縮特別勘定繰入額（特別損失）	300	(貸方)	固定資産圧縮未決算特別勘定（負債）	300

固定資産圧縮未決算特別勘定は貸借対照表の流動負債の部に計上する。

（貸借対照表の抜粋）

（流動負債）
　固定資産圧縮未決算特別勘定　300

④　減価償却費の会計処理

この場合、圧縮記帳のように固定資産を減額しないので、当期の減価償却費は、取得原価600円÷耐用年数3年＝200円となり、圧縮特別勘定の設定による影響はない。

(借方)	減価償却費	200	(貸方)	減価償却累計額	200

(2)　×2期の会計処理

①　圧縮特別勘定を取り崩す会計処理

×2期の期首に補助金の返還不要が確定した場合には、まず×1期に計上した圧縮特別勘定を取り崩す会計処理を行う。

(借方)	固定資産圧縮未決算特別勘定（負債）	300	(貸方)	固定資産圧縮特別勘定戻入益（特別利益）	300

そのうえで、固定資産圧縮損を計上するが、この場合の圧縮限度額はケースBの場合と同様になる。

圧縮限度額＝（600円－200円）×300円÷600円＝200円となる。

(借方)	固定資産圧縮損	200	(貸方)	固定資産	200

これはケースBで説明したように、固定資産を取得した年度に圧縮記帳した場合と計算結果を同じにするために行う圧縮限度額の調整である。
② 減価償却費の計上（圧縮記帳を行う場合）
　固定資産の圧縮記帳後の帳簿価額は次のように計算される。

(取得原価600円) - (×1期の減価償却費200円) - (固定資産圧縮損200円) ＝200円

　耐用年数3年のうち1年は経過しているため残存耐用年数は2年であり、減価償却費は次のように計算される。

(固定資産の圧縮記帳後の帳簿価額200円) ÷残存耐用年数2年＝100円

(借方)	減価償却費	100	(貸方)	減価償却累計額	100

　上記圧縮限度額の調整を行うことにより、圧縮記帳を行う場合の減価償却費はケースAと同額になる。

20 ケースCの税額の計算はどのように行うか

Point!! 圧縮特別勘定を設定することで、補助金の返還不要が確定する前であっても、補助金への課税の繰り延べが可能になる

(1) ×1期の税額の計算

簡便化のため、各期の売上は200円とする。また、税率は40％とする。

(単位：円)

No.	損益	項目	特別勘定を設定しない	特別勘定を設定する
①	益金	売上	200	200
②	益金	国庫補助金受贈益	300	300
③	損金	圧縮特別勘定繰入額	−	300
④	損金	減価償却費	200	200
⑤		課税所得（①+②−③−④）	300	−
⑥		税率	40％	40％
⑦		納付税額（⑤×⑥）	120	−
(参考)		固定資産の期末残高	400	400

圧縮特別勘定繰入額が計上されないため、課税所得が発生する

圧縮特別勘定繰入額が計上され、課税所得が発生しない。なお、減価償却費はどちらも同額となる

　特別勘定の設定の有無にかかわらず減価償却費は200円である。特別勘定を設定しない場合の課税所得は300円となる。特別勘定を設定する場合は圧縮特別勘定繰入額300円が計上され、課税所得は発生せず、納付税額も0円となる。

　なお、特別勘定を設定する場合には法人税申告書別表十三㈠の作成が必要となる（24節参照）。

(2) ×2期の税額の計算

(単位：円)

No.	損益	項目	特別勘定を設定しない	特別勘定を設定する
①	益金	売上	200	200
②	益金	圧縮特別勘定戻入益	−	300
③	損金	固定資産圧縮損	−	200
④	損金	減価償却費	200	100
⑤		課税所得（①＋②−③−④）	−	200
⑥		税率	40％	40％
⑦		納付税額（⑤×⑥）	−	80
（参考）		固定資産の期末残高	200	100

課税所得は発生しない

特別勘定戻入益＞固定資産圧縮損となり、減価償却費も小さくなるため課税所得が発生する

　特別勘定を設定しない場合、減価償却費は前事業年度と同様に取得価額を基礎に200円と計算され、課税所得は発生せず納付税額も０円となる。

　一方、特別勘定を設定する場合、減価償却の後に返還不要が確定したため、固定資産圧縮特別勘定戻入益300円が益金に計上されるとともに、固定資産圧縮損が200円計上され、課税所得が200円発生し、納付税額が80円となる。なお、圧縮特別勘定戻入益と固定資産圧縮損の差額100円は、「圧縮記帳後の固定資産の帳簿価額」が「資産を取得した当初から圧縮記帳したと仮定した場合の帳簿価額」と一致するように圧縮限度額を調整したものである。

　なお、圧縮記帳を行う場合には法人税申告書別表十三㈠の作成が必要となる。

(3) ×3期の税額の計算

(単位：円)

No.	損益	項目	特別勘定を設定しない	特別勘定を設定する
①	益金	売上	200	200
②	損金	減価償却費	200	100
③		課税所得（①－②）	－	100
④		税率	40％	40％
⑤		納付税額（③×④）	－	40
(参考) 固定資産の期末残高			－	－

（特別勘定を設定しない：課税所得は発生しない）
（特別勘定を設定する：減価償却費が小さくなるため課税所得が発生し、納付税額も発生する）

　圧縮記帳を行わない場合の減価償却費は、前事業年度と同じ200円となり、課税所得は発生せず、納付税額も0円となる。一方、圧縮記帳を行う場合の減価償却費は圧縮を行わない場合と比べて100円小さい100円となり、課税所得が100円発生し、納付税額は40円となる。

(4) **納付税額の比較**

　特別勘定を設定する場合としない場合の納付税額は次のとおりである。

(単位：円)

事業年度	特別勘定を設定しない	特別勘定を設定する
×1期	120	－
×2期	－	80
×3期	－	40
総納付税額	120	120

　特別勘定の設定を行うと、行っていない場合に比べて、×1期の納付税額が小さくなる一方で、×2期以降の納付税額は大きくなる。結果、総納付税額は同額になる。

21 ケースDの会計処理はどのように行うか

Point!! 補助金の概算払いを受けた場合には、交付を受けた事業年度で特別勘定を設定する

ケースDは、補助金は交付されているが、固定資産の取得や補助金の返還不要の確定が翌事業年度以降になるケースである。通常、補助金は後払いが多いが、固定資産を取得する前に概算払いを受けることができる補助金制度も存在するので、この場合の会計及び税額の計算について解説する。

設例

×1期に補助金の交付を受けたが、返還不要の確定及び固定資産の取得は×2期の期首となった。補助金は300円であった。
取得した固定資産は600円であった。耐用年数は3年とし、減価償却を2期から行う。

それぞれの要件が満たされた時期を図で示すと次のようになる。

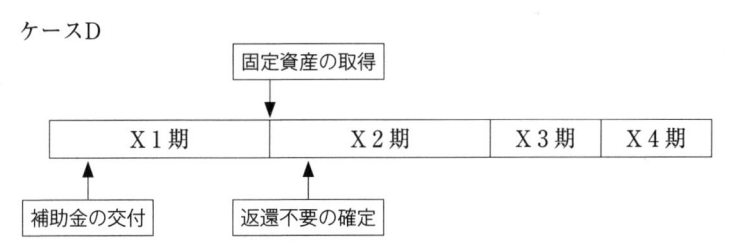

ケースD

	X1期	X2期	X3期	X4期
↑ 補助金の交付		↑ 固定資産の取得 / ↑ 返還不要の確定		

(1) ×1期の会計処理

① 補助金の交付を受けた場合の会計処理

(借方)	現金預金	300	(貸方)	国庫補助金受贈益	300

② 特別勘定繰入の会計処理（圧縮特別勘定の設定を行う場合）
　圧縮特別勘定は無限に設定できるわけではなく、設定額に限度が定められ

ている（法人税法施行令82条）。

> 圧縮特別勘定の設定限度額＝固定資産の取得等に充てた国庫補助金等の額

　これを今回の設例に当てはめると、固定資産の取得等に充てる見込みの国庫補助金等の額は300円であるため、圧縮特別勘定の設定限度額は300円となる。圧縮特別勘定の会計処理は次のとおりである。

| （借方） | 固定資産圧縮特別勘定繰入額（特別損失） | 300 | （貸方） | 固定資産圧縮未決算特別勘定（負債） | 300 |

　固定資産圧縮未決算特別勘定は貸借対照表の流動負債の部に計上する。

（貸借対照表の抜粋）
> （流動負債）
> 　固定資産圧縮未決算特別勘定　300

(2) ×2期の会計処理

① 固定資産取得の会計処理

| （借方） | 固定資産 | 600 | （貸方） | 現金預金 | 600 |

② 圧縮特別勘定を取り崩す会計処理

　×2期に固定資産を取得し補助金の返還不要が確定した場合には、まず×1期に計上した圧縮特別勘定を取り崩す会計処理を行う。

| （借方） | 固定資産圧縮未決算特別勘定（負債） | 300 | （貸方） | 固定資産圧縮特別勘定戻入益（特別利益） | 300 |

　そのうえで、固定資産圧縮損を計上するが、この場合の圧縮限度額はケースAの場合と同額になる。補助金は前年に交付されているが、圧縮記帳を行うのは固定資産を取得した年度である点は、ケースAと同じだからである。圧縮限度額は返還不要が確定した金額300円となる。

| (借方) | 固定資産圧縮損 | 300 | (貸方) | 固定資産 | 300 |

③ 減価償却費の計上（圧縮記帳を行う場合）

固定資産の圧縮記帳後の帳簿価額は次のように計算される。

(取得原価600円) − (固定資産圧縮損300円) = 300円

耐用年数は3年であるため、減価償却費は次のように計算される。

(固定資産の圧縮記帳後の帳簿価額300円) ÷ 耐用年数3年 = 100円

| (借方) | 減価償却費 | 100 | (貸方) | 減価償却累計額 | 100 |

22 ケースDの税額の計算はどのように行うか

Point!! 補助金の概算払いを受けた事業年度では、交付を受けた補助金に課税されない

(1) ×1期の税額の計算

×1期の税務処理は、次のようになる。なお、税率は40％とする。

(単位：円)

No.	損益	項目	圧縮特別勘定を設定しない	圧縮特別勘定を設定する
①	益金	国庫補助金受贈益	300	300
②	損金	圧縮特別勘定繰入	−	300
③		課税所得（①−②）	300	−
④		税率	40％	40％
⑤		納付税額（③×④）	120	−
(参考)		固定資産の期末残高	0	0

固定資産圧縮特別勘定繰入額が計上されないため課税所得が発生し、納付税額も発生する

固定資産圧縮特別勘定繰入額が計上されるため課税所得が発生せず、納付税額も発生しない

　特別勘定を設定しない場合、固定資産圧縮特別勘定繰入額が計上されないため課税所得が300円発生し、納付税額は120円となる。一方、特別勘定を設定する場合、固定資産圧縮特別勘定繰入額が計上されるため課税所得は発生せず納付税額も0円となる。

　なお、特別勘定を設定する場合には法人税申告書別表十三㈠の作成が必要となる。

(2) ×2期の税額の計算

　簡便化のため、固定資産を取得した×2期以降では売上高は毎期200円とする。

(単位:円)

No.	損益	項目	圧縮特別勘定を設定しない	圧縮特別勘定を設定する
①	益金	売上	200	200
②	益金	圧縮特別勘定戻入	-	300
③	損金	固定資産圧縮損	-	300
④	損金	減価償却費	200	100
⑤	課税所得 (①+②-③-④)		-	100
⑥	税率		40%	40%
⑦	納付税額 (⑤×⑥)		-	40
(参考) 固定資産の期末残高			400	200

固定資産圧縮損が計上されないため課税所得も発生しない

固定資産圧縮損が圧縮特別勘定戻入益と同額計上されるが、圧縮記帳を行った分、減価償却費は小さくなり、課税所得が発生し、納付税額も発生する

　圧縮記帳を行わない場合の減価償却費は200円となり、課税所得は発生せず、納付税額は0円となる。一方、圧縮記帳を行う場合、固定資産圧縮損300円が計上されるが減価償却費が100円と圧縮記帳を行わない場合に比べて100円小さくなり、課税所得100円が発生し、納付税額は40円となる。

　なお、圧縮記帳を行う場合には法人税申告書別表十三㈠の作成が必要となる。

(3) ×3期の税額の計算

(単位：円)

No.	損益	項目	圧縮特別勘定を設定しない	圧縮特別勘定を設定する
①	益金	売上	200	200
②	損金	減価償却費	200	100
③	課税所得（①−②）		−	100
④	税率		40％	40％
⑤	納付税額（③×④）		−	40
（参考）固定資産の期末残高			200	100

課税所得は発生しない

減価償却費が小さくなるため課税所得が発生し、納付税額も発生する

　圧縮記帳を行わない場合の減価償却費は前事業年度と同じ200円となり、課税所得は発生せず、納付税額も0円となる。一方、圧縮記帳を行う場合、減価償却費は圧縮記帳を行わない場合と比べて100円小さい100円となり、課税所得が100円発生し、納付税額は40円となる。固定資産の期末残高はそれぞれ200円、100円となる。

(4) ×4期の税額の計算

(単位：円)

No.	損益	項目	圧縮特別勘定を設定しない	圧縮特別勘定を設定する
①	益金	売上	200	200
②	損金	減価償却費	200	100
③	課税所得（①−②）		−	100
④	税率		40％	40％
⑤	納付税額（③×④）		−	40
（参考）固定資産の期末残高			−	−

課税所得は発生しない

減価償却費が小さくなるため課税所得が発生し、納付税額も発生する

圧縮記帳を行わない場合の減価償却費は前事業年度と同じ200円となり、課税所得は発生せず、納付税額も0円となる。一方、圧縮記帳を行う場合、減価償却費は圧縮記帳を行わない場合と比べて100円小さい100円となり、課税所得が100円発生し、納付税額は40円となる。いずれの場合も固定資産の期末残高は0円となる。

(5) **納付税額の比較**

圧縮特別勘定を設定しない場合と設定して圧縮記帳を行う場合の納付税額は次のとおりである。

(単位：円)

事業年度	特別勘定を設定しない	特別勘定を設定する
×1期	120	−
×2期	−	40
×3期	−	40
×4期	−	40
総納付税額	120	120

圧縮特別勘定を設定し、圧縮記帳を行うと、行わない場合に比べて、×1期の納付税額が小さくなる一方で、×2期以降は減価償却費が小さくなっている分納付税額は大きくなる。結果、総納付税額は同じとなる。

23 現金ではなく現物の交付を受けた場合の処理はどのように行うか

> **Point!!** 現物の交付を受けた場合であっても、圧縮記帳を行うことができる

(1) 現物の交付を受けた場合

　無償で資産を譲り受けた場合には、その資産の時価相当額について固定資産受贈益が収益（益金）に算入され、課税の対象となる。

　国庫補助金等の交付のかわりに現物の交付を受けた場合には、実質的には現金で国庫補助金等の交付を受け、その補助金等を使用して交付目的に適合した資産を取得するのと同一であると考えられる。

　そのため、取得した事業年度にその交付された固定資産の時価に相当する金額を圧縮処理することが法人税法で認められている（法人税法42条2項）。

　なお、この場合においても法人税申告書別表十三㈠の作成が必要である。

(2) 圧縮限度額

　国庫補助金等の交付のかわりに現物の交付を受けた場合の圧縮限度額は、交付された固定資産の時価に相当する金額となる。この場合、圧縮記帳を行うことにより、その固定資産の帳簿価額が1円未満となる場合には、その帳簿価額は1円以上の金額を付さなければならない（法人税法施行令93条）。

　よって、この場合の圧縮限度額は次のようになる。

圧縮限度額＝交付を受けた資産の時価相当額－1円

> **設 例**
> 当事業年度に国庫補助金等にかわるべきものとして、固定資産（時価1,000円）の交付を受けた。

(1) **圧縮限度額の計算**

圧縮限度額＝交付を受けた資産の時価相当額（1,000円）－1円＝999円

(2) **会計処理**

① 固定資産の交付を受けたとき

| (借方) | 固定資産 | 1,000 | (貸方) | 固定資産受贈益 | 1,000 |

② 圧縮記帳の会計処理

| (借方) | 固定資産圧縮損 | 999 | (貸方) | 固定資産 | 999 |

(3) **税額の計算**

① 圧縮記帳を行わない場合

税額の計算　　　　　　　　（単位：円）

①	益金	固定資産受贈益	1,000
②	損金	なし	0
③	課税所得（①－②）		1,000
④	税率		40%
⑤	納付税額（③×④）		400

固定資産圧縮損が計上されないため課税所得が発生し、納付税額も発生する

　益金に固定資産受贈益1,000円が計上されるのみであるため、課税所得が1,000円発生し、納付税額は400円と計算される。

② 圧縮記帳を行う場合

税額の計算　　　　　　　　（単位：円）

①	益金	固定資産受贈益	1,000
②	損金	固定資産圧縮損	999
③	課税所得（①－②）		1
④	税率		40%
⑤	納付税額（③×④）		0

固定資産圧縮損が計上されるため課税所得は1円となり、納付税額は0円となる

　益金に固定資産受贈益1,000円が計上されるほか、損金に固定資産圧縮損999円が計上されるため、課税所得は1円と計算され、納付税額は0円となる。

24 法人税申告書の別表十三㈠はどのように作成するか

> **Point!!** 圧縮記帳後の帳簿価額が1円未満となる場合には、注意する

　法人税の確定申告書別表十三㈠「国庫補助金等、工事負担金及び賦課金で取得した固定資産等の圧縮額等の損金算入に関する明細書」の作成にあたっては、次の点に留意が必要である。

⑴　圧縮記帳後の帳簿価額が1円未満となる場合

　圧縮記帳を行う資産について、圧縮記帳後の帳簿価額が1円未満となる場合には、別表十三㈠の5「交付を受けた資産の価額」、7「⑷のうち固定資産の取得等に充てた金額」若しくは10「圧縮限度額の基礎となる金額」の金額から1円を差し引いた金額を11「圧縮限度額」に記入する。

⑵　特別勘定を設定する場合

　国庫補助金等の交付を受けたが、同年度に返還を要しないことが確定していないために特別勘定を設ける場合等は、特別勘定の残額が0となるまでの各事業年度において別表十三㈠の「特別勘定に経理した場合」13～21の欄に記入が必要となる。

　また、特別勘定を設定し、国庫補助金等で交付目的に適合する資産の取得や改良を行った場合は、国庫補助金等の全部または一部の返還を要しないことが確定した年度に確定金額を4「交付を受けた補助金等の額」に記入する。

> **設 例**
>
> A社（決算日は3月31日）はS資産を平成X1年4月1日に1,000円で取得し、平成X2年3月31日に○○省からS資産の取得に関する国庫補助金750円の交付を受けた。返還不要は平成X2年3月期中には確定せず、平成X3年3月期中に確定した。
> 　固定資産の耐用年数は5年で、減価償却方法は定額法を採用している。
> 　平成X2年3月期に計上した減価償却費は200円であり、平成X3年3月期のS資産の期首簿価は800円であったとする。また、平成X2年3月期においては特別勘定を750円設定し、平成X3年3月期では固定資産圧縮損を600円計上した。

① ×2年3月期の別表十三㈠

国庫補助金等、工事負担金及び賦課金で取得した固定資産等の圧縮額等の損金算入に関する明細書			事業年度	平成X1.4.1〜平成X2.3.31	法人名	（A社）	別表十三㈠ 平二十五・四・一以後終了事業年度又は連結事業年度分
Ⅰ　国庫補助金等で取得した固定資産等の圧縮額等の損金算入に関する明細書							
補 助 金 等 の 名 称	1	環境対応車普及促進対策費補助金	特別勘定に経理した場合（条件付の場合の計算）	特別勘定に経理した金額	13	750円	
補助金等を交付した者	2	○○省		繰 入 限 度 額（(4)のうち条件付きの金額）	14	750	
交付を受けた年月日	3	平成X2.3.31		繰 入 限 度 超 過 額 (13)-(14)	15	0	
交付を受けた補助金等の額	4	750円		翌期繰越額の計算	当初特別勘定に経理した金額 (13)-(15)	16	750
交付を受けた資産の価額	5	0			同上のうち前期末までに益金の額に算入された金額	17	0
帳簿価額の減額等をした場合（無条件の場合又は返還を要しないこととなった場合）	固定資産の帳簿価額を減額し、又は積立金に経理した金額	6		当期中に益金の額に算入する金額	返還した金額	18	0
	(4)のうち固定資産の取得等に充てた金額	7			返還を要しないこととなった金額	19	0
	圧縮限度額	同上に係る返還を要しないこととなった日における帳簿価額	8		同上以外の場合の取崩額	20	0
		固定資産の取得価額等	9		期末特別勘定残額 (16)-(17)-(18)-(19)-(20)	21	750
		圧縮限度の基礎となる額 (8)×(7)/(9)	10				
	圧 縮 限 度 額 (6)、(7)若しくは(10)-1 又は(5)、(7)若しくは(10)-1	11	円				
	圧 縮 限 度 超 過 額 (6)-(11)	12					

② ×3年3月期の別表十三㈠

国庫補助金等、工事負担金及び賦課金で取得した固定資産等の圧縮額等の損金算入に関する明細書			事業年度	平成X2.4.1 平成X3.3.31	法人名	(A社)	別表十三㈠ 平二十五・四・一以後終了事業年度又は連結事業年度分
I 国庫補助金等で取得した固定資産等の圧縮額等の損金算入に関する明細書							
補助金等の名称	1	環境対応車普及促進対策費補助金	特別勘定に経理した場合(条件付の場合)の繰越額の計算	特別勘定に経理した金額	13	円 750	
補助金等を交付した者	2	○○省		繰入限度額 ((4)のうち条件付きの金額)	14	750	
交付を受けた年月日	3	平成X2.3.31		繰入限度超過額 (13)-(14)	15	0	
交付を受けた補助金等の額	4	円 750		当初特別勘定に経理した金額 (13)-(15)	16	750	
交付を受けた資産の価額	5	0		同上のうち前期末までに益金の額に算入された金額	17		
帳簿価額の減額等をした場合(無条件の場合又は返還を要しないこととなった場合)	固定資産の帳簿価額を減額し、又は積立金に経理した金額	6	600	当期中に益金の額に算入すべき金額	返還した金額	18		
	圧縮限度額の計算	(4)のうち固定資産の取得等に充てた金額	7	750		返還を要しないこととなった金額	19	750
		同上に係る返還を要しないこととなった日における帳簿価額	8	800		同上以外の場合の取崩額	20	0
		固定資産の取得価額等	9	1,000		期末特別勘定残額 (16)-(17)-(18)-(19)-(20)	21	0
		圧縮限度の基礎となる金額 (8)×(7)/(9)	10	600				
		圧縮限度額 (5),(7)若しくは(10)-1	11	600				
		圧縮限度超過額 (6)-(11)	12	0				

25 固定資産の修繕を行った場合の処理はどのように行うか

Point!! 資本的支出が補助金の対象となる場合、圧縮記帳を行うことができる

(1) **資本的支出と収益的支出**

固定資産の修繕を行った場合に発生する支出は、資本的支出と収益的支出の2つに分類される。

> ① 資本的支出
> 　法人がその有する固定資産の修理、改良等のために支出した金額のうち当該固定資産の価値を高め、またはその耐久性を増すこととなると認められる部分に対応する金額。
> ② 収益的支出
> 　法人がその有する固定資産の修理、改良等のために支出した金額のうち当該固定資産の通常の維持管理のため、または、毀損した固定資産につきその原状を回復するために要したと認められる部分の金額。

(2) **資本的支出と収益的支出の例示**

資本的支出の例示項目として、次のようなものがある。

> ① 建物の避難階段の取付等物理的に付加した部分にかかる費用の額
> ② 用途変更のための模様替え等改造又は改装に直接要した費用の額
> ③ 機械の部分品を特に品質または性能の高いものに取り替えた場合のその取替えに要した費用の額のうち、通常の取替えの場合にその取替えに要すると認められる費用の額を超える部分の金額

建物の増築、構築物の拡張、耐用年数の延長をもたらす支出等は資本的支出に当たる。

収益的支出の例示項目として、次のようなものがある。

> ① 建物の移えいまたは解体移築をした場合（移えいまたは解体移築を予定して取得した建物を除く）におけるその移えいまたは移築に要した費用の額。ただし、解体移築にあっては、旧資材の70%以上がその性質上再利用できる場合であって、当該旧資材をそのまま利用して従前の建物と同一の規模及び構造の建物を再建築するものに限る。
> ② 機械装置の移設に要した費用の額
> ③ 地盤沈下した土地を沈下前の状態に回復するために行う地盛りに要した費用の額。ただし、次に掲げる場合のその地盛りに要した費用の額を除く
> ・土地の取得後直ちに地盛りを行った場合
> ・土地の利用目的の変更その他土地の効用を著しく増加するための地盛りを行った場合
> ・地盤沈下により評価損を計上した土地について地盛りを行った場合

(3) **補助金の対象となるものは**

　会計処理を行った際に固定資産が計上されるのは、資本的支出を行った場合である。補助金交付の対象が固定資産の取得である場合、補助の対象となる可能性のある支出は資本的支出であると考えられる。固定資産として計上することを要件としてない補助金の場合には、収益的支出も補助の対象になると考えられる。

(4) **資本的支出の会計処理**

> **設 例**
> 　補助事業として固定資産の修繕を行い（支出額1,000円）、当期中に国庫補助金750円の交付を受けた。当該修繕に関する支出は、資本的支出に該当する。

① 修繕を行った時の会計処理

（借方）	固定資産	1,000	（貸方）	現金預金	1,000

② 補助金の交付を受けた時の会計処理

| (借方) | 現金預金 | 750 | (貸方) | 国庫補助金受贈益 | 750 |

　資本的支出を行ったことにより計上された固定資産は、取得した固定資産と同様、税務上圧縮記帳を行うことができる。圧縮限度額は、原則として資本的支出額か補助金交付額のいずれか小さいほうとなる。

(5) **収益的支出の会計処理**

> **設 例**
>
> 　補助事業として固定資産の修繕を行い（支出額1,000円）、当期中に国庫補助金750円の交付を受けた。修繕に関する支出は、収益的支出に該当する。
>
> ① 修繕を行った時の会計処理
>
> | (借方) | 修繕費 | 1,000 | (貸方) | 現金預金 | 1,000 |
>
> ② 補助金の交付を受けた時の会計処理
>
> | (借方) | 現金預金 | 750 | (貸方) | 国庫補助金受贈益 | 750 |

　収益的支出に該当する修繕を行った場合は、益金に計上した補助金に見合う修繕費が損金に計上されており、益金と損金が相殺されることから圧縮記帳等の特段の取扱いは定められていない（圧縮記帳を行う必要はない）。

26 大会社等における圧縮記帳ではどのような点に留意すべきか

Point!! 大会社等においては、圧縮記帳の方法として剰余金処分方式を採用するのが望ましい

　会社法上の大会社や上場会社（以下、「大会社等」）は、財務報告の適正性がよりいっそう求められる。そのため、圧縮記帳を行うに際して次の留意点がある。

(1) 大会社等において直接減額方式を採用する場合の留意点
　圧縮記帳を行う場合の会計処理には、直接減額方式と剰余金処分方式の2つの方法があり、ここまで紹介した方法は直接減額方式である。
　会社法や金融商品取引法等の法令に基づいて監査法人又は公認会計士の会計監査を受けている会社は、会計処理として直接減額方式を採用することが当面の間は認められているが、その場合は国庫補助金に相当する金額を固定資産の取得価額から控除する必要がある（「圧縮記帳に関する監査上の取扱い」監査第一委員会報告第43号）。税務上の処理のように圧縮限度額内で圧縮記帳を行う金額を自由に決定することはできない点に留意が必要である。

(2) 直接減額方式
　直接減額方式を採用すると固定資産はその取得に要した価額で計上されないため、資産自体の価値とは関係なく貸借対照表価額や減価償却費の計上額が圧縮記帳を行わない場合に比べて減少することになる。これは、会計的な観点からは望ましい処理とはいえない。そのため、よりいっそうの財務報告の適正性が求められる大会社等では圧縮記帳の方法として、固定資産の貸借対照表価額や減価償却費の計上額に影響を与えない剰余金処分方式を採用するのが望ましい。

(3) 剰余金処分方式
　剰余金処分方式は、固定資産圧縮額に相当する金額を固定資産圧縮積立金

として、剰余金処分により純資産の部に計上する方法である。税務上、固定資産圧縮積立金計上額が損金として処理されるが、会計上の固定資産は取得原価で計上されるため、固定資産の貸借対照表価額及び減価償却費の計上額が歪められることがない。

設 例

平成X1年3月期末に固定資産を1,000円で取得し、国庫補助金750円の交付を受けた。減価償却方法は耐用年数5年の定額法であり、減価償却は翌事業年度から開始すると仮定する。
なお法定実効税率は40%とする。

(1) ×1期の会計処理

① 固定資産取得時の会計処理

(借方)	固定資産	1,000	(貸方)	現金預金	1,000

② 補助金交付時の会計処理

(借方)	現金預金	750	(貸方)	国庫補助金受贈益	750

③ 圧縮記帳の会計処理

(借方)	法人税等調整額	300	(貸方)	繰延税金負債（※1）	300
	繰越利益剰余金	450		固定資産圧縮積立金（※2）	450

（※1） 会計上の収益と税務上の益金に差異が発生しており、これを調整するために「税効果会計」を適用する。繰延税金負債が圧縮積立金の総額750円×法定実効税率40%＝300円計上される。
（※2） 国庫補助金の総額750円から繰延税金負債300円を控除した450円を固定資産圧縮積立金に計上する。相手科目は繰越利益剰余金となる。

×1期の貸借対照表及び損益計算書は次のとおりとなる。

(損益計算書の抜粋)

(特別利益)	
国庫補助金受贈益	750
(特別損失)	
―	―
法人税等調整額	300

→ 剰余金処分方式では、国庫補助金受贈益のみ損益計算書に計上し、固定資産圧縮損を計上しない

(貸借対照表の抜粋)

(固定資産)	
建物	1,000
(固定負債)	
繰延税金負債	300
(純資産)	
利益剰余金	××
固定資産圧縮積立金	450

→ 圧縮記帳の対象となる固定資産は、圧縮額を控除しない取得原価を貸借対照表の固定資産の部に計上する

→ 繰延税金負債は、固定資産に関連したものであり固定負債に計上する

→ 固定資産圧縮積立金は、貸借対照表の純資産の部における利益剰余金の内訳科目として、繰延税金負債を控除した残額を計上する

(2) ×2期の会計処理

① 減価償却費計上時の会計処理

(借方)	減価償却費（※3）	200	(貸方)	減価償却累計額	200

（※3）　固定資産の取得原価1,000円÷期首における残存耐用年数5年＝200円。

② 固定資産圧縮積立金取崩時の会計処理

(借方)	繰延税金負債（※4）	60	(貸方)	法人税等調整額	60
	固定資産圧縮積立金（※5）	90		繰越利益剰余金	90

（※4）　繰延税金負債を固定資産の減価償却割合に応じて取り崩す。
　　　　300円×(減価償却費200円÷期首における固定資産の帳簿価額1,000円)＝60円。
（※5）　固定資産圧縮積立金を固定資産の減価償却が行われた割合に応じて取り崩す。
　　　　450円×(減価償却費200円÷期首における固定資産の帳簿価額1,000円)＝90円。

(3) ×1期の税額の計算

×1期の別表四の抜粋は次のとおりである。

別表四（抜粋）　　　　　　　　　（単位：円）

区分		総額	処分	
			留保	社外流出
		①	②	③
当期利益又は当期欠損の額	1	××	××	配当 ××
				その他 ××
加算	法人税等調整額	2	300	300
	××	3		
	小計	4	××	××
減算	固定資産圧縮積立金認定損	5	750	750
	××	6		
	小計	7	××	××
	仮計	8	××	××

- 法人税等調整額は会計上の費用であるが損金とならないため別表四にて加算調整する
- 固定資産圧縮積立金総額（国庫補助金総額）を、固定資産圧縮積立金認定損として別表四にて減算調整する

(4) ×2期の税額の計算

×2期の別表四の抜粋は次のとおりである。

別表四（抜粋）　　　　　　　　　（単位：円）

区分		総額	処分	
			留保	社外流出
		①	②	③
当期利益又は当期欠損の額	1	××	××	配当 ××
				その他 ××
加算	固定資産圧縮積立金認定損（※6）	2	150	150
	××	3		
	小計	4	××	××
減算	法人税等調整額	5	60	60
	××	6		

- 固定資産圧縮積立金取崩額を加算する
- 法人税等調整額は会計上の収益であるが益金とならないため別表四にて減算調整する

第4章　会社が補助金を申請する場合の会計と税務

	小　計	7	××	××	
	仮　計	8	××	××	

（※6）　固定資産圧縮積立金取崩額は次のように計算される。

> ×1期に減算した税務上の固定資産圧縮積立金750円×（税務上の減価償却費50円÷税務上の期首における固定資産の帳簿価額250円）＝150円

税務上の期首における固定資産の帳簿価額は次のように計算される。

> 固定資産の取得価額1,000円－固定資産圧縮積立金積立額750円＝250円

また、×2期における税務上の減価償却費は次のように計算される。

> 税務上の期首における固定資産の帳簿価額250円÷期首における残存耐用年数5年＝50円。

(5)　剰余金処分方式を採用する際の留意点

　固定資産圧縮積立金は、従来は利益処分案の株主総会決議によって積立及び取崩しがなされていたが、会社法施行後は、法人税等の税額計算を含む決算手続として会計処理する。具体的には、当期末の個別貸借対照表に固定資産圧縮積立金の積立及び取崩しを反映させるとともに、個別株主資本等変動計算書に固定資産圧縮積立金の積立額と取崩額を記入し、株主総会又は取締役会で当該財務諸表を承認する（企業会計基準第24号「株主資本等変動計算書に関する会計基準の適用指針」第25項）。

27 研究開発を行う場合の会計処理と税務処理はどのように行うか

Point!! 研究開発を行う場合は、原則として圧縮記帳は適用されない

(1) 会計上の研究開発費

会計上の研究及び開発の定義は次のとおりである。

> 研究……新しい知識の発見を目的とした計画的な調査及び探究
> 開発……新しい製品・サービス・生産方法（以下、「製品等」）についての計画もしくは設計、又は既存の製品等を著しく改良するための計画もしくは設計をして、研究の成果その他の知識を具体化すること。

研究開発費には、人件費、原材料費、固定資産の減価償却費及び間接費の配賦額等、研究開発のために費消されたすべての原価が含まれる。

研究開発費はすべて発生時に費用として処理する（「研究開発費等に係る会計基準」）。そのため、研究開発費に該当すると判断された費用については、すべて発生した事業年度の費用（一般管理費か、当期製造費用）として処理が行われる。

(2) 税務上の試験研究費

税務では、研究開発に関する費用を試験研究費という。試験研究費の定義は次のとおりである（租税特別措置法42条の4第12項1号）。

> 試験研究費とは、製品の製造又は技術の改良、考案もしくは発明に係る試験研究のために要する費用のうち、政令で定めるもの。

> 租税特別措置法42条の４第12項１号に規定する試験研究費のために要する費用のうち政令で定めるものは、次に掲げる費用とする（租税特別措置法施行令27条の４第６項）。
> (一) その試験研究を行うために要する原材料費、人件費（専門的知識をもって当該試験研究の業務に専ら従事する者に係るものに限る。）及び経費
> (二) 他の者に委託して試験研究を行う法人（人格のない社団等を含む。）の当該試験研究のために当該委託を受けた者に対して支払う費用
> (三) 技術研究組合法九条一項の規定により賦課される費用

　この試験研究には、新製品や新技術に関するもの以外にも、生産中の製品の製造や既存の技術の改良等のための試験研究も含まれる。しかし、人文・社会科学関係の研究は対象とはならない。

　税務上も試験研究費は発生時に損金として処理される。

(3) 会計及び税額の計算

　圧縮記帳の適用対象となる国庫補助金等は「固定資産の取得または改良に充てられるもの」に限られている。そのため、研究開発費に対して補助金の交付を受けた場合には圧縮記帳の適用はなく、補助金収入は交付を受けた事業年度の益金の額に算入され、課税対象となる。

設例

交付を受けた補助金の額は100円、発生した研究開発費の額150円とする。その他、売上が100円発生している。

① 会計上の処理

補助金の交付を受けたとき

（借方）	現金預金	100	（貸方）	国庫補助金受贈益	100

研究開発費を支払ったとき

（借方）	研究開発費	150	（貸方）	現金預金	150

② 税務上の処理
　税額の計算　　　　　　　（単位：円）

①	益金	売上	100
		国庫補助金受贈益	100
②	損金	試験研究費	150
③	課税所得（①－②）		50
④	税率		40%
⑤	納付税額（③×④）		20

→ 試験研究費は損金として処理される

　研究開発を行った場合は、益金に計上した国庫補助金受贈益に見合う試験研究費が損金に計上されており、益金と損金が相殺されることから、圧縮記帳等の特段の取扱いは定められていない（圧縮記帳を行う必要はない）。

28 特定の研究開発目的資産を取得した場合の会計処理と税務処理はどのように行うか

Point!! 特定の研究開発目的の固定資産を取得した場合には、会計と税務で処理が大きく異なる

　会計上は、特定の研究開発目的にのみ使用され他の目的に使用できない機械装置や特許権等を取得した場合の原価は、取得時の研究開発費とされ(「研究開発費等に係る会計基準注解」注１)、その事業年度の費用として処理される。

　一方、税務上は、あくまでも固定資産の定義に該当する物はすべていったん固定資産として資産計上し、耐用年数に応じて償却計算する。

　会計と税務とでは取扱いが異なっており調整が必要となる。

設例

　当期の期首に補助金100円の交付を受け、特定の研究開発目的用の固定資産200円を取得した。税務上の耐用年数は２年であり、当期から減価償却を行う。その他、売上が100円発生している。

① 会計上の処理
　研究開発費を支払ったとき

(借方)	研究開発費	200	(貸方)	現金預金	200

　補助金の交付を受けたとき

(借方)	現金預金	100	(貸方)	国庫補助金受贈益	100

② 税務上の処理
　ⅰ) 圧縮記帳を行わない場合
　　税務上の固定資産取得の仕訳

(借方)	固定資産	200	(貸方)	現金預金	200

　　税務上の減価償却の仕訳

(借方)	減価償却費	100	(貸方)	減価償却累計額	100

減価償却費＝取得価額200円÷耐用年数2年＝100円

税額の計算　　　　　　　　（単位：円）

①	益金	売上	100
		国庫補助金受贈益	100
②	損金	固定資産圧縮損	0
		減価償却費	100
③	課税所得（①－②）		100
④	税率		40%
⑤	納付税額（③×④）		40

固定資産圧縮損は計上されないため課税所得が発生し、納付税額も発生する

ii) 圧縮記帳を行う場合

税務上の固定資産取得の仕訳

（借方）	固定資産	200	（貸方）	現金預金	200

税務上の固定資産圧縮記帳の仕訳

（借方）	固定資産圧縮損	100	（貸方）	固定資産	100

税務上の減価償却の仕訳

（借方）	減価償却費	50	（貸方）	減価償却累計額	50

減価償却費＝（取得価額200円－固定資産の圧縮額100円）÷耐用年数2年＝50円

税額の計算　　　　　　　　（単位：円）

①	益金	売上	100
		国庫補助金受贈益	100
②	損金	固定資産圧縮損	100
		減価償却費	50
③	課税所得（①－②）		50
④	税率		40%
⑤	納付税額（③×④）		20

固定資産圧縮損が計上されるが、減価償却費は小さくなる

第4章　会社が補助金を申請する場合の会計と税務

特定の研究開発目的資産に圧縮記帳を行う場合の損益計算書、貸借対照表及び別表は次のとおりである。

(1) 損益計算書の抜粋

```
（販売費及び一般管理費）
  研究開発費              200        ← 会計上は特定の研究開発目的資産の
（特別利益）                              取得原価は「研究開発費」として発
  国庫補助金受贈益        100           生時に費用処理される
```

(2) 貸借対照表の抜粋

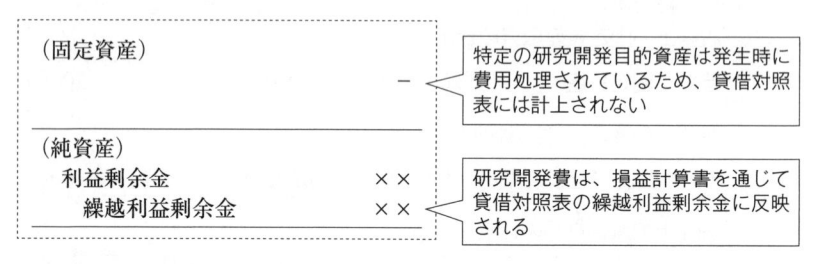

```
（固定資産）
                          －        ← 特定の研究開発目的資産は発生時に
                                        費用処理されているため、貸借対照
                                        表には計上されない
（純資産）
  利益剰余金              ××
    繰越利益剰余金        ××      ← 研究開発費は、損益計算書を通じて
                                        貸借対照表の繰越利益剰余金に反映
                                        される
```

(2) 別表四の抜粋

圧縮記帳を行った事業年度の別表四は次のとおりである。

区　分		総　額	処　分	
			留　保	社外流出
		①	②	③
当期利益又は当期欠損の額	1	××	××	配当 ××
				その他 ××
加算	試験研究費否認	2	200	200
		3		
	小　計	4	××	××
減算	固定資産圧縮損	5	100	100
	減価償却費認容	6	50	50
	小　計	7		
仮　計				

税務上、当該研究開発費は損金として認められないため、別表四でいったん全額加算する

固定資産圧縮損と減価償却費は、税務上計上が認められるため別表四で減算する

29 その他の経費に関する会計処理と税務処理はどのように行うか

> **Point!!** 圧縮記帳の適用はない

　圧縮記帳の適用対象となる国庫補助金等は「固定資産の取得または改良に充てられるもの」に限られている。そのため、固定資産の取得を目的としないその他の経費に対して補助金の交付を受けた場合は、圧縮記帳のような処理は行わない。したがって、補助金収入は交付を受けた事業年度の益金の額に算入され、課税対象となる。

設 例

当社は旅費交通費を支払う補助事業を行った。支払った旅費交通費は200円、交付を受けた補助金の額は150円であった。その他、売上が50円発生している。

① 会計上の処理

費用を支払ったとき

(借方)	旅費交通費	200	(貸方)	現金預金	200

補助金の交付を受けたとき

(借方)	現金預金	150	(貸方)	国庫補助金受贈益	150

② 税務上の処理

税額の計算　　　　　　（単位：円）

①	益金	売上	50
		国庫補助金受贈益	150
②	損金	旅費交通費	200
③	課税所得（①－②）		0
④	税率		40%
⑤	納付税額（③×④）		0

国庫補助金受贈益に見合う旅費交通費（損金）が計上され、補助金への課税が回避されている

第4章　会社が補助金を申請する場合の会計と税務

設例の税務上の処理をみるとわかるように、経費に対して補助金交付を受けた場合は、圧縮記帳のような特別な処理を行わなくても国庫補助金受贈益に見合う損金が計上されているため、補助金への課税が回避されている。

> **コラム　土地の圧縮記帳を行うと課税を半永久的に繰り延べることができる？**
>
> 　建物など減価償却を行う資産（償却性資産）は、取得後に減価償却を行う。圧縮記帳を行うと減価償却費算定の基礎となる固定資産の取得価額（要償却額）が小さくなるため、減価償却費も圧縮記帳を行わない場合と比較して少なくなる。減価償却費が少なくなることにより課税所得はその分大きくなり、納付税額も増加する。このように補助金により償却性資産を取得した場合には、資産の減価償却期間についてのみ課税を繰り延べることが可能となる。
> 　一方、補助金で土地を取得した場合はどうか　土地は非償却性資産であり、減価償却を行わないことから、圧縮記帳を行っても土地を保有している限りは翌期以降の課税所得を大きくすることはない。よって、私見では、土地に圧縮記帳を行う場合、土地を保有している限りは補助金に対する課税を繰り延べることが可能と考えられる。
> 　ただし、土地を売却した際には、土地の取得価額が小さくなっているため、圧縮記帳を行わない場合に比べて土地の売却益が大きく（もしくは売却損が小さく）計上される。これにより、所得税額が大きくなることに伴って納付税額も増加する。補助金で土地を取得した場合であっても、補助金に対する課税の完全な回避を行うことはできない。

第5章 個人事業者が補助金を申請する場合の会計と税務

　本章では、個人事業者が補助金の交付を受けた場合にどのような処理を行えばよいかについて解説する。法人では税金の支払を将来に繰り延べるための方法として圧縮記帳が認められている。個人事業者には総収入金額不算入処理が認められており、圧縮記帳と同様の効果がある。この総収入金額不算入処理を中心に個人事業者が行うべき処理について紹介する。

1 所得税の確定申告とは何か

> **Point!!** 所得税の申告には、青色申告と白色申告の2種類がある

(1) 所 得 税

法人税は法人が一事業年度に得た所得に対して課税される税であるのに対し、所得税とは、原則として個人が一課税対象期間（1月1日から12月31日まで）に得た所得に対して課税される税である。

(2) 所得の種類

所得は以下の10種類に区分される。

No.	名　称	内　容
1	利子所得	公社債の利子等に係る所得
2	配当所得	法人から受ける配当や投資信託からの収益分配等に係る所得
3	不動産所得	不動産の貸付による地代や家賃等に係る所得
4	事業所得	農業、製造業などの事業から生じる所得
5	給与所得	勤務先から受ける給料、賞与などの所得
6	退職所得	退職により勤務先から受ける退職手当や厚生年金保険法に基づく一時金などの所得
7	譲渡所得	資産を譲渡することにより生じる所得のうち、事業所得に該当しないもの
8	山林所得	山林を伐採して譲渡したり、立木のままで譲渡することによって生ずる所得
9	一時所得	上記1～8のいずれの所得にも該当しない、労務の対価としての性質や資産の譲渡による対価としての性質を有しない一時の所得
10	雑所得	上記のすべてに当てはまらない所得

事業所得等がある場合、所得税の確定申告が必要となる。確定申告は確定申告書を作成して税務署に提出し、税金を納付することにより行われる。

(3) 青色申告と白色申告

　不動産所得や事業所得又は山林所得が生ずる業務を行う人（個人事業者）が、必要な書類を作成して税務署に青色申告の申請書を提出し、承認を受けた場合に青色申告書の提出を行うことができる個人事業者を青色申告者といい、青色申告者はさまざまな税務上の特典を受けることが認められている。なお、青色申告者以外の者を白色申告者という。

　なお、青色申告者が受けられる税務上の特典の一部は次のとおりである。

> ① 青色申告特別控除
> 　最高65万円または10万円の所得控除を行うことができる。
> ② 青色事業専従者給与
> 　青色申告者と生計を一にしている配偶者やその他の親族に支払った給与について、要件を満たせば必要経費に算入することができる。
> ③ 純損失の繰越控除
> 　事業所得などに損失（赤字）の金額がある場合で、損益通算の規定を適用してもなお控除しきれない部分の金額（純損失の金額）が生じたときには、その損失額を翌年以後3年間にわたって繰り越して、各年分の所得金額から控除することができる。
> ④ 純損失の繰戻還付
> 　前年も青色申告をしている場合は、純損失の繰越しにかえて、その損失額を生じた年の前年に繰り戻して、前年分の所得税の還付を受けることもできる。

(4) 確定申告の方法

　個人事業者が確定申告を行う際に必要な書類は次のとおりである。青色申告者と白色申告者で違いがある。

青色申告者	白色申告者
青色申告書 青色申告決算書 貸借対照表	白色申告書 収支内訳書

　なお青色申告者は、上記の書類以外にも現金出納帳や売掛金台帳、買掛金台帳及び固定資産台帳等を業態に応じて備え付けておく必要がある。

❷ 個人事業者は圧縮記帳を行うことができるか

> **Point!!** 圧縮記帳と同様の処理を行うことが認められている

(1) 個人事業者における取扱い

個人事業者が国庫補助金の交付を受けた場合にも、補助金収入は所得税法上の所得として収入金額に算入される。

そのため、何の手当も行わない場合には、会社の場合と同様に交付を受けた国庫補助金に対して所得税を納付する義務が発生するため、当初予定していた固定資産の取得が不可能となってしまう可能性がある。

(2) 個人事業者における圧縮記帳

所得税法でも法人税法と同様に、国庫補助金の交付によって当初予定していた固定資産の取得を可能にするために、国庫補助金に一時に課税が行われないための措置が講じられている。すなわち、個人事業者においても、一定の要件を満たせば圧縮記帳と同様の処理を行うことが認められている。これを「国庫補助金等の総収入金額不算入」という。

(3) 国庫補助金等の総収入金額不算入の対象となる個人業者

国庫補助金等の総収入金額不算入の処理（以下、「総収入金額不算入処理」）は、青色申告者・白色申告者を問わず適用することができる。青色申告決算書もしくは収支内訳書の「減価償却費の計算」における減価償却資産の取得価額欄に、取得価額から国庫補助金等の額を差し引いた金額を記入することにより「総収入金額不算入」を行う。

減価償却費の計算（抜粋）

(単位：円)

減価償却資産の名称等（繰延資産を含む）	面積又は数量	取得年月	(イ)取得価額（償却保証額）	(ロ)償却の基礎になる金額	償却方法	耐用年数	(略)	摘要
A資産	1	年月×3・12	50	50	定額法	5年		
計								

取得価額欄には、取得に要した金額から補助金収入のうち総収入金額不算入処理した金額を差し引いた金額を記入する

　また、総収入金額不算入処理を行った場合は、「国庫補助金等の総収入金額不算入に関する明細書」を作成し所得税の確定申告書に添付する必要がある（基本的な作成方法は第8節を参照）。

(4) **総収入金額不算入処理の効果**

　総収入金額不算入の処理を行う場合、減価償却は固定資産の取得のために要した金額から収入金額に算入されなかった国庫補助金等の額を控除した残額を基礎に行うため、減価償却費は国庫補助金等の額を収入金額に算入した場合に比べて小さくなる。その結果、減価償却を行う課税対象期間において課税所得が大きくなる。

　このように、個人事業者においても総収入金額不算入処理によって課税の完全な回避を行うことはできず、課税を繰り延べる効果を有するのみである。また、青色申告者に適用される純損失の繰越しに期限があることからも、総収入金額不算入処理を行うか否かの有利判定が必要となる。

(5) **総収入金額不算入処理の有利判定**

　圧縮記帳と同様に、「総収入金額不算入処理」を行うのが有利な場合と、有利にならない場合がある。判定表は次のとおりである。

		当課税対象期間の期首において純損失の繰越はあるか		
		Yes		No
当課税対象期間において課税所得は発生しているか（※）	Yes	課税所得＞純損失の繰越額	（ケース１）総収入金額不算入処理をする	（ケース３）総収入金額不算入額処理をする
		課税所得≦純損失の繰越額	（ケース２）総収入金額不算入処理をしない	
	No	（ケース４）総収入金額不算入額処理をしない		

（※） ここでいう課税所得とは、国庫補助金等の総収入金額不算入処理を行う前の純損失控除前課税所得である。

　総収入金額不算入処理を行うと有利になるのは、ケース１とケース３の場合であるから、この処理を行う際は、各事業者がどのような状況にあるのかを把握し、実施することが有利であることを確かめることが必要である。

(6) **総収入金額不算入処理の適用要件**

　総収入金額不算入処理を行う要件は次のとおりであり、これら３つの要件を満たして初めて実施することが可能となる。

---

① 個人事業者が国庫補助金等の交付を受けること
② その年にその国庫補助金等によりその交付の目的に適合した固定資産を取得または改良すること
③ 国庫補助金等の返還を要しないことがその年の12月31日までに確定すること

---

　③の国庫補助金等の返還を要しないことが確定するのは、各省各庁による完了検査が終了し、補助金の額を確定させた時であると考えられる。

　補助金制度によって、次のような条件が付されていることがあるが、これらの条件があるために返還を要しないことが確定していないと考える必要はないと思われる。

---

① 交付の条件に違反した場合には返還しなければならない
② 一定期間内に相当の収益が生じた場合には返還しなければならない

⑺ **総収入金額不算入処理の要件に関する実務上の留意点**

　総収入金額不算入の処理を行うには、「固定資産の取得」、「国庫補助金の交付」、「返還不要の確定」という3つの要件を満たす必要があるが、実務ではこれらの要件は必ずしも同じ年度に満たされるとは限らない。総収入金額不算入処理は、3つの要件が満たされるタイミングの違いにより4つのケースに分類することができる。それぞれのケースに応じて異なる会計処理・税務処理を行う必要がある。

⑻ **現物資産の交付を受けた場合**

　国庫補助金として現金の交付を受けるのではなく、現物資産の交付を受けた場合においても、受領した固定資産の時価相当額は原則として総収入の金額に算入しない（所得税法42条2項）。

⑼ **国庫補助金等の範囲**

　総収入金額不算入処理の対象となる国庫補助金等は固定資産の取得または改良に充てるために交付される助成金、給付金または補助金である（所得税法42条1項）。

　具体的には、次のようなものが該当する。

---

① 国の補助金又は給付金
② 地方公共団体の補助金又は交付金
③ 障害者の雇用の促進等に関する法律に基づく独立行政法人高齢・障害者雇用支援機構の助成金で一定の業務に係るもの
④ 雇用福祉業務の廃止に伴う経過措置に基づく独立行政法人雇用・能力開発機構の助成金で一定の業務に係るもの
⑤ 福祉用具の研究開発及び普及の促進に関する法律に基づく独立行政法人新エネルギー・産業技術総合開発機構の助成金で一定の業務に係るもの
⑥ 独立行政法人新エネルギー・産業技術総合開発機構法に基づく独立行政法人新エネルギー・産業技術総合開発機構の助成金で一定の業務に係るもの
⑦ 公共用飛行場周辺における航空機騒音による障害の防止等に関する法律に基づく独立行政法人空港周辺整備機構又は成田国際空港株式会社の補助金
⑧ 独立行政法人農畜産業振興機構法に基づく独立行政法人農畜産業振興機構の補助金
⑨ 日本たばこ産業株式会社法に基づく葉たばこ生産基盤強化のための助成金で一定の事業に係るもの
（所得税法施行令89条、所得税法施行令の一部を改正する政令91条）

3 想定されるケースと処理はどのように行うか

Point!! 4つのケースのいずれも課税の繰り延べが可能である

　総収入金額不算入処理を行うための3つの要件（①固定資産の取得、②補助金の交付、③返還不要の確定）が満たされるタイミングの違いにより、総収入金額不算入処理は4つのケースに分類することができる。それぞれのケースで、総収入金額不算入処理を行う課税対象期間や総収入金額不算入額が異なる。

ケース	想定されるケース	処理を行う期間	総収入金額不算入額	解説
A	すべての要件が同じ課税対象期間に満たされた場合	補助金の返還不要が確定する期間	国庫補助金等のうち、その固定資産の取得または改良に充てた部分の金額に相当する金額	4節
B	「固定資産の取得」が先行し、「補助金の交付」「返還不要の確定」が翌年以降になる場合	補助金の返還不要が確定する期間	固定資産の取得または改良に充てた部分の金額に相当する金額（返還不要が確定した期間に、一部金額を収入に算入）	5節
C	「固定資産の取得」が行われた年に「補助金の交付」を受けたが、「返還不要の確定」が翌年度以降になる場合	補助金の返還不要が確定する期間	固定資産の取得または改良に充てた部分の金額に相当する金額（返還不要が確定した期間に、一部金額を収入に算入）	6節
D	「補助金の交付」を受けたが、「固定資産の取得」「返還不要の確定」が翌年以降となる場合	補助金の返還不要が確定する期間	固定資産の取得または改良に充てた部分の金額に相当する金額（返還不要が確定した期間に、一部金額を収入に算入）	7節

（※）　ここで「処理を行う期間」とは、総収入金額に算入しない金額が確定すると考えられる期間のことをいう。

ケースごとに、3つの要件が満たされるタイミングを明示すると、次のとおりとなる。

想定ケース	固定資産の取得	補助金の交付	返還不要の確定
ケースA	当課税対象期間	当課税対象期間	当課税対象期間
ケースB	当課税対象期間	翌課税対象期間以降	翌課税対象期間以降
ケースC	当課税対象期間	当課税対象期間	翌課税対象期間以降
ケースD	翌課税対象期間以降	当課税対象期間	翌課税対象期間以降

ケースAでは、補助金のうち、固定資産の取得等のために充てた部分の金額に相当する金額を総収入金額に算入しないこととされている。

固定資産を先行取得するケースBでは、国庫補助金等の交付を受け返還不要が確定するまでの間、固定資産は取得価額を基礎として減価償却が行われる。翌課税対象期間以降に補助金の交付を受け同期間に返還不要が確定した場合に、固定資産の取得価額、帳簿価額、補助金の額から収入金額に算入する額を求める。補助金の額から当該金額を控除した金額が固定資産の所得に充当された金額と考えられる。

ケースC、ケースDでは、補助金の交付を受けた期間に補助金の全額を総収入金額不算入とする。翌課税対象期間以降に補助金の返還を要しないことが確定した場合に、固定資産の取得価額、帳簿価額、補助金の額から収入金額に参入する額を求める。国庫補助金の額から当該金額を控除した金額が固定資産の所得に充当された金額と考えられる。

❹ ケースAの処理はどのように行うか

> **Point!!** 固定資産を取得した課税対象期間に総収入金額不算入処理を行う

　ケースAは、固定資産を取得したのと同じ課税対象期間内に補助金の交付を受け返還不要が確定した場合であるが、事業者は次の金額を限度に、国庫補助金等を総収入金額に算入しない（所得税法42条1項）。

　国庫補助金等の総収入金額不算入限度額は次のとおり。

> 国庫補助金等のうち、その固定資産の取得または改良に充てた部分の金額に相当する金額

　また、固定資産の取得価額は、取得に要した金額から総収入金額不算入処理を行った国庫補助金等の額を控除した額となる。

> （固定資産の取得価額）＝（固定資産の取得に要した金額）－（総収入金額不算入処理を行った国庫補助金等の額）

> **設　例**
> 　事業者X（白色申告者）は×1年1月に補助金の交付目的に適合したR固定資産を600円で取得し、同年に国庫補助金300円の交付を受け、同年末において返還不要が確定した。
> 　なお減価償却方法として耐用年数3年の定額法を採用する。

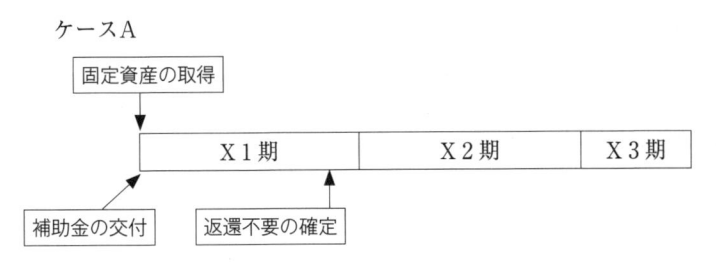

ケースA

```
固定資産の取得
    ↓
┌────────┬────────┬────────┐
│  X1期  │  X2期  │  X3期  │
└────────┴────────┴────────┘
  ↑    ↑
補助金の交付  返還不要の確定
```

(1) ×1年の収支内訳書

国庫補助金等の総収入金額不算入限度額は、次のとおりとなる。

> 補助金交付額300円＜R固定資産の取得支出額600円⇒300円

固定資産取得に係る支出が補助金交付額を上回っているため、総収入金額不算入限度額は補助金交付額300円となる。国庫補助金収入300円から総収入金額不算入限度額300円を控除すると収入に計上する補助金は0円となり、収支内訳書上「その他の収入」欄に0円と記入する。

一方、R固定資産の取得価額は、次のように計算する。

> R固定資産の取得に要した金額600円－総収入金額不算入処理を行った国庫補助金等の額300円＝300円

取得支出額600円から国庫補助金等の総収入金額不算入額300円を差し引いた300円を、収支内訳書中の「減価償却費の計算」の「(イ)取得価額」の欄に記入する。

収支内訳書（抜粋）

	科　目		金額（円）
収入金額	売上（収入）金額	①	××
	家事消費	②	××
	その他の収入	③	0
	計（①＋②＋③）	④	×××

←「その他の収入」に補助金収入は計上しない

R資産の減価償却費が「経費」に計上される。減価償却費は、次のように計算される。

R資産の取得価額300円÷耐用年数3年＝減価償却費100円

収支内訳書（抜粋）

科	目		金額（円）
（省略）			
経費	消耗品費	17	××
	減価償却費	18	100
	福利厚生費	19	××
	給料賃金	20	××
	（省略）		
	経費計	32	×××
（省略）			

→ 経費に減価償却100円を計上する

減価償却費の計算（抜粋）

（単位：円）

減価償却資産の名称等（繰延資産を含む）	面積又は数量	取得年月	（イ）取得価額（償却保証額）	（ロ）償却の基礎になる金額	償却方法	耐用年数	（ハ）償却率又は改定償却率	（ニ）本年中の償却期間	（ホ）本年分の普通償却費（ロ×ハ×ニ）	（ヘ）特別償却費	（ト）本年分の償却費合計	（略）	（ヌ）未償却残高（期末残高）	摘要
R資産	1	年月 ×1・1	300	300	定額法	3年	0.334	$\frac{12}{12}$月	100	0	100		200	
計									100	0	100		200	

取得価額には、補助金等の総収入金額不算入額を控除した300円と記入する

取得価額を300円とした場合の減価償却費を記入する

(2) ×2年の収支内訳書

R資産の減価償却費が「経費」に計上される。減価償却費は、次のように計算される。

> R資産の取得価額300円÷耐用年数3年＝減価償却費100円

収支内訳書（抜粋）

科　　目		金額（円）
（省略）		
経費	消耗品費　17	××
	減価償却費　18	100
	福利厚生費　19	××
	給料賃金　20	××
	（省略）	
	経費計　32	×××
（省略）		

※経費に減価償却100円を計上する

減価償却費の計算（抜粋）

（単位：円）

減価償却資産の名称等（繰延資産を含む）	面積又は数量	取得年月	(イ)取得価額(償却保証額)	(ロ)償却の基礎になる金額	償却方法	耐用年数	(ハ)償却率又は改定償却率	(ニ)本年中の償却期間	(ホ)本年分の普通償却費（ロ×ハ×ニ）	(ヘ)特別償却費	(ト)本年分の償却費合計	(略)	(ヌ)未償却残高（期末残高）	摘要
R資産	1	年月×1・1	300	300	定額法	3年	0.334	12/12月	100	0	100		100	
計									100	0	100		100	

※取得価額を300円とした場合の減価償却費を記入する

×3年の収支内訳書も×2年と同様に記載する。

5 ケースBの処理はどのように行うか

Point!! 固定資産を取得したが補助金の交付が翌期以降となる場合には、補助金の交付年度にて総収入金額不算入処理を行う

　ケースBは、固定資産の取得が先行し、補助金の交付、補助金の返還不要の確定が翌年以降になる場合である。

　固定資産を取得したが補助金の交付が翌期以降となる場合には、どのように処理するか税法上明文化された規定がない。

　私見であるが、固定資産の取得を目的とする補助金であるなら、4節と同様に課税の繰り延べに関する処理が認められると考えられる。ただし、補助金にはさまざまな種類があり交付を受ける際の状況も異なるため、実際にそのような処理することができるか否かは、補助金の交付を受ける際に課税当局等に確認する必要がある。

　固定資産を取得した年においては取得に要した金額を基に減価償却費を計上する。

　翌期以降に交付を受け、その国庫補助金等の全部または一部の返還を要しないことが確定した場合には、次の算式で計算した金額を、その確定した日の属する年度の事業所得等の金額の収入金額に算入すると考えられる。

> 収入金額算入額＝a－a×b÷c
> 　a：返還を要しないことが確定した金額
> 　b：返還を要しないことが確定した日における国庫補助金等によって取得した固定資産の帳簿価額
> 　c：国庫補助金等によって取得した固定資産の取得金額

　補助金の返還不要が確定した課税対象期間以降における国庫補助金等により取得した固定資産に関する減価償却費の計算は、その国庫補助金等相当額

を控除した取得価額を基礎として行うと考えられる。

> **設例**
>
> 事業者Z（青色申告者）は×1年1月に補助金の交付目的に適合したT固定資産を600円で取得した。翌×2年に国庫補助金300円の交付を受け、返還不要が確定した。
> なお減価償却は×1年から実施する。減価償却方法として耐用年数3年の定額法を採用する。

それぞれの要件が満たされた時期を図で示すと次のようになる。

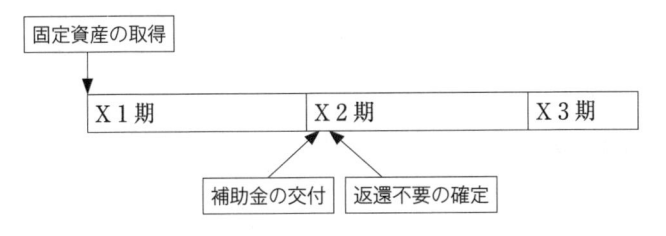

ケースB

```
         固定資産の取得
              │
              ▼
    ┌─────────┬─────────┬─────────┐
    │  X1期   │  X2期   │  X3期   │
    └─────────┴─────────┴─────────┘
                ▲    ▲
                │    │
           補助金の交付  返還不要の確定
```

(1) ×1年の青色申告決算書

　国庫補助金の交付を受けていないため、収入に計上する補助金は0円となり、収支内訳書上「その他の収入」欄には0円と記入する。
　減価償却費は、固定資産の取得に要した金額を基礎として、次のように計算される。

T固定資産の取得価額600円÷耐用年数3年＝200円

青色申告決算書（抜粋）

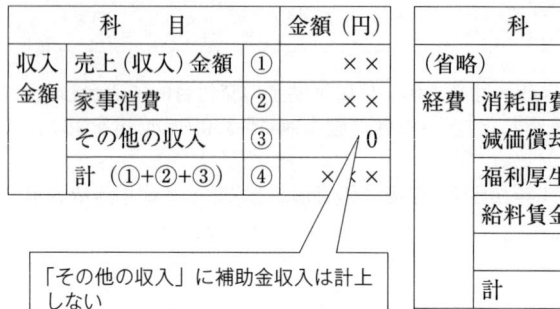

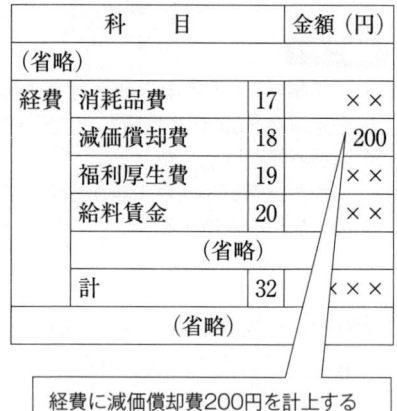

科　　目		金額（円）
収入金額	売上(収入)金額 ①	××
	家事消費 ②	××
	その他の収入 ③	0
	計（①+②+③）④	××

「その他の収入」に補助金収入は計上しない

科　　目		金額（円）
（省略）		
経費	消耗品費　17	××
	減価償却費　18	200
	福利厚生費　19	××
	給料賃金　20	××
（省略）		
	計　32	××
（省略）		

経費に減価償却費200円を計上する

「減価償却費の計算」は次のように記入する。

減価償却費の計算（抜粋）

（単位：円）

減価償却資産の名称等（繰延資産を含む）	面積又は数量	取得年月	(イ)取得価額(償却保証額)	(ロ)償却の基礎になる金額	償却方法	耐用年数	(ハ)償却率又は改定償却率	(ニ)本年中の償却期間	(ホ)本年分の普通償却費(ロ×ハ×ニ)	(ヘ)特別償却費	(ト)本年分の償却費合計	(略)	(ヌ)未償却残高（期末残高）	摘要
T資産	1	年月×1・1	600	600	定額法	3年	0.334	$\frac{12}{12}$月	200	0	200		400	
計									200	0	200		400	

取得価額を600円とした場合の減価償却費を記入する

貸借対照表（抜粋）

（単位：円）

資産の部		
科　目	1月1日（期首）	12月31日（期末）
固定資産	0	400

(2) ×2年の青色申告決算書

補助金に係る収入金額算入額は、次のとおりである。

> 収入金額算入額＝a−a×b÷c＝300円−300円×400円÷600円＝100円
> 　a：返還を要しないことが確定した金額　300円
> 　b：返還を要しないことが確定した日における国庫補助金等によって取得した固定資産の帳簿価額　400円
> 　c：国庫補助金等によって取得した固定資産の取得金額　600円

一方、交付された補助金の返還不要が確定したため、T固定資産の取得価額は当初の取得価額から補助金交付額を控除する。よってT固定資産の補助金控除後の取得価額は次のように計算する。

> 補助金控除後の取得価額＝当初の取得価額600円−補助金交付額300円＝300円

T固定資産の減価償却費は次のように計算する。

> 補助金控除後の帳簿価額
> 　　　＝（当初の取得価額600円）−（×1年の減価償却費200円）−（補助金300円−収入金額算入額100円）＝200円
> 減価償却費＝（補助金控除後の帳簿価額200円）÷残存耐用年数2年＝100円

また、期末のT固定資産の未償却残高は次のように計算する。

> 期末の未償却残高＝期首の未償却残高400円−（補助金交付額300円−補助金に係る収入金額算入額100円）−（当課税対象期間の減価償却費100円）＝100円

青色申告決算書（抜粋）

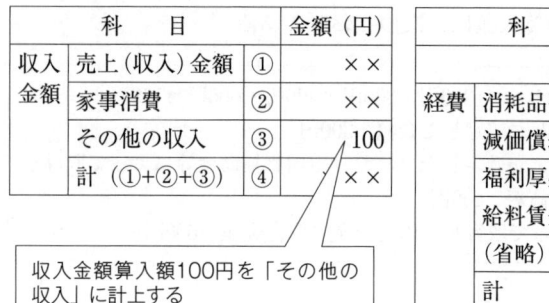

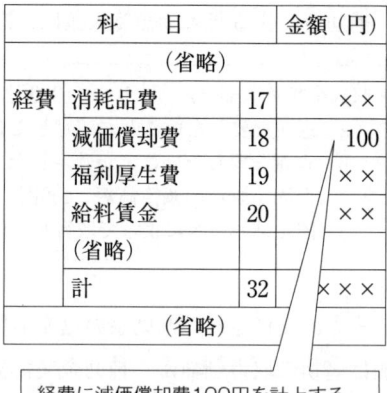

	科　　目		金額（円）
収入金額	売上（収入）金額	①	××
	家事消費	②	××
	その他の収入	③	100
	計（①+②+③）	④	××

	科　　目		金額（円）
	（省略）		
経費	消耗品費	17	××
	減価償却費	18	100
	福利厚生費	19	××
	給料賃金	20	××
	（省略）		
	計	32	×××
	（省略）		

収入金額算入額100円を「その他の収入」に計上する

経費に減価償却費100円を計上する

「減価償却費の計算」は次のように記入する。

減価償却費の計算（抜粋）

（単位：円）

減価償却資産の名称等（繰延資産を含む）	面積又は数量	取得年月	(イ)取得価額（償却保証額）	(ロ)償却の基礎になる金額	償却方法	耐用年数	(ハ)償却率又は改定償却率	(ニ)本年中の償却期間	(ホ)本年分の普通償却費（ロ×ハ×ニ）	(ヘ)特別償却費	(ト)本年分の償却費合計	(略)	(ヌ)未償却残高（期末残高）	摘要
T資産	1	年月 ×1・1	300	300	定額法	3年	0.334	12/12月	100	0	100		100	
計									100	0	100		100	

取得価額には当初の取得価額から補助金交付額を控除した300円と記入する

未償却残高は100円と計算される

貸借対照表（抜粋）

（単位：円）

資産の部		
科　　目	1月1日（期首）	12月31日（期末）
固定資産	400	100

6 ケースCの処理はどのように行うか

Point!! 補助金の交付を受けた期間に補助金交付額を総収入金額不算入処理して、返還不要が確定したときに調整する

ケースCは、固定資産を取得し補助金の交付を受けたが、国庫補助金等の返還を要しないことがその年の12月31日までに確定していない場合である。このような場合にも国庫補助金等相当額を総収入金額に算入しないことができる（所得税法43条1項）。この場合の総収入金額不算入額は次のとおりである。

> 国庫補助金等のうち、その固定資産の取得または改良に充てた部分の金額に相当する金額

この場合、総収入金額不算入処理した補助金額は固定資産の取得価額から控除しない。固定資産の取得価額は固定資産の取得に要した金額となる。

> 固定資産の取得価額＝固定資産の取得に要した金額（総収入金額不算入処理を行った国庫補助金等の額は控除しない）

私見では、青色申告者の場合、総収入金額不算入処理した補助金額に相当する金額は、貸借対照表の「国庫補助金」の欄に計上して翌課税対象期間に繰り延べるものと考えられる。

ただし、その国庫補助金等の全部または一部の返還を要しないことが確定した場合には、次の算式で計算した金額を、その確定した日の属する年分の事業所得等の金額の収入金額に算入する必要がある（所得税法43条2項）。

> 収入金額算入額＝$a - a \times b \div c$
> a：返還を要しないことが確定した金額
> b：返還を要しないことが確定した日における国庫補助金等によって取得した固定資産の帳簿価額

> c：国庫補助金等によって取得した固定資産の取得金額

補助金の返還不要が確定した課税対象期間以降の国庫補助金等により取得した固定資産に関する減価償却費の計算は、その国庫補助金等相当額を控除した取得価額を基礎として行う（所得税法43条6項、所得税法施行令91条2項）。

設例

> 事業者Y（青色申告者）は×1年1月に補助金の交付目的に適合したS固定資産を600円で取得し、国庫補助金300円の交付を受けた（耐用年数は3年）が、返還不要が確定したのは翌年であった。
> なお減価償却は×1年から実施する。減価償却方法として耐用年数3年の定額法を採用する。

それぞれの要件が満たされた時期を図で示すと次のようになる。

ケースC

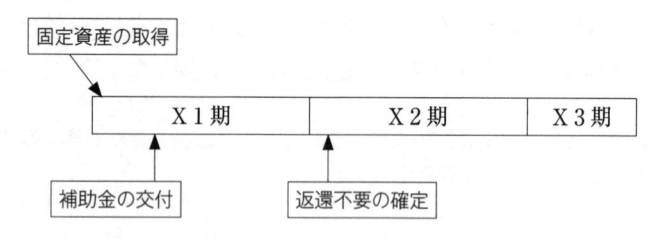

固定資産の取得		
X1期	X2期	X3期
↑補助金の交付	↑返還不要の確定	

(1) ×1年の青色申告決算書

国庫補助金等の総収入金額不算入額は、次のとおりとなる。

補助金交付額300円＜S固定資産の取得に要した金額600円⇒300円

S固定資産の取得に要した金額が補助金交付額を上回っているため、総収入金額不算入限度額は補助金交付額300円となる。このため、収入に計上する補助金は0円となり、収支内訳書上「その他の収入」欄には0円と記入する。

一方、交付された補助金は返還不要が確定していないため、S固定資産の

取得に要した金額から補助金交付額は控除しない。よってS固定資産の取得価額は600円となる。

減価償却費は、次のように計算される。

> S固定資産の取得価額600円÷耐用年数3年＝200円

青色申告決算書（抜粋）

収入金額	科目		金額（円）
収入金額	売上（収入）金額	①	××
	家事消費	②	××
	その他の収入	③	0
	計（①＋②＋③）	④	××

「その他の収入」に補助金収入は計上しない

	科目		金額（円）
	（省略）		
経費	消耗品費	17	××
	減価償却費	18	200
	福利厚生費	19	××
	給料賃金	20	××
	（省略）		
	計	32	××
	（省略）		

経費に減価償却費200円を計上する

「減価償却費の計算」は、次のように記入する。

減価償却費の計算（抜粋）

(単位：円)

減価償却資産の名称等（繰延資産を含む）	面積又は数量	取得年月	(イ)取得価額（償却保証額）	(ロ)償却の基礎になる金額	償却方法	耐用年数	(ハ)償却率又は改定償却率	(ニ)本年中の償却期間	(ホ)本年分の普通償却費（ロ×ハ×ニ）	(ヘ)特別償却費	(ト)本年分の償却費合計	(略)	(ヌ)未償却残高（期末残高）	摘要
S資産	1	年月×1・1	600	600	定額法	3年	0.334	12/12月	200	0	200		400	
計									200	0	200		400	

取得価額には、補助金交付額を控除しない600円を記入する

貸借対照表（抜粋）

(単位：円)

資産の部		
科　　目	1月1日（期首）	12月31日（期末）
固定資産	0	400
負債・資本の部		
科　　目	1月1日（期首）	12月31日（期末）
国庫補助金	0	300

交付を受けた補助金は、国庫補助金に計上して翌期に繰り延べる

(2) ×2年の決算書

補助金に係る収入金額算入額は、次のとおりとなる。

収入金額算入額＝a－a×b÷c＝300円－300円×400円÷600円＝100円
a：返還を要しないことが確定した金額　300円
b：返還を要しないことが確定した日における国庫補助金等によって
　　取得した固定資産の帳簿価額　400円
c：国庫補助金等によって取得した固定資産の取得金額　600円

一方、交付された補助金の返還不要が確定したため、S固定資産の取得価額は当初の取得価額から補助金交付額を控除する。よってS固定資産の補助金控除後の取得価額は、次のように計算する。

補助金控除後の取得価額＝当初の取得価額600円－補助金交付額300円＝300円

減価償却費は、次のように計算する。

補助金控除後の帳簿価額
　　　　　＝（当初の取得価額600円）－（×1年の減価償却費200円）－（補助金300円－収入金額算入額100円）＝200円
減価償却費＝（補助金控除後の帳簿価額200円）÷残存耐用年数2年＝100円

また、期末の未償却残高は、次のように計算する。

> 期末の未償却残高
> ＝期首の未償却残高400円－（補助金交付額300円－補助金に係る収入金額算入額100円）－当課税対象期間の減価償却費100円＝100円

青色申告決算書（抜粋）

	科　目		金額（円）
収入金額	売上（収入）金額	①	××
	家事消費	②	××
	その他の収入	③	100
	計（①+②+③）	④	××

収入金額算入額100円を「その他の収入」に計上する

	科　目		金額（円）
	（省略）		
経費	消耗品費	17	××
	減価償却費	18	100
	福利厚生費	19	××
	給料賃金	20	××
	（省略）		
	計	32	××
	（省略）		

経費に減価償却費100円を計上する

「減価償却費の計算」は、次のように記入する。

減価償却費の計算（抜粋）

(単位：円)

減価償却資産の名称等（繰延資産を含む）	面積又は数量	取得年月	(イ)取得価額（償却保証額）	(ロ)償却の基礎になる金額	償却方法	耐用年数	(ハ)償却率又は改定償却率	(ニ)本年中の償却期間	(ホ)本年分の普通償却費（ロ×ハ×ニ）	(ヘ)特別償却費	(ト)本年分の償却費合計	(略)	(ヌ)未償却残高（期末残高）	摘要
S資産	1	年月×1・1	300	300	定額法	3年	0.334	12/12月	100	0	100		100	
計									100	0	100		100	

取得価額には当初の取得価額600円から補助金交付額300円を控除した300円と記入する

未償却残高は100円と計算される

貸借対照表（抜粋）

(単位：円)

資産の部		
科　　目	1月1日（期首）	12月31日（期末）
固定資産	400	100
負債・資本の部		
科　　目	1月1日（期首）	12月31日（期末）
国庫補助金	300	0

期首の残高は、収入金額算入額100円、固定資産からの控除200円として処理され、0円となる。

7 ケースDの処理はどのように行うか

Point!! 補助金の交付を受けた期間に補助金交付額を総収入金額不算入処理して、補助金の返還不要が確定したときに調整する

ケースDは、補助金の交付を受けたが、固定資産の取得及び補助金の返還不要の確定が翌課税期間以降になる場合である。事業者は国庫補助金等の額に相当する金額を総収入金額に算入しない（所得税法43条）。

> **設例**
> 事業者D（青色申告者）は×1年に国庫補助金300円の交付を受けた。その翌年である×2年1月に返還不要が確定し、交付目的に適合したU固定資産の取得した。取得原価は600円であり、耐用年数は3年である。

それぞれの要件が満たされた時期を図で示すと、次のようになる。

ケースD

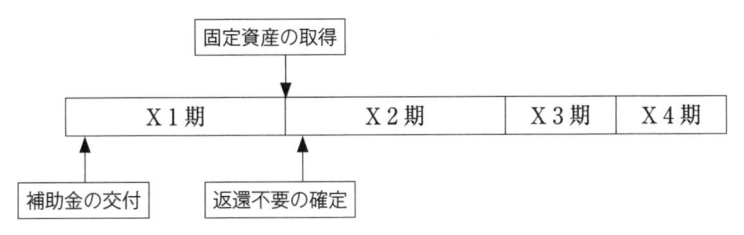

```
                  固定資産の取得
                      ↓
  |    X1期    |    X2期    |   X3期   |   X4期   |
       ↑            ↑
    補助金の交付   返還不要の確定
```

(1) ×1年の青色申告決算書

国庫補助金は総収入金額不算入処理を行っているため、収入に計上する補助金は0円となる。交付を受けた補助金は貸借対照表の「国庫補助金」に計上して翌期に繰り延べる。

一方、固定資産は取得していないため、固定資産の計上も減価償却も不要である。

第5章　個人事業者が補助金を申請する場合の会計と税務　191

青色申告決算書（抜粋）

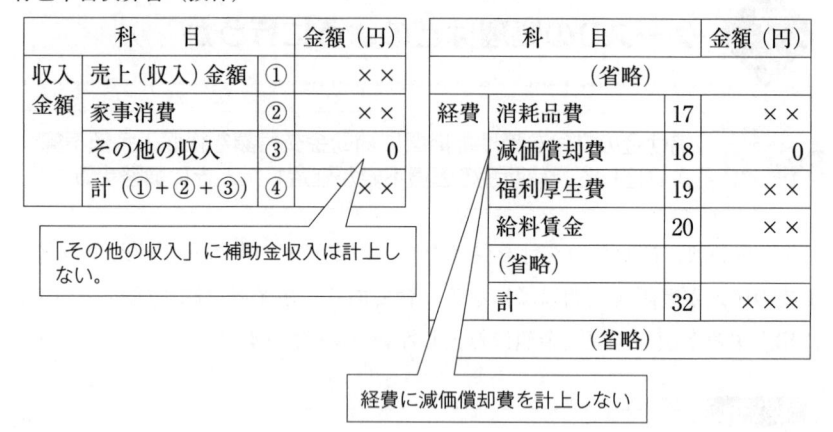

科　　目		金額（円）
収入金額	売上（収入）金額　①	××
	家事消費　②	××
	その他の収入　③	0
	計（①＋②＋③）　④	××

「その他の収入」に補助金収入は計上しない。

科　　目		金額（円）
（省略）		
経費	消耗品費　17	××
	減価償却費　18	0
	福利厚生費　19	××
	給料賃金　20	××
	（省略）	
	計　32	×××
（省略）		

経費に減価償却費を計上しない

貸借対照表（抜粋）

（単位：円）

資産の部		
科　　目	1月1日（期首）	12月31日（期末）
固定資産	0	0
負債・資本の部		
科　　目	1月1日（期首）	12月31日（期末）
国庫補助金	0	300

交付を受けた補助金は国庫補助金に計上し、翌期に繰り延べる

「減価償却費の計算」は不要であり、貸借対照表上も固定資産の計上は不要である。

(2) ×2年の青色申告決算書

固定資産の取得価額から補助金の交付額を控除する。減価償却費は、次のように計算される。

（固定資産の取得価額600円 − 補助金交付額300円）÷ 耐用年数3年 ＝ 100円

青色申告決算書（抜粋）

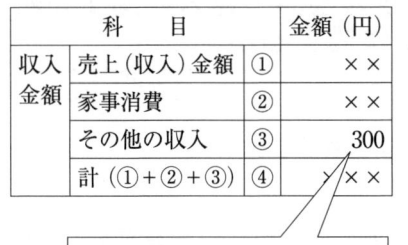

科　　目		金額（円）
収入金額	売上(収入)金額 ①	××
	家事消費 ②	××
	その他の収入 ③	300
	計（①+②+③）④	×××

科　　目		金額（円）
	（省略）	
経費	消耗品費　17	××
	減価償却費　18	100
	福利厚生費　19	××
	給料賃金　20	××
	（省略）	
	計　32	×××
	（省略）	

「その他の収入」に補助金収入は計上する

経費に減価償却費100円を計上する

減価償却費の計算（抜粋）

（単位：円）

減価償却資産の名称等（繰延資産を含む）	（略）	(イ)取得価額（償却保証額）	(ロ)償却の基礎になる金額	償却方法	耐用年数	(ハ)償却率又は改定償却率	(ニ)本年中の償却期間	(ホ)本年分の普通償却費(ロ×ハ×ニ)	(ヘ)特別償却費	(ト)本年分の償却費合計	（略）	(ヌ)未償却残高（期末残高）	摘要
U資産		300	300	定額法	3年	0.334	12/12 月	100	0	100		200	
計								100	0	100		200	

取得価額には、補助金交付額を控除した300円と記入する

貸借対照表（抜粋）

（単位：円）

資産の部		
科　　目	1月1日（期首）	12月31日（期末）
固定資産	0	200
負債・資本の部		
科　　目	1月1日（期首）	12月31日（期末）
国庫補助金	300	0

期首の国庫補助金は当課税期間において固定資産と相殺するため、期末残高は0円となる

第5章　個人事業者が補助金を申請する場合の会計と税務

8 「国庫補助金等の総収入金額不算入に関する明細書」はどのように作成するか

> **Point!!** 可能な限り具体的に記入する必要がある

　所得税の確定申告書に添付する「国庫補助金等の総収入金額不算入に関する明細書」の作成にあたっては、可能な限り具体的に記入することが必要である。記入するのは次の項目である。

(1) 共　　通

> ① 国庫補助金等の名称
> ② 国庫補助金等を交付した者
> ③ 交付の目的
> ④ 交付を受けた国庫補助金等の額又は国庫補助金等の交付にかわるべきものとして交付を受けた資産の種類及びその価額
> ⑤ 交付を受けた日

(2) 補助金の返還不要が確定した場合

　交付を受けた年の12月31日までに国庫補助金等の返還を要しないことが確定した場合は、次の項目を記入する。

> ① 交付を受けた国庫補助金等で取得（改良）した固定資産の明細
> ② 返還を要しないことが確定した日

(3) 補助金の返還不要が確定しない場合

　交付を受けた年の12月31日までに、国庫補助金等の返還を要しないことが確定しない場合は、次の項目を記入する。

① 交付の条件
② 交付を受けた国庫補助金等で取得（改良）しようとする固定資産の取得（改良）予定年月日
③ 交付を受けた国庫補助金等で取得（改良）しようとする固定資産の取得（改良）に要する金額の見込額

設例

事業者AはV資産（機械装置）を×1年1月1日に1,000円で取得し、同事業年度中に□□補助金制度に基づき○○省からV資産の取得に関する国庫補助金750円の交付を受けた。交付を受けたのは×1年10月1日であり、返還不要は同日に確定している。

×1年の確定申告において750円を総収入金額の不算入処理した場合の「国庫補助金等の総収入金額不算入に関する明細書」は、次のとおりである。

国庫補助金等の総収入金額不算入に関する明細書				
（平成　　年分）				氏名＿＿＿＿＿＿＿＿＿＿
国庫補助金等の名称				□□補助金
国庫補助金等を交付した者				○○省
交付の目的				V固定資産の取得
交付を受けた国庫補助金等の額又は国庫補助金等の交付に代わるべきものとして交付を受けた資産の種類及びその価額				750円
交付を受けた日				平成X1年10月1日
交付を受けた年の12月31日までに国庫補助金等の返還を要しないことが確定した場合	交付を受けた国庫補助金等で取得（改良）した固定資産の明細			種類：機械装置 取得日：平成X1年1月1日 取得価額：1,000円
^^	返還を要しないことが確定した日			平成X1年10月1日
交付を受けた年の12月31日までに、国庫補助金等の返還を要しないことが確定しない場合	交付の条件			
^^	交付を受けた国庫補助金等で取得（改良）しようとする固定資産の取得（改良）予定年月日			平成　　年　　月　　日
^^	交付を受けた国庫補助金等で取得（改良）しようとする固定資産の取得（改良）に要する金額の見込額			円
^^	^^	内訳		円
^^	^^	^^		
^^	^^	^^		
その他参考事項				

第6章 事業計画

　本章では、事業計画の作成に関する概要を解説する。企業が自身の理想像に近づくため、自己分析を行い、目標を設定し、戦略を練ることが必要であり、それらをふまえて実際に行動に移すための指針として、具体化してまとめたものが事業計画である。補助金の申請を行う際にも、申請者の将来の事業計画及びそのなかでの補助金の位置づけが問われる。

　社会にとって有効であり、実現可能性が高い事業計画のもとで、補助金が活用されることが望ましいと考えられることがひとつの理由である。補助金申請における事業計画の作成の際に参考にしてほしい。

① 事業計画はどのようなプロセスで作成するか

Point!! 現状分析の深さが抜本的で実現性のある事業計画につながる

(1) 事業計画の作成プロセス

経営上の重要な企画である事業計画の作成は、企画の標準的なプロセスに従って、「現状分析」→「問題点・課題の把握」→「経営改善施策の策定」→「事業計画書の作成」というプロセスで進めるのが一般的である。

いわば、「つかむ」→「ねらう」→「つくる」の流れとなる。

(2) つかむ

事業計画を策定しようとするときには、経営実態を総合的にかつ具体的に把握・分析することから始めねばならない。

第1のステップとしては、実績としての「決算書の分析」から入るのが効果的である。なぜなら、決算書は各事業年度における経営の総合的で具体的な結果を表したものといえるからである。本章では、事業計画の策定に必要な決算書の分析について、中小企業等が自社の経営を分析するという視点から、できるだけ平易に説明する。

第2のステップは、決算書に結実した経営の諸要素、すなわち生産、販売、製商品、人事、組織体制などの分析に加えて、企業が属する業界など外部環境についても把握するとともに将来予想を加味して分析を深めていく。その整理手法としてSWOT分析（12節〜14節参照）を説明する。

なお、経営実態の把握には、どのような視点を置くかが重要であるが、バランス・スコアカードの手法を取り入れ、財務の視点、顧客の視点、業務プロセスの視点、人材と変革の視点という4つの視点を説明した。

(3) ねらう

現状分析の次に、経営の改善に向けたさまざまな施策を検討する。なお、現状分析を具体的に進めて問題点や課題を整理・把握する過程で、おのずと

改善の方向性がみえてくることが多い。そのように、「つかむ」ことと「ねらう」こととは、重複・関連しながら進行する。

本章では、「つかむ」プロセスに用いたSWOT分析の結果を引き継ぎ、対策を整理するクロス表の作成方法を説明する。また、バランス・スコアカードの視点等により整理した事項の相互関係の構造化（因果関係の明確化）についても触れる。

(4) **つくる**

分析の着地点として、それまでの分析結果をふまえて利益計画書を作成する。利益計画書では、必要運転資金や再投資コストの把握を含めて、キャッシュ・フローによる債務の償還可能性を検証することとなる。さらに、計画を組織的に実行するための行動計画書を作成する。

(5) **現状分析の重要性**

以上のプロセスで最も重要なのは、「つかむ」プロセスを実態に即して的確に行うことである。現状や実態の把握が的確になされてはじめて改善すべき課題や強化すべき収益基盤等、改善手段が具体的なものとなるからである。現状分析の深さが、抜本的で実現可能性の高い事業計画の策定につながる。

【事業計画の策定プロセスの全体図】

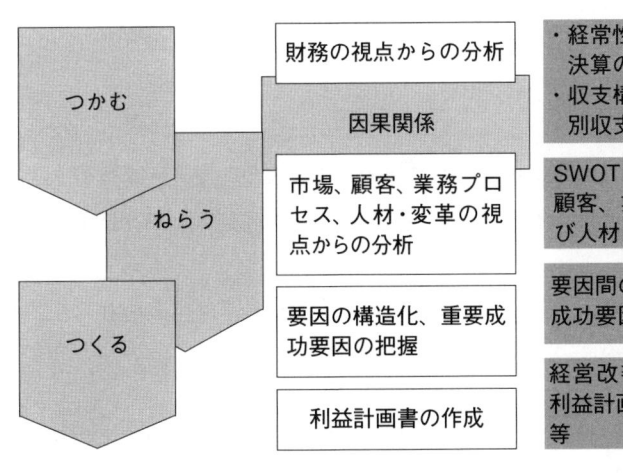

つかむ	財務の視点からの分析	・経常性に着目した実績決算の整理 ・収支構造の整理、部門別収支の把握　等
	因果関係	
ねらう	市場、顧客、業務プロセス、人材・変革の視点からの分析	SWOT分析、財務、市場、顧客、業務プロセス、及び人材・変革の視点　等
つくる	要因の構造化、重要成功要因の把握	要因間の因果関係、重要成功要因の把握　等
	利益計画書の作成	経営改善施策の盛込み、利益計画書の構成要素　等

第6章　事業計画

❷ 事業計画書はどのように構成するか

> **Point!!** つかむ、ねらう、つくるの流れで明解に構成

(1) **事業計画書の構成**

　事業計画書は、社内向けのもの、販売先等取引先に向けたもの、又は取引金融機関に対するものなど、読んでもらう相手により、構成も内容も変わる。

　また、新たな設備投資に係る資金調達を目的とする場合や借入金のリスケジュールを目的とする場合など、事業計画を作成する目的によってアピールすべき内容も変わる。

　事業計画は目的に適うように編集すべきである。

　ここでは、本章で説明した事業計画の策定プロセス「つかむ、ねらう、つくる」(現状分析、問題点・課題の把握、経営改善施策の策定、事業計画書の作成)という流れに沿った一般的な構成・内容を参考までに掲げる。

(2) **構成と内容**

　次ページの図を参照されたい。なお、図中のクロス表による要因分析と対策の図については、12節を参照。

(3) **表現方法**

① 表　紙

　表紙は、事業計画のコンセプトを標語や短文で表現したり、全体のイメージを図示するなど、できるだけインパクトのあるものになるように工夫することが大切である。

　十分に工夫された表紙は、その事業計画書を用いたプレゼンテーションをよりやりやすくする。

② 表　現

　説明については、地図や写真などを用い、できるだけ具体的に伝わるよう

【事業計画書の構成例】

クロス表による要因分析と対策

| 表紙 | 表題、経営改善コンセプト、年月日、企業名　等 |

| 事業概況 | ・商号、代表者、住所、資本金、従業員、売上高
・業種、事業所、製品・商品サービス内容
・沿革、経営理念、知的資産、受賞歴　等 |

経営理念 | |

財務の視点	強み	弱み
戦略目標		

| 現状分析 | 【財務分析】財政状況、損益実績、資金繰
【経営資源・競争力】知的資産、利益源泉
【経営課題】
【環境】業界動向、販売・生産見通　等 |

	強み	弱み
機会	強みを活かして機会に対応	弱みを克服して機会に対応
脅威	強みを活かして脅威に対応	弱みを克服して脅威に対応

| 問題点・課題 | 【改善への取組み】基本方針、プロジェクトチーム、組織体制、スケジュールと実績
【顧客】市場、製品・商品、サービス、販売先
【業務プロセス】生産、リードタイム、販売、物流、回収・支払
【人事・組織、改革】組織体制、マネジメント体制、品質管理体制、改善システム　等 |

| 経営改善施策 | 重要成功要因、要因構造化、財務、顧客、業務プロセス、人事・改革体制の各戦略目標等 |

| 設備投資計画 | 設備投資のねらいと必要性、投資計画内容、実施スケジュール、投資効果、調達、投資の経済計算 |

| 利益計画書 | 利益計画書作成の前提、借入金償還力、資金繰り |

第6章　事業計画　201

に工夫する。データも、グラフなどを用いてイメージとしても伝わるようにする。

　また、論理それ自体も、論理を図示した「論理図」を活用すると、説明しやすくまた説得性も高くなる。

③　文　　　章

　基本的には、結論を先に記入し、その理由を箇条書きにするなどの方法により簡潔に記入する。事業計画書は、多くの場合、口頭によるプレゼンテーションを伴うものであり、行間のニュアンスはプレゼンテーションにより補うことを念頭に置き、極力シンプルな記入を心がける。

④　アピール

　この事業計画により、何を期待できるかを読み手に明確にする。

　そのために、事業計画書の冒頭に経営者による趣旨説明文やアピールを掲載してもよい。

3 実績としての決算の再整理をどのように行うか

> **Point!!** 経常的な項目に着目して再整理する

(1) 経常性に基づく決算データの再整理

　事業計画を策定するうえで、実績としての決算データを正確に把握することが重要である。計画それ自体は不確実な将来に関するものであるから、その作成は正確に把握された企業の現状に基づいて行うことが不可欠であり、その意味で決算データは企業の現状を示す資料として最も適しているからである。

　その場合、分析に入る準備段階として、一定期間における企業の経営成績を表す資料である損益計算書について、経常的に発生するものか否かという視点で見直すことが必要となる。

　その理由は次のとおりである。

> ① 中小企業の決算においては、特別損益項目と経常損益までの項目についての区分がしばしばあいまいであることが多く、表示された経常利益が必ずしも経常的な収益とは認められない可能性がある
> ② 事業計画書の着地点としての「利益計画書」における予想利益は、経常的に生み出されると予想される利益（経常利益）の把握が要点となる

(2) 整理作業の実際

① 雑収入・雑損失勘定の検証

　経常損益段階の「雑収入」勘定に、特別利益とみなされる次のような科目が含まれているかどうかを確認し、含まれていれば特別利益勘定に移して再整理する。

　たとえば補助金収入、保険解約収入、固定資産売却益などである。

　なお、雑損失についても同様に、固定資産売却損等の特別損失項目が含ま

れていないかを確認して、再整理する。
② 経費項目の検証

　製造原価や販売費及び一般管理費のなかに、明らかに経常的支出ではなく特別損失とすべき項目が含まれていないかどうかを検証する。たとえば、発生することがきわめてまれな工場の被災に伴う大規模修繕費が含まれている場合は、特別損失項目として計上する。

　その他、役員の退職に伴う高額な退職金、事業内容等からみてきわめてまれにしか発生しない訴訟事件による損害賠償金なども特別損失項目として計上すべきである。

③ 法人税等

　法人税や事業税等、利益を課税標準とする税金については、決算書の「法人税、住民税及び事業税」に計上されるが、中間納付等により決算整理時点ですでに費用処理されているものがある場合は、損益計算書の販売費及び一般管理費等に含まれていることもあるので注意が必要である。

　これについては、法人税申告書の別表五の（二）「租税公課の納付状況に関する明細書」などで内容を確認して、「法人税、住民税及び事業税」勘定に一本化しておくことが、利益計画書の作成において実務上は効率的である。

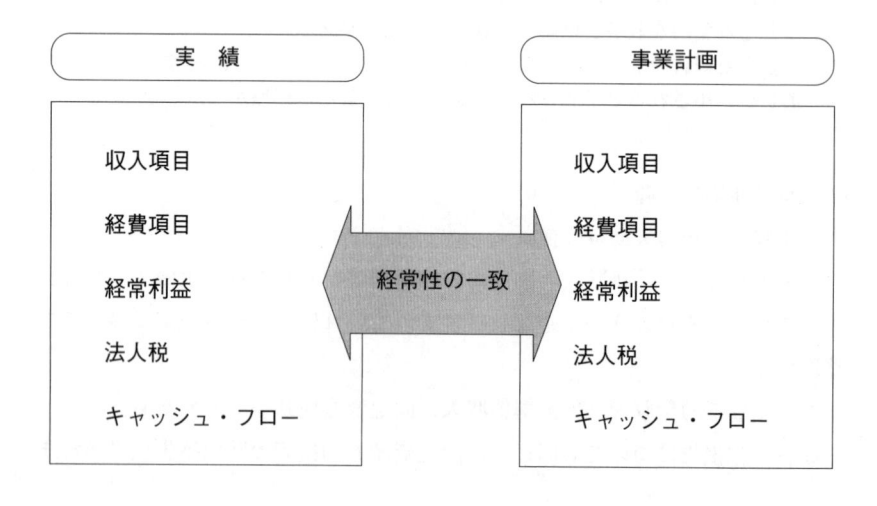

実　績		事業計画
収入項目 経費項目 経常利益 法人税 キャッシュ・フロー	← 経常性の一致 →	収入項目 経費項目 経常利益 法人税 キャッシュ・フロー

4 収支構造をどのように把握し、改善につなげるか(1)

Point!! 限界利益、変動費、固定費、損益分岐点を把握する

(1) **限界利益の把握**

損益の基本構造は、

「売上－費用＝利益」

である。この算式における費用は、売上の変動に伴って変動する費用である「変動費」と、直接的には売上に伴っては変動しない費用である「固定費」に分けることができる。大まかな分類をする場合には、原材料費や外注費を変動費とし、人件費や賃借料などは固定費とすることが一般的である。

そこで、最初の式を書き換えると、

売上高（S）－変動費（V）－固定費（F）＝利益（P） ……………………①

となる。

この①式において、売上高（S）－変動費（V）で求められる利益を、特に「限界利益」という。この限界利益から固定費（F）が控除されて利益（P）となる。

なお、上記算式によれば、限界利益として把握された金額以上の利益を計上することは不可能であり、その意味で字義どおり利益の限界を示している。まずは自社の限界利益の水準をよく把握することが大切である。

(2) **損益分岐点**

損益分岐点とは、利益がプラスでもマイナスでもなく、ゼロとなるときの売上高のことをいう。

上記で示した式を、限界利益＝売上高（S）－変動費（V）に着目して変形すれば、

｛売上高（S）－変動費（V）｝－固定費（F）＝利益（P）

となる。さらに変形すると、

$$売上高(S) \times \left\{ \frac{売上高(S) - 変動費(V)}{売上高(S)} \right\} - 固定費(F) = 利益(P)$$

となり、さらに、

$$売上高(S) \times \left\{ 1 - \frac{変動費(V)}{売上高(S)} \right\} - 固定費(F) = 利益(P)$$

となる。変動費（V）／売上高（S）を変動費率（R）というので、

$$売上高(S) \times \{1 - 変動費率(R)\} - 固定費(F) = 利益(P)$$

となる。損益分岐点は利益（P）＝0となるので、

$$売上高(S) \times \{1 - 変動費率(R)\} - 固定費(F) = 0$$

となり、さらに変形して、

$$売上高(S) \times \{1 - 変動費率(R)\} = 固定費(F)$$

となり、ゆえに、

$$売上高(S) = \left\{ \frac{固定費(F)}{1 - 変動費率(R)} \right\} \quad \cdots\cdots ②$$

となる。

　この②で示した式が、損益分岐点となる売上高を求める式となる。この損益分岐点売上高を、実績売上高が超えれば利益が出て、下回ればいわゆる赤字となる。これが収支の基本構造である。

(3) 変動費の把握

　上記(1)及び(2)を念頭に、実績の決算書の収支状況を分析するが、一般的に、「仕入・原材料費と外注費」を変動費として整理する。ほかには、業種や契約内容により、運送費を変動費として認識したほうが収支の実態と予想に適する場合があると思われる。いずれにしても、事業実態に即して整理する。

(4) 現状分析の視点と「ねらい」への展開

① 変動費、限界利益

　限界利益段階での収益分析では、当該企業の変動費率（＝変動費÷売上高、％表示）及び限界利益率（限界利益÷売上高、％表示）を、同業他社平均と比較することなどにより評価する。

また、限界利益と固定費との相対的関係にも注目する。たとえば、経費におけるウェイトが大きい「賃金」について、限界利益に対する比率（賃金÷限界利益、％表示）を算出して、業界平均との比較や過去からの推移等により分析する。

こうした分析を経て問題点・課題を把握し、①仕入・調達先の変更、②代替素材の利用、③生産管理面の改善、④製品・商品構成の見直しなど、さまざまな視点からの限界利益の改善をねらう。

② 固定費

固定費は、さまざまな視点から分類することが可能だが、発生の経緯に着目して、次のような分類が可能である。

- 既決費（コミッテッドコスト）：過去の意思決定に基づいて発生する固定費。一度決定すると短期的には変更不能

  （例）減価償却費、固定資産税、保険料、賃借料、地代・家賃など

- 管理可能費（プログラムドコスト）：経営方針や経営者の意思決定により発生する固定費

  （例）人件費、研究開発費、交際費、広告宣伝費など

上記のような固定費の分類を参考に個々の固定費の性質をふまえつつ、たとえば次のように固定費の現状を「見える化」して、総合的な検討を加え削減をねらう。

費　用	金　額	推移（前期比）	契約内容・時期、支払先、単価、支払条件　等	対応方針、期限、担当者　等
○○費				
○○費				
○○費				

5 収支構造をどのように把握し、改善につなげるか(2)

Point!! 損益分岐点分析を活用する

(1) 損益分岐点図表

損益分岐点を図表にて示せば、図のとおりとなる。

【損益分岐点図表】

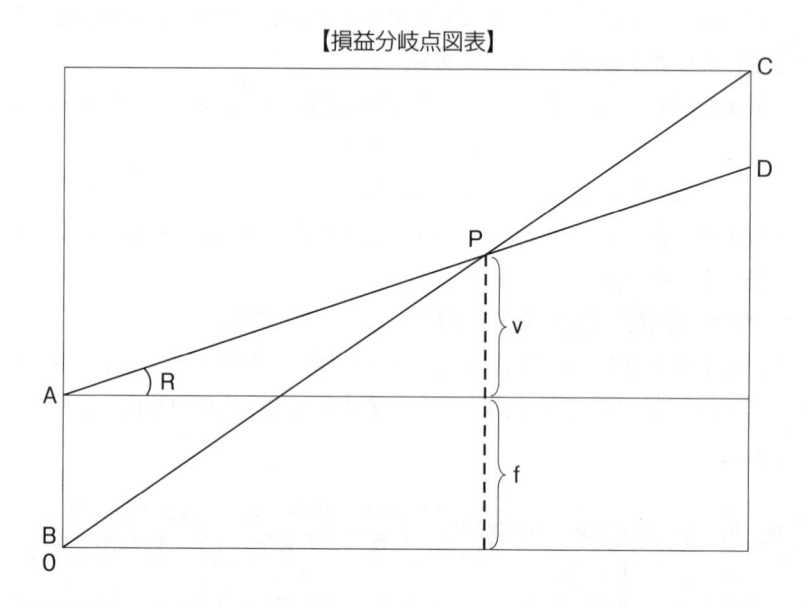

図を前提に考えれば、利益を示す△CDPの面積の最大化が利益の最大化につながる。そのため、利益の最大化のためには、底辺CDの最大化と高さPの最大化を実現すればよい。

そのためには、図から、次の2つが課題となる。

① 角Rの最小化
② ABの最小化

すなわち、角Rは変動費率、ABは固定費であるので、変動費率の引下げ

と固定費の削減が、収益の最大化をもたらす損益分岐点の引下げにつながることを示している。

　自社の変動費率及び固定費の水準を、同業平均データとの比較や、推移内容等を検証する。次いで、原材料の仕入ルートの見直し、支払決裁手段の変更による引き下げ可能性の検討、外注利用の見直し、生産過程におけるロスの削減、販売価額の見直し等を、いわば複眼的・総合的に実施して、変動比率の引下げと固定費の削減の方策を検討する。

(2) **安全余裕率による検証**

　ある企業A社の①実績売上高、②損益分岐点売上高が次のようであるとする。

　① 　実績売上高　2,530（百万円）
　② 　損益分岐点　2,365（百万円）

　ここで①と②の差額を算出すると、

　③ 　差額　165（百万円）

となる。

　この③差額は、分岐点を上回った売上高であり、この売上部分が利益に結びついていることとなる。この③を「安全余裕額」と呼ぶ。

　ここで、安全余裕額を実績売上高で除した数値を求めると、③÷①≒6.5％となり、この比率を「安全余裕率」と呼ぶ。

　ある決算期の安全余裕率が6.5％であるとすると、その翌期の売上高が前期対比で6.4％下落したとしてもまだ黒字を維持するが、6.6％の下落では赤字に転落することを意味する。

　企業として、自社の安全余裕率の現状をふまえ、どれくらいの引上げをねらって行くかを検討する。分析時点での物価水準見通しや自社の販売先・製品販売見通しなどを前提に、ねらいを定めていく。

　金融機関等の立場では、クライアント企業の安全余裕率の数値を算出すれば、その企業の収益の安定性を認識することができる。

　たとえば、次のような企業（中小企業）があったとすると、利益額は比較的高くとも、安全余裕率は1.8％と低いため、売上高のわずかな下落により赤

第6章　事業計画　209

字に転落する可能性が高く経営の安全性に課題があるということになる。
① 実績売上高　　　7,500（百万円）
② 損益分岐点　　　7,365（百万円）
③ 差額（①－②）　　135（百万円）（経営安全率1.8％）

(3) 売上、利益計画への活用

損益分岐点の意義と算出公式を活用し、次のように現状分析や「ねらい」の内容検証に広く用いることができる。

【必要（又は予想）売上高の把握】
① 一定の利益（目標利益）を確保するために必要な売上高
　　＝（F（実績固定費＋予想固定費増）＋P（目標利益））÷予想限界利益率

また、償還資源は、次の式のように把握できるので、①及び②の式を組み合わせて用い、現状分析や将来予測に、さまざまな要素を算出して活用することができる。

② 償還資源＝経常利益×（1－法人税率）＋減価償却費

6 収支構造をどのように把握し、改善につなげるか(3)

> **Point!!** 在庫勘案収入をベースに、原価率の実態を把握する

(1) 実例を通した限界利益段階の収支分析

「売上～売上総利益」について、次の【図表1】に示したように、実績三期決算が推移する企業があるとする。

【図表1】

決算期		X1		X2		X3	
		金額	比率(%)	金額	比率(%)	金額	比率(%)
	売上高	1,000	100.0	650	100.0	750	100.0
売上原価	原材料費	400	40.0	300	46.2	260	34.7
	外注加工費	220	22.0	160	24.6	130	17.3
	労務費	170	17.0	160	24.6	150	20.0
	経　費	30	3.0	40	6.2	30	4.0
	仕掛品期首棚卸高	60	6.0	55	8.5	70	9.3
	仕掛品期末棚卸高	55	5.5	70	10.8	40	5.3
	製品製造原価	825	82.5	645	99.2	600	80.0
	製品期首棚卸高	150	15.0	135	20.8	170	22.7
	製品期末棚卸高	135	13.5	170	26.2	70	9.3
	売上原価合計	840	84.0	610	93.8	700	93.3
売上総利益		160	16.0	40	6.2	50	6.7
販売費・一般管理費		30	3.0	30	4.6	30	4.0
営業利益		130	13.0	10	1.5	20	2.7

(注) 比率は各期の売上高に対する各項目の比率である。

これをみると、特に、各決算期の原材料比率が大きく変動している。こうした決算の推移は、実務的にもよくみられ、特に製造業においては比較的多くみられるように思われる。はたして実態上も大きな変動があったのであろうか。

第6章 事業計画 211

この事例を参考に、原価構成の分析をしてみよう。

(2) **在庫変動に注目**

結論からいえば、各期の在庫変動に注目する必要がある。事例では、直近のX2期及びX3期の在庫が、期首と期末で大きく変動している。

たとえば、製造業では、近い将来に大量の出荷が予定される場合や、市場の変動による売上見通しの変動などにより、こうした推移は起こりうる。この場合、実績の売上高には計上されなかったものの、「生産プロセス」においては多くの生産がなされ、製品や仕掛品が算出され、その過程で多額の原材料が消費され、また外注費が支出されている。販売業でも、商品単価の変動見通し等から多額の在庫をまず調達し、次の売上に備えるなどの事情から、同様の在庫変動は起こりうる。

(3) **在庫を勘案した収入を想定した原価分析**

このような場合は、単純に実績売上高を分母とした変動費率を求めれば、積み上げた在庫増分が反映されないため、変動費の実態がつかめない。そのため、変動費に実際に対応する売上を在庫勘案収入として仮定して、次の算式により、期末・期首の在庫を加減して概算値を算定し、同収入をベースに原価構成比の概算値を算出してみるとよい。

在庫勘案収入＝実績売上高＋期末在庫－期首在庫

実務的には、【図表2】のような表に再整理して、原価構成比を算出するのが便利である。【図表2】によれば、たとえば原材料費率は各期40％前後で推移しており、決算書の表面上の数値ほどには、変動費率が大きく変化していないことがわかる。

特に在庫変動が大きい場合は、こうした分析も活用して、実態の変動比率を把握するのがよい。

【図表2】

決算期		X1				X2				X3			
		売上高を基準		在庫勘案収入を基準		売上高を基準		在庫勘案収入を基準		売上高を基準		在庫勘案収入を基準	
		金額	比率(%)	金額	比率(%)	金額	比率(%)	金額	比率(%)	金額	比率(%)	金額	比率(%)
売上高または在庫勘案収入		1,000	100.0	980	100.0	650	100.0	700	100.0	750	100.0	620	100.0
売上原価	原材料費	400	40.0	400	40.8	300	46.2	300	42.9	260	34.7	260	41.9
	外注加工費	220	22.0	220	22.4	160	24.6	160	22.9	130	17.3	130	21.0
	労務費	170	17.0	170	17.3	160	24.6	160	22.9	150	20.0	150	24.2
	経費	30	3.0	30	3.1	40	6.2	40	5.7	30	4.0	30	4.8
	仕掛品期首棚卸高	60	6.0			55	8.5			70	9.3		
	仕掛品期末棚卸高	55	5.5			70	10.8			40	5.3		
	製品製造原価	825	82.5			645	99.2			600	80.0		
	製品期首棚卸高	150	15.0			135	20.8			170	22.7		
	製品期末棚卸高	135	13.5			170	26.2			70	9.3		
	売上原価合計	840	84.0			610	93.8			700	93.3		
売上総利益		160	16.0			40	6.2			50	6.7		
販売費・一般管理費		30	3.0			30	4.6			30	4.0		
営業利益		130	13.0			10	1.5			20	2.7		

 なお、長期的収支推移を予想する場合、将来の在庫変動を正確に予測することは困難であることから、在庫変動がないものとして実績の変動費率等をベースとして予測することとなるが、在庫勘案収入による分析が参考になる。

7 収支構造をどのように把握し、改善につなげるか(4)

> **Point!!** 基本は、部門別収支と数量・単価の把握

(1) 部門別収支の把握の実際

部門別収支は、次ページの図表のように、変動費及び固定費を各部門に分けて整理して把握する。

この場合、固定費については、必ずしもすべての固定費を部門別に分類できるとは限らない。部門にまたがる全社的な経費も多くあるのが普通である。そのため、図表のように、部門にまたがる固定費は「共通管理部門」に計上する。そのうえで、必要に応じて、売上や配置人員数など比較的合理的と思われる配分基準により按分して、部門に割り当てる。

なお、部門別の実態は、図表の「部門別利益（狭義）」と記入された数値を第一義的に用いるほうが実務的である。

なお中小企業の現場では、人材や設備に余裕の乏しい事業環境から、人員も設備も複数の部門にまたがり、固定費を分解することが困難なケースも少なくない。

そうした場合では、材料費・外注加工費等の変動費につき製品別又は部門別の配賦を行い、限界利益段階までの部門別又は製品別収支を把握しても、実務的にはかなり役に立つ。

なお、取扱製品（群）の数が少ない中小企業の場合には、個々の製品の原データをサンプリングして標準的な変動費率・限界利益率を把握し、幾度かの検証を経て推計値により実績データの製品（群）別収支を把握しても、実務的にはそれなりに役立つ。要するに、収支の実態把握のためにいろいろと工夫して部門別又は製品別収支を把握することが肝要である。

【部門別収支表】

		X部門		Y部門		共通管理部門	全社合計	
		金額	比率(%)	金額	比率(%)	金額	金額	比率(%)
売上		100	100.0	150	100.0		250	100.0
変動費	原材料	30	30.0	60	40.0		90	36.0
	外注費	10	10.0	15	10.0		25	10.0
	その他	5	5.0		0.0		5	2.0
	限界利益	55	55.0	75	50.0		130	52.0
部門別固定費		30	30.0	30	20.0		60	24.0
	人件費	20	20.0	25	16.7		45	18.0
	賃借料	5	5.0	0	0.0		5	2.0
	その他	5	5.0	5	3.3		10	4.0
部門別利益(狭義)		25	25.0	45	30.0		70	28.0
共通固定費と配賦		13	13.0	17	11.3	30	30	12.0
部門別利益(共通経費配賦後)		12	12.0	28	18.7		40	16.0

(2) **数量×単価ベースの把握**

　事業活動の結果としての売上高は、決算書では金額で表示されるが、多くの事業の場合、売上高は次のように分解される。

　　売上高＝売上数量×単価

　たとえば、飲食店や美容室などのサービス業の場合、月別の売上高と顧客数はデータとして集計しているのが普通であり、客単価×人数のデータは比較的容易に把握できる。原価の構成データについても同様である。

　そうした基礎データに基づき、実績売上高や変動費につき、可能な限り、「数量×単価」ベースで把握しておく。

(3) **要素の取出しと整理**

　なお分析の際、売上等を構成する「要素」を取り出し、要素の乗数等として直感的に認識しやすく分解すると分析が容易となる。

　事業の実態にあわせて、主要な要素を取り出し、組立を工夫する。

第6章　事業計画

スーパー等の多店舗展開型の業種における店舗別採算については、次表の交差主義比率（売上総利益率と在庫回転率の積で表現され、商品効率等を判断）などの要素分解がよく用いられるので、参考例としてあげておく。

	店舗 1	店舗 2	店舗 3
売上総利益率　　A　　　（％）			
在庫回転率　　B　　　（回）			
交差主義比率　A×B　　（％）			
店舗年齢（年）			
配置人員			
一人当たり売上高			
投下資本営業利益率			
総合評価・対策区分			

8 財政状態をどのように把握するか(1)

> **Point!!** 経営指標は、指標相互の関係性と企業実態で判断する

(1) **貸借対照表の分析による財政状態の課題把握**

　企業の財政状態は、貸借対照表（バランスシート、B/S）に資産、負債及び資本として表示されており、B/Sの分析を通して経営資源や課題を把握することができる。

　分析は、まずB/Sの全体のバランスを把握し、次いで内容を具体的にみていくのが効率的である。

(2) **全体バランスの把握**

　たとえば、下図のようなB/Sであるとすると、まず上半分の左右バランスを判断する。

① 流動比率、当座比率

　代表的な指標として、次の流動比率がある。

　　流動比率【％表示】＝流動資産÷流動負債

　この指標は、企業の短期的な支払能力を判断するもので、100％以上、すな

【貸借対照表】

流動資産	流動負債
	固定負債
固定資産	自己資本

第6章　事業計画　217

わち流動資産が流動負債を上回っていれば一応の短期支払能力が推測される。

ただし、100%を大きく上回るからといって必ずしも短期支払能力が優れているとは一概にはいえない。たとえば、販売先との力関係で売掛債権の回収期間が長く（その結果流動比率は高いが）、経常収支（後述）が悪化し資金繰りが逼迫している例なども現実にはあるからである。同様に、100%未満であるからというだけで短期支払能力が劣るとも一概にはいえない。

以下に説明する経営指標すべてにいえることであるが、各経営指標の数値を読む場合は、次のような注意が必要である。

- 当該数値を単独でみるのではなく、他の経営指標と関連づけて判断する
- 指標の背景にある企業実態との関連を判断する

なお流動比率と同じく、短期支払能力を判断する指標として、次の当座比率がある。

　　当座比率【％表示】＝当座資産（＝現預金、売掛金、受取手形、短期保有の
　　　　　　　　　　　有価証券）÷流動負債

② 固定比率、固定長期適合率

次いで、前ページの図の下半分の左右バランスを判断する。
代表的な経営指標として、次の固定比率がある。

　　固定比率【％表示】＝固定資産÷自己資本

これは、財務の安定性を判断する代表的な指標で、固定資産への投資が返済義務のない自己資本でなされているかどうかを判断するためのものである。その趣旨から、100%を超えないことが理想である。

ただ、多額の投資の場合にすべてを自己資金で行えるわけではなく他人資本に依存、すなわち借入により資金調達するのが現実的である。借入を行う場合には、短期借入によるのではなく、長期的に返済義務を負えばよい「長期借入金」等の固定負債にて調達することにより財務の安全性が保たれる。

この趣旨から、次の「固定長期適合率」も財務の安定性を判断する判断指標として用いられる。

　　固定長期適合率【％表示】＝固定資産÷（自己資本＋固定負債）

この指標は、その趣旨から100%以下であることが好ましいとされている。

③ 自己資本比率、負債比率

　自己資本比率は、次の算式で表示される安全性の判断指標である。

　　自己資本比率【％表示】＝自己資本÷総資産

　企業が形成した総資産のうちどれだけが自己資本に基づいているかを示す。この比率が高いほど、他人資本への依存度が低く安定性は認められる。

　なお、すでに述べたように、指標の数値のみにより判断するのではなく、企業実態との関係をみなければならない。自己資本が高い数値となっている企業についても、その自己資本（貸借対照表の貸方）により形成されている資産（貸借対照表の借方）の内容がどのようなものかを一歩進んで吟味しなければならない。かりに自己資本に対応する資産の多くが陳腐化したり将来性の失われた資産である場合には、判断は実質的な修正を求められる。

　また、自己資本との関係では、次の負債比率がある。

　　負債比率【％表示】＝総負債÷自己資本

負債が自己資本の何倍あるかをみる指標である。

9 財政状態をどのように把握するか(2)

Point!! 正常運転資本、実質バランス、固定負債償還力

前節で、財政状態を把握する場合の基礎的な手順と経営指標について説明したが、ここではもう一歩掘り下げた財政状態の分析方法について説明する。

(1) **正常運転資本の把握**
① 正常運転資本

流動資産・流動負債について、前節による全体バランスの把握をふまえつつ、次のように、「正常運転資本」の実態を把握する。

　　正常運転資本＝（売上債権＋在庫在高）－買入債務
　なお、売上債権＝売掛金＋受取手形、買入債務＝買掛金＋支払手形

上の式で求められる正常運転資本とは、短期間に現金化する資産と現金支出する資産との差額であり、言い換えれば、日常的な営業活動に伴い常時発生する運転資本需要を示す。

これが自社でどれくらいの金額となっているか、また、その必要額がどのように調達されているかについて問題点と課題を把握する。

把握に際しては、決済条件を整理して把握するほか、売上債権、在庫及び買入債務のそれぞれについての回転期間（月商又は月仕入・外注費対応）での比較も行う。

　　売掛金回転期間＝売掛金÷月商
　　受取手形回転期間＝受取手形÷月商
　　在庫回転期間＝在庫÷月商

買掛金回転期間＝買掛金÷（月仕入・外注費）
　　支払手形回転期間＝支払手形÷（月仕入・外注費）
② 営業債権債務の回転期間と資金需要類型
　回転率については、次の２類型が想定される。前者の場合は、売上増に伴う増加運転資本が一般的に発生し、後者の場合は逆に売上減少時に運転資本の増加が発生しやすい類型といえる。
　自社の類型を整理し、問題点・課題及び対策を検討する。
- 売上債権回転期間＋在庫回転期間＞買入債務回転期間
- 売上債権回転期間＋在庫回転期間＜買入債務回転期間

(2) **固定資産**

　固定資産については、次のような観点から整理し自社の強みと課題を整理する。
- 遊休不動産の存在
- 機械等生産設備や倉庫等の保管設備などの老朽化、能力
- 賃借資産と利用負担
- 無形固定資産・投資の内容と課題

　なお、中小企業の場合、社長等経営者保有の土地等「事業用資産」があることが多いので、その規模と経営への影響を整理し、強みや課題を把握する。
　たとえば、主要な事業資産としての土地・建物が相当の資産価額となる都心部にあり、その所有が社長個人のものであって地代等の支払についても実際的にかなりの柔軟性が認められる場合などは、みた目の決算書における財務バランスは過小資本にみえても、実質的な資産力と安全性をもつと判断されるケースも想定される。

(3) **固定負債**

　固定負債については、一般に、次の式で算出される償還期間（年）を算出し、その長短を把握する。
　　固定負債償還期間（年）＝固定負債÷年間キャッシュ・フロー
　なお、簡便的に年間キャッシュ・フローを次の式で求められることが考え

られる。

　　年間キャッシュ・フロー（CF）＝経常利益×（1－法人税率）＋減価償却費

さらに、次の式で年間CFと実際の年間償還額との差額を把握する。

　　償還余力（額）＝CF－年間固定負債償還額

算出結果がマイナスの場合（すなわち資金不足の場合）は、不足分の調達がどのようになされているか、また今後についても同様の調達とすることについての問題点を把握し、改善策の検討につなげていく。

(4)　**自己資本**

自己資本については、マイナス（すなわち債務超過）となっている場合、今後の債務超過解消に向けてどのような改善策をとることができるか、また解消までの期間等を特に分析検討する必要がある。

10 資金の流れはどのようにつかむか(1)

> **Point!!** 経常収支の構造、経常収支比率と要因をつかむ

(1) 経常収支の把握の意義

会計上計算される利益と実際の収支（キャッシュ）は異なっている。したがって企業の資金繰りを考える場合には、実際の資金（キャッシュ）の動きをつかむ必要がある。

> **設例**
>
> 創業したばかりの企業の売上が300万円、仕入が200万円であった場合、会計上の利益は100万円と計算される。この会社の決済条件が次のものである場合、月末にこの企業の手元に現金はいくら残るだろうか。
> 決済条件　売上の20％は即時現金回収、残り80％は翌月の現金回収（売掛期間1カ月）
> 　　　　　仕入は、50％が即日現金払、50％は翌月現金支払（買掛期間1カ月）

売上代金の当月回収分は60万円（300万円×20％）、仕入代金の現金支払額は100万円（200万円の50％）となるため、この企業は月末に資金が40万円不足してしまう。

この例のように会計では収益や費用を現金収支とは関係なく発生主義に基づいて計上するため、会計上の利益が計上されているからといって、同額の資金（キャッシュ）が手元にあることにはならない。場合によっては会計上は黒字であっても、資金が不足するということが起こるのである。

したがって、企業の資金繰りを考える場合には、実際の資金の動きをつかむために発生主義によって作成された財務諸表を修正して分析する必要がある。

第6章　事業計画

企業の収支状況をみる際の一般的な指標として経常収支比率がある。これは企業の日常的な活動によって発生する資金（キャッシュ）の状況を把握することを目的としたものである。

(2) **経常収入と経常収支比率**

① 経常収入

経常収入とは、経常損益に直接関係する収入をいう。会計上計上された売上額から売上債権（売掛金と受取手形）の増加分を控除し、営業外収入及び前受金の増加額を加算して求める（図表「経常収支表」参照）。

② 経常支出

経常支出とは、経常損益に直接関係する支出をいい営業上の費用から買入債務（買掛金と支払手形）の増加分を控除し、さらに在庫増加分を加算し、営業外支出及び未払金その他の増加額を加減して求める（図表「経常収支表」参照）。

③ 経常収支、経常収支比率

経常収支は、経常収入から経常支出を差し引いて算出される。

　　　経常収支＝経常収入－経常支出

経常収入を経常支出で除した数値を「経常収支比率」と呼ぶ。

　　　経常収支比率【％表示】＝経常収入÷経常支出

経常収支比率は、企業の経常的な活動に基づく収入と支出の割合を示すものであるから、100％を上回る場合には、収支状況は健全であり安全性が高いと考える。逆に経常収支比率が100％を下回る場合は、企業は日常的な活動をすればするほど資金が減少する状況にあり、安全性は低いと考える。その場合は経常収支を構成する項目を吟味し、収支状況を悪化させている要因を特定してその改善を図る必要がある。

【経常収支表】

	項目区分	加減	項目・算式	数値・算出結果
経常収入	営業上の収入		売上	
	売上債権変動	−	売掛金増加額	
		−	受取手形増加額	
	営業外収入	+	営業外収入	
	その他	+	前受金増加額	
	合計			A
経常支出	営業上の費用		売上原価（減価償却費を除く）	
		+	販売費・一般管理費（同）	
		+	支払利息・割引料	
	買入債務・在庫変動	−	買掛金増加額	
		−	支払手形増加額	
		+	棚卸資産増加額	
	営業外支出	+	営業外支出	
	その他	−	未払金・未払費用増加額	
		+	前渡金・前払費用増加額	
	合計			B
経常収支　A−B				
経常収支比率　A÷B×100				

なお、算出に際しては、減価償却費等の非現金支出費用は除外する。図の経常収支・経常支出の各その他の欄には、その他流動資産・その他流動負債に計上される科目のなかで内容的に「経常収支」にかかわると思われる科目を記入。

第6章　事業計画　225

11 資金の流れはどのようにつかむか(2)

Point!! キャッシュ・フロー計算書の分析

(1) キャッシュ・フロー計算書

　前節において企業の日常の資金繰り状況を把握するうえで基礎的かつ重要な「経常収支」の把握について述べたが、本節では「キャッシュ・フロー計算書」により、企業の総合的な資金の流れの把握について説明する。

　「キャッシュ・フロー計算書」は、次の図に示すように、事業の1年間の活動を営業活動、投資活動及び財務活動に大別し、それぞれの活動の生み出すキャッシュ・フロー（CF）を営業活動によるCF、投資活動によるCF及び財務活動によるCFとして集計し、年間の「現金及び現金同等物の増減」とその要因を検証するためのものである。なお、現金同等物とは、容易に換金可能で、かつ価値の変動について僅少なリスクしか負わない短期投資をいう。

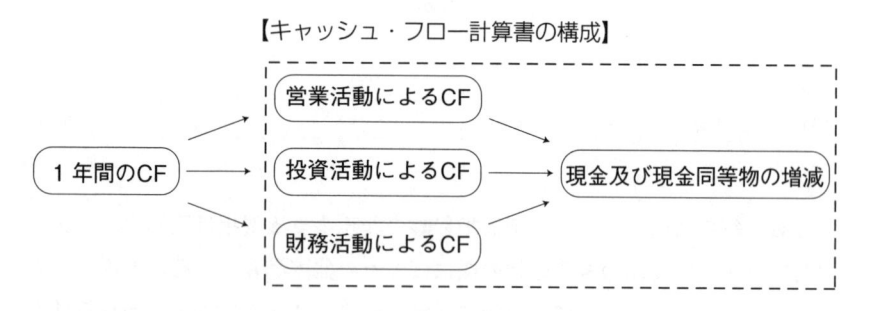

【キャッシュ・フロー計算書の構成】

1年間のCF → 営業活動によるCF／投資活動によるCF／財務活動によるCF → 現金及び現金同等物の増減

　基本式　　営業CF ＋ 投資CF ＋ 財務CF ＝ 現金及び現金同等物の増減

　「キャッシュ・フロー計算書」は、一般的には、次ページの図のように表示される。なお表示は間接法による。

(2) 営業活動によるキャッシュ・フロー

営業活動によるキャッシュ・フローは会社の本業である営業活動からどれだけの資金を獲得したかを示し、下記の【キャッシュ・フロー計算書】における営業活動によるキャッシュ・フローの区分に記載されている項目からなる。

前節で述べた「経常収支」は、次のように表現することもできる。

経常収支＝償却前経常利益（※）－売掛債権・棚卸資産増減額
　　　　　＋買入債務増減額
　　　　　±その他流動資産・流動負債

（※）　減価償却費その他の非現金支出費用を経常利益に加算

【キャッシュ・フロー計算書】

営業活動によるキャッシュ・フロー
税引前利益 　－国庫補助金受贈益 　＋減価償却費、引当金等非資金項目増減額 　売掛債権・棚卸資産増減額 　買入債務増減額 　その他流動資産・負債増減額 　＋補助金の受取額 　－損害賠償金の支払額 　－法人税等の支払額
投資活動によるキャッシュ・フロー
有形固定資産の取得による支出 無形固定資産の取得による支出 投資有価証券の売却による収入
財務活動によるキャッシュ・フロー
短期借入金返済による支出 長期借入・社債発行による収入 株式発行による収入
＝現金及び現金同等物の増減額

このようにとらえた「経常収支」は、経常損益に直接関係する資金の収支結果であるといえるが、キャッシュ・フロー計算書の「営業活動によるキャッシュ・フロー」は「経常収支」を含むものであるため、経常収支とその他の要因とに分けて分析・把握することができる。

　すなわち、図のとおり「営業活動によるキャッシュ・フロー」は、経常収支に特別損益と法人税等の要素を加味したものといえ、この関係を前提に、キャッシュ・フロー計算書の「営業活動によるキャッシュ・フロー」をみていくのが効果的である。

(3) **フリーキャッシュ・フローと現金及び預金の増減額**

　なお、投資活動によるキャッシュ・フローについても、その内容を吟味し、改善のねらいにつなげる検証を行う。

　営業活動によるキャッシュ・フローと投資活動によるキャッシュ・フローとの合計を「フリーキャッシュ・フロー」と呼ぶが、この過不足を、財務活動によるキャッシュ・フローによりどのように調達しているかを把握する。

　なお、ネットキャッシュ・フローとして図示されているように、キャッシュ・フローの合計は、当期の現金及び現金同等物の増減額と一致する。

12 SWOT分析とはどのようなものか

> **Point!!** SWOT分析により強みと弱みを整理する

(1) **SWOT分析による経営の視点からの総合的現状分析**

　前節までは、現状分析（つかむ）のうち、主に財務の視点から現状の強みや弱みを分析し問題点や課題を把握（ねらう）する手法につき説明した。

　ここでは、より広い経営の実態、すなわち市場、事業環境、生産、販売、人事、組織体制、社内マネジメントなど、より総合的に企業の現状分析を進める方法を考える。

　こうした視点から実務面で広く用いられている分析手法の1つとして、SWOT分析がある。

　これは、次の図のように、分析対象を企業の内部環境と外部環境に分け、内部環境に係る強み（Strength）と弱み（Weakness）、外部環境に係る機会（Opportunity）と脅威（Threat）とに整理して把握することから、これらの頭文字をとってSWOT分析と呼ばれる。図は一般に【SWOT図】と呼んでいる。

【SWOT図】

	強みStrength	弱みWeakness
内部環境		
	機会Opportunity	脅威Threat
外部環境		

第6章　事業計画

(2) **SWOT図作成についての視点**

　SWOT図を作成するには、企業活動のさまざまな状況から視点を定めて整理するのがよい。視点は、たとえば「ヒト・モノ・カネ・情報」、あるいは「販売・生産・管理・理念・組織体制」など、自社の実情に応じて自由に設定する。

　1つの例として、実務ですでに広く活用されているバランス・スコアカードの視点から整理するのも効率的である。なお、SWOT分析への応用等につき『バランス・スコアカード入門』（吉川武男著、平成13年2月、生産性出版）を参照されたい。

　バランス・スコアカードは、企業活動を「財務の視点」、「顧客の視点」、「業務プロセスの視点」及び「人材と変革の視点」から分析するものだが、これらの視点で企業経営のステージを総合的にとらえることができる。この視点をSWOT図作成のうえで念頭に置き、たとえば次の図のように具体的に現状をプロットしていけばよい。

　なお、次ページの【SWOT図参考例】では、①バランス・スコアカードの視点を入れたことに加え、②「経営理念」と「財務の視点」を図の上部に加えている。

　経営理念を念頭に置いてSWOT図を作成すると各象限の整理のための発想がより出やすくなる。また財務には経営のあらゆる活動の結果が現れるため、SWOT図の各象限で整理した要因の結果としての位置づけとなり、整理の過程で因果関係を意識することを促すこととなる。

(3) **強みと弱みの相対性**

　実際に作成してみると実感できることではあるが、「強み」と「弱み」は互いに相関的なものであり、次ページの図の例のように、強みと思われることの反対側に弱みが存在していることも多い（その逆もいえる）ことに留意して整理するとよい。

【SWOT図参考例】

経営理念	新しい食文化と食品の提供による社会に貢献

財務の視点	強み ・限界利益率は、業界平均よりも高い ・資産回転率による資産効率は高い	弱み ・経費率が高く、営業利益率は低い ・総資産利益率は低い

	強みStrength	弱みWeakness
内部環境	<顧客の視点> ・地域での市場占有率が高い ・低・中級品に人気がある <業務プロセスの視点> ・手づくりによる生産ノウハウがある <人材と変革の視点> ・若手の採用が近年増加している	<顧客の視点> ・県外の市場シェアは低く、また伸びていない ・利益率が高い高級品のウェイトが低い <業務プロセスの視点> ・機械化が遅れ、経費率が高い <人材と変革の視点> ・若手へのスキルの移転が不十分
	機会Opportunity	脅威Threat
外部環境	・地域おこし、地域ブランドに着目した行政の動きがみられる ・手づくりによる高級品が好まれていく傾向がみられる	・地域での人口減少は今後もっと進んでいく ・他社の多くは生産の効率化を進めていく ・高級品でも、価値のあるものは買うという消費スタンスが定着しつつある

第6章 事業計画

⓭ SWOT図の作成はどのような手順で行うか

> **Point!!** プロジェクトチームによる複眼的分析を行う

(1) SWOT図の作成
① 作成はプロジェクトチームで
　SWOT分析を行うには、プロジェクトチームなど立場の異なる複数の者によるグループ討議で進めるのが効果的である。そのほうが多角的な視点から把握できるし、財務との関連性もより明確になることが多い。
　また、討議に参加することによりメンバーの意識改革が促される効果もあり、さらに作成した事業計画の遂行がスムーズにいくことにもつながる。
② どこから整理するか
　SWOT図の各象限のどこから検討・整理するかについて特に定まった手順はない。内部環境の強み・弱みから整理してもよいし、外部環境の整理から着手してもよい。
　ここでは、外部環境の機会・脅威から整理し、それに対応する内部環境の強み・弱みを整理するという手順を示した。
【外部環境】
　内部環境と外部環境の違いについては、内部環境は自社のコントロールにより変化させる可能性があるのに対して、外部環境はそのコントロールができないことにある。そのため、いわば所与の条件としての外部環境から整理していくのも効果的な方法といえる。
［整理の視点］
　市場の変化、顧客の変化及び競合する他社の変化などの視点から整理する。
　具体的には、次のような切り口を想定して外部環境の変化をまとめていく。

\<マクロの変化＞
・法律や行政指導の変化……所属業界に対する規制等
・経済情勢……新興国の発展、国内市場の縮小等
・社会の変化……人口減少、少子化等
・技術や環境の変化……新たな環境対応技術等

＜ミクロの変化＞
・市場の変化……規制を含めた市場環境の変化等
・顧客の変化……顧客ニーズ、顧客層の変化等
・競争相手の変化……競争相手の変化、新規参入業者、撤退の動き等

【内部環境】
　上記で整理した外部環境の変化をふまえて、それに対応する自社の内部環境としての強みと弱みを整理する。
　この場合、前節で説明した「顧客の視点」、「業務プロセスの視点」、及び「人材と変革の視点」をふまえて、総合的に強みと弱みを整理していく。
　整理にあたっては、いわゆるマーケティングの４Ｐ「製品、価格、流通、プロモーション（販売促進）」や、「ヒト・モノ・カネ・情報」という切り口などもあわせ、出来るだけ総合的な整理を行う。

(2)　**財務の視点とSWOT図との関連性**
　前節でも若干触れたが、内部環境として「顧客の視点、業務プロセスの視点及び人材と変革の視点」などから自社の強みと弱みを整理する場合は、財務の視点による強みと弱みとの関連性を意識して整理することが肝要である。
　これは、次の理由による。
- 財務の強み・弱み（財務の視点からの現状）とは、人的資源や組織体制（学習と成長の視点）、生産や販売・アフターサービス（業務プロセス）、そして顧客定着率や市場占有率等（顧客の視点）の各経営活動の結果である。
- 事業計画書においては、最終的に売上から利益に至る計画を具体的数値によって表すこととなり、現状分析→対策→到達目標としての財務数値の実現計画という一連の流れを整合的に表すためには、財務の視点と他の視点

との因果関係が明確でなければならない。

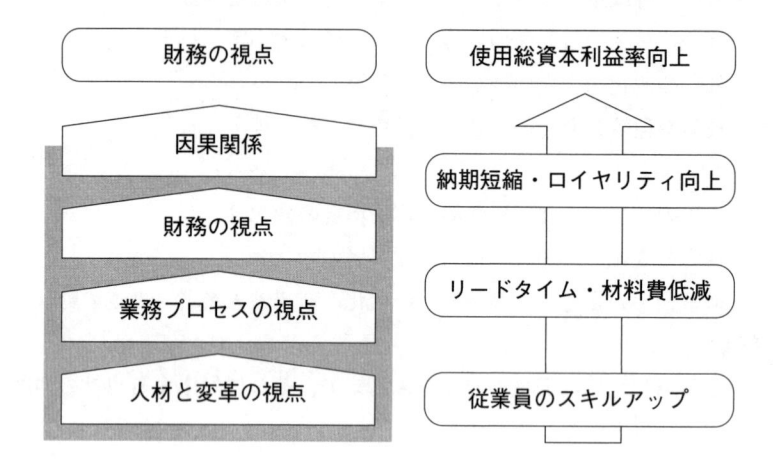

```
┌──────────────┐              ┌──────────────────┐
│  財務の視点   │              │ 使用総資本利益率向上 │
└──────────────┘              └──────────────────┘
   ┌──────────┐                       ↑
   │ 因果関係 │               ┌──────────────────┐
   └──────────┘               │ 納期短縮・ロイヤリティ向上 │
   ┌──────────┐               └──────────────────┘
   │ 財務の視点 │                      ↑
   └──────────┘               ┌──────────────────┐
 ┌──────────────┐             │ リードタイム・材料費低減 │
 │ 業務プロセスの視点 │         └──────────────────┘
 └──────────────┘                      ↑
 ┌──────────────┐             ┌──────────────────┐
 │ 人材と変革の視点 │           │ 従業員のスキルアップ │
 └──────────────┘             └──────────────────┘
```

14 SWOT分析のクロス表を用いた改善策はどのように行うか

Point!! 強みを活かした戦略と効果の高い弱みの克服策にスポットを当てる

(1) 経営改善策の立案〜SWOTクロス表〜

ここでは、経営改善策の立案の際に、実務において広く用いられているSWOT分析のクロス表を使って、改善策の方向性を決めるプロセスを説明する。

クロス表は、SWOT表により自社の強み・弱みを内部環境として分析し、かつ外部環境としての機会と脅威を整理したことを受けて、これを次ページの図表のように、強みと弱みそれぞれの要因につき機会と脅威にクロスさせ、対応策を、図表の中央部にある4つに整理するものである。

・S-O:強みを活かして機会に対応
・S-T:強みを活かして脅威に対応
・W-O:弱みを克服して機会に対応
・W-T:弱みを克服して脅威に対応

(2) 強みを活かした戦略と効果の高い弱みの克服策

クロス表における改善策の各象限は、いずれも重要なメッセージをもたらすものであるが、特に「強みを活かした積極的戦略」に重点を置き、「弱みの克服」については「効果の高い克服策」に重点を置いて立案するのが現実的かつ効果的といえる。

• 強みを活かした積極的戦略……S-O及びS-T
• 効果の高い弱みの克服策……W-O及びW-T

すなわち、自社の強み、コアとなる経営資源を活かした戦略は、市場においてそれなりの優位性をもつものであり、強みを活かした積極的戦略は、優先すべき戦略として効果的である。

また、一般に弱みの克服には困難が伴うものであるため、自社の弱みのな

【クロス表による要因分析と対策】

経営理念	食品による文化の発信と事業の繁栄	
財務の視点	強み	弱み
	・限界利益率は高い ・一人当り売上高が多い	・営業利益率が低い ・キャッシュ・フロー不足
戦略目標	・合理化設備投資による、変動費率の7％低減 ・キャッシュ・フローの増加　○○→○○	

		強みStrength	弱みWeakness
		・県内でのシェアはトップクラス ・伝統的食品○○につき、他社にない生産スキルをもつ ・高品質ながら低価額 ・インターネット販売が伸びている	・県外シェアが低い ・製造原価にしめる経費率が高い ・新規先への販売が伸びない ・設備が古く、効率が悪い
機会 Opportunity	・地域を舞台にするテレビドラマが始まる ・消費者はますますコストパフォーマンス重視となる ・インターネット販売の拡大	<強みを活かして機会に対応> ・テレビドラマにちなむ新ブランドの開発 ・低価格を打ち出した販促 ・インターネット販売の改善による販売増	<弱みを克服して機会に対応> ・県外・新規先をターゲットとした販売促進
脅威 Threat	・地域の人口減少 ・ライバル他社の合理化投資によるコストダウン、価額競争力の強化	<強みを活かして脅威に対応> ・高品質・低価格を打ち出した新製品を、首都圏に販促	<弱みを克服して脅威に対応> ・合理化投資によるコストダウン

かから改善可能性があり、かつ効果が大きいと判断される事項を選び出して改善策を練ることが合理的である。

(3) **記載のポイント**

次に、各象限別の記載ポイントを整理する。

・S-O

この象限では、外部環境に認められる機会を最大限に活かしながら、自社のもつ「強み」をもって、積極的な戦略をとることが重要である。

・S-T

ここでは、外部環境に現れる「脅威」に対して、自社の強みを活かして、ライバルに対して差別化戦略をとることが有効である。

・W-O

自社の弱みを放置しておくと、外部環境に現れている（又は将来現れる）チャンスを逃してしまう可能性がある。そのために、自社の弱みをどのように克服していくかの戦略が求められる。

・W-T

自社の弱みに対して、さらに環境における脅威が加わって来る。このときにどのような戦略が有効か。防衛的な有効策を立案するか、あるいは弱い部門について撤退や縮小を考えるかを検討することとなる。

15 要因の構造化と重要成功要因の把握をどのように行うか

> **Point!!** 要因の構造化→重要成功要因→指標の選択を行う

(1) 組織全体に効果を及ぼす戦略目標の策定

事業計画は、企業経営者のみならず、従業員全員がかかわって実現するものである。そのために、企業として目指すべき目標や戦略が全体として計画されたとしても、すべての部署、従業員がどのように関与するかが明確になり、かつそれぞれの部署等の戦略目標がどのような因果関係で機能するかが明確になっていなければ、計画の現実的機能が弱くなり、また対外的な説得性にも欠けることになりかねない。

こうした観点から、実務において広く活用されているバランス・スコアカードの手法は、企業活動を、財務の視点、顧客の視点、業務プロセスの視点及び人材と変革の視点から、全社的・総合的に見直すものとして、活用度が高い。ここでは、バランス・スコアカードの手法を参考に、改善策の立案につき説明する。

なお、バランス・スコアカードにつき、『業績評価マネジメント』（平成13年9月、ダイヤモンド社）収録の「バランス・スコアカードによる企業革新」（ロバート・S・キャプラン、デイビット・P・ノートン）及び「バランス・スコアカードによる戦略的マネジメント」（同）を参照されたい。

(2) 要因の構造化と重要成功要因の分析

重要成功要因の分析とは、目標や戦略を実現するためには何が重要な要因（成功要因）となるかを、組織の階層ごとに分析して、組織全体に徹底させるマネジメントである。

具体的には、すでに述べた財務・顧客・業務プロセス・人材と変革の4つの視点から、要因間の因果関係を確認しつつ改革や目標実現のための要因を洗い出す。具体的には、因果関係図などを用いて分析を進める。

因果関係についての一般的な例を以下にあげる。この例では、人材育成とIT化を重要成功要因として把握し、戦略的目標を策定する。
　・従業員の能力向上・ITの促進【人材と変革】
→業務プロセスにおけるスピードアップ、質的向上の実現【業務プロセス】
→顧客満足の向上、リピート率の向上、新規先増加【顧客】
→新規市場の開拓、売上・利益改善【財務】
　具体的な企業の現状に従い、因果関係を構造的に整理する必要がある。

(3)　**戦略目標に結びつく主要目標指標の設定**

　重要成功要因の分析を経て、戦略とすべき重要成功要因を整理したら、次のステップとして、改善策や行動改革案を具体化するために、戦略的目標に関連する具体的な指標を選択する。

　組織全体から各部署ベース・従業員ベースまでの設定を行う。目標を数値化・指標化することにより、認識度もあがり、またマネジメントも容易となる。

　なお参考までに、視点ごとに、数値化・指標化の例をあげる。

【顧客】
　・市場占有率、顧客数
　・顧客定着率
　・新規顧客獲得率

【業務プロセス】
　・生産リードタイム、納品リードタイム、発注～納品までのリードタイム
　・不良品率
　・物流コスト
　・一般管理費率
　・ITの人的活用度、IT能力

【人材と変革】
　・一人当り生産性
　・一人当り年間教育・研修時間
　・定着率、平均勤続年数、平均年齢

・情報装備率
・提案件数

(4) **業績評価指標**

　上記の検討により採用した目標指標は、一般に、社内では業績評価指標とすべきものとなる。

　この指標を受けて、次に、各階層レベル・従業員レベルで、評価指標実現に向けた具体的な行動計画表を作成するという流れとなる。

16 目標管理による計画の進捗管理をどのように行うか

> **Point!!** 全社的目標管理の実施により計画を達成する

(1) **目標管理**

　事業計画が作成され組織全体の戦略目標や達成プロセスが明確になったとしても、それが「絵に描いた餅」にならないためには、組織構成員全員による全社目標の共有と、部門・部署及び担当者に至るまでのブレイクダウン並びにマネジメントの仕組みが整備されることが必要である。

　この観点から特に中小企業における目標管理について述べたものとして、『成功事例からわかる中小企業の目標管理』(菅野篤二著、平成24年2月、日本法令)を参照されたい。

(2) **全社ベースでの目標の明確化**

視　点	年度別目標	目標指標	達成指標
財務の視点	・○○部門収支改善……	・自己資本比率、キャッシュ・フロー……	・売上高……、限界利益率
顧客の視点	・営業体制の変革……	・新規顧客率、成約率	・顧客接触率、訪問回数・時間
業務プロセスの視点	・IT活用による合理化	・顧客満足度	・クレーム率、不良率、リードタイム、文書データ化比率
人材と変革の視点	・全社的IT体制整備、業務スキルアップ	・従業員満足度、ITスキル度、残業時間……	・研修実施回数、研修費、提案件数

　簡素な図表で、全社ベースの目標と目標指標を表示した例をあげる。ここで「達成指標」と記載したのは、第一義的に目標とする「目標指標」を

達成するために、強い因果関係をもつ指標のことで、先行指標とも呼ばれる。また、「目標指標」は、遅効指標とも呼ばれる。

　たとえば、記載例のように、新規顧客の増加のために、顧客接触率が先行するといった事柄である。

(3)　「目標の連鎖」と目標管理

　組織内には、生産部門、販売部門及び管理部門等があり、またそれぞれの部門内には、さらに業務分担を異にする部・課・係があり、各係の担当者が前線に立っている。

　全社目標は、これらの部門、部・課・係、担当者のそれぞれの業務目標の連鎖のうえに成立し、達成されるものである。

　また、各セクション（担当者を含む）は、担当業務も異なり、目標達成に向けて取り組むべきテーマ（課題）が異なっている。各セクションが課題に取組み、その結果としての業務達成を行うことにより、「目標の連鎖」を通して全社目標は達成されるのである。

　目標管理は、こうした「目標の連鎖」を前提にして、各セクションが自らの業務の分析を行い、全社目標の達成に向けて次の検討を行い、行動計画書を作成し、いわゆるPDCA（計画（Plan）→実行（Do）→評価（Check）→改善（Action））サイクルを回していくことである。

- 取り組むべき課題と達成目標は何か（課題は複数となる）
- 各課題に係る達成目標は、どれくらいの水準まで達成することが必要か
- それはどんな方法やプロセスで実行するか
- いつまでに達成するか（期限）

　次に、課レベルの行動計画書の参考例を示す。

(記載例)　　　　　　　　　行　動　計　画　書
【所　属】営業部○○課　　【役職名】課長　【氏　名】○○　○　　【上　司】○○　○○
全社目標:「新規顧客増加・製品構成改善による増収益、IT活用による業務プロセスの変革、全社員スキルアップ」

	取組課題	方法・プロセス	水準（達成指標）	期限	構成比	実績とコメント
1	新規顧客数の増加	1　担当地域（東京市場○○地区）の見込客リストの作成と情報整備	・情報整備件数○○／月	四半期末	15%	
		2　整備した情報に基づく顧客接触増	・○○課の顧客接触率○○%（見込客数比） ・○○課の成約件数○○／3カ月	上半期末	15%	
2	製品知識の向上と採算把握	1　製造工程の理解と製品機能の整理 2　担当製品A～Eの原価構成比の見直しと販売費を含めた採算の把握	1　製造部門と○○課との勉強会の開催（月1回、上半期6回） 2　上記勉強会を活用して、○○課担当製品のマニュアル作成	上半期末	10%	
3	顧客情報の蓄積と活用	従来、紙ベースだった情報の蓄積と整理を、パソコンによりクラウドを活用して電子化する	顧客の属性情報ファイルの作成と蓄積（見込客全員分の作成） （下半期には業務日誌も電子化する）	上半期	30%	
4	プレゼン資料作成スキル向上	課から1名を選抜して、外部研修に派遣。研修内容は、課内で共有。	パワーポイントによる資料作成が全営業課員ができるようにする	上半期	20%	
5	事務所内5S	事務効率化のために5Sチームをつくり、5Sを実施する。	使用しない資料・機器の廃棄、及び整頓の徹底により、20%のスペース確保と、探す時間の半減化	上半期	10%	

また、担当者ベースの行動計画書等も、上記例に準じて、業務の質・量に応じて作成する。

(4) **目標達成に向け**

　行動計画書の作成は、それぞれのセクションの責任者との面談を行い、検証と指導を加えつつ行う。目標管理は、いわゆる上から下に目標を下ろすことではなく、部門、部・課・係及び担当者まで、自らの業務の実情を自ら分析して、自主的に目標を立てて、組織的に実施・検証することを趣旨とする。その趣旨をふまえた適切なマネジメントが求められる。

　また面談は、作成時のみならずその後の実行過程において定期的に実施し、PDCAサイクルを展開していく。

　一般的には、こうした行動計画書による目標管理の成果が、人事考課の資料として用いられる。

17 事業計画書をどのように作成するか(1)

> **Point!!** 現状分析及び経営改善施策を的確に盛り込む

(1) 事業計画書の作成

　前節まで、現状分析（つかむ）から施策の検討・選択、経営改善策の策定（ねらう）までのプロセスを述べたが、次のステップは、これを受けて事業計画を具体化（つくる）していくこととなる。事業計画書の作成プロセスである。

　事業計画書の策定は、これまでに述べた現状分析及び経営改善策の策定プロセスの各成果を、売上高及びコストの計画に反映させ、売上高から最終利益までを具体化することであり、これまでに述べた各プロセスの集大成ともいえるものである。

　そのため、これまでのプロセスを振り返りつつポイントを再確認しておく。

(2) 経常性の検証及び現状分析結果の盛込み

① 実績としての決算に係る経常性の検証

　事業計画書では、原則として経常的な損益を予測する。そのため特別損益項目については、到来が確実なもの（たとえば受領が確定している補助金収入など）以外は対象としない。そのため、予測のための重要な根拠となる実績としての決算における財務データは、「経常性の検証」（第6章3節）を経ていることを前提とする。

② 事業計画書を構成する要素

　i）費用については、変動費・固定費に区分する

　費用については、売上の変動に伴い変化する変動費と、必ずしも売上変動に伴って変化しない固定費とに区分する。これにより、売上予測と費用との対応関係が的確に把握される。

ⅱ) 実績データの在庫変動と実質変動費率の把握

特に、実績としての決算において期首・期末の在庫変動が大きい場合は、第6章6節の在庫勘案収支による分析表を作成し、実際の変動比率を明確に把握する。

ⅲ) 部門別損益の把握

部門別（又は製品・商品別）損益を把握し、実績及び利益予想に取り入れる。

ⅳ) 数量×単価の要素の導入

実績売上又は原価につき、製品・商品、サービスに係る数量及び単価の把握を行い、予測が数量変化によるものか、単価の変化によるものかを明確に示す。

(3) **経営改善施策の盛込み**

上記の要素に留意しつつ、「つかむ」、「ねらう」のプロセスで検討し数値化した「改善計画及び行動計画」の内容を、「事業計画」のなかに取り入れる。

その際、「改善計画及び行動計画」の内容をふまえて、実現可能性の高いレベルでの数値を明確にしつつ、事業計画書に入れるべきである。いわゆる負荷をかけた努力目標値的な水準を安易に盛り込むことは避ける。

(4) **その他の事項**

その他、次の事項についても、事業計画の主要な要素として取り込んで作成する。

・投資計画、投資効果、減価償却費
・再投資額
・必要運転資金の計上と調達
・人員及び事業所の変化

(5) **事業継続のための必要投資額（再投資額）**

運送業など事業に用いる車両の入れ替えにつき定期的に更新投資を必要とする業種の場合は、それを経常的に発生する投資ととらえ、同必要投資額を事業計画書に織り込む必要がある。

具体的には、現在保有する車両の取得価額、耐用年数、経過年数等を明示した一覧表により、今後予想される償却額を積上げ計算するのが最も現実的な算出方法となる。

　これが困難な場合は、簡便法として、次のような算式を用いて、車種別等で算出し、集計値を出して予測することも可能である。

取得単価×年間要更新台数
＝取得単価×（維持が必要な台数÷実際の耐用年数）

18 事業計画書をどのように作成するか(2)

> **Point!!** 必要運転資本、圧縮記帳と減価償却費をどう算出するか

　本節では、運転資本の予測、算出上のキャッシュ・フロー以外の調達原資及び圧縮記帳を行う場合の減価償却費の算出について述べる。

(1) 必要運転資金の予測

　長期の利益計画を記入する利益計画書には、キャッシュ・フローの予測と同キャッシュ・フローにて返済すべき長期借入金返済額を対比して記入し、長期的な運転資本過不足（資金収支）を記入する。

　ただ、売上の増加や減少、又は新規販売先への販売促進や原材料等の調達先の変更等による決裁条件の変更が予測されることなどにより、通常の運転資本に大きな過不足の発生が予測されることもある。

　そのため、必要運転資本を予測し、これを利益計画書に折り込んで、運転資本の過不足を把握する必要がある。

　年間の所要運転資本は、次の算式で把握される。

資金運用表（例）

	実　績		予　測		
	金額	比率(%)	金額	比率(%)	算出根拠
月　商	100	100.0	120	100.0	120＝100（実績）×120.0％
月仕入・外注費	70	70.0	84	70.0	84＝120（月商）×70.0％（実績比率）

		実　績		予　測		
		金額	回転期間	金額	回転期間	算出根拠
	売掛金	120	1.2	144	1.2	実績の回転期間で予測
	受取手形	200	2.0	240	2.0	同上
	棚卸資産	50	0.5	60	0.5	同上
	小計（A）	370		444		
	買掛金	70	1.0	84	1.0	実績の回転期間で予測
	支払手形	105	1.5	126	1.5	同上
	小計（B）	175		210		
所要運転資本額（A-B）		195		234		

所要運転資本＝平均月商×（売上債権回転期間＋在庫回転期間－買入債務回転期間）

また、資金運用表（前ページ図表参照）を用いれば、より現実的な運転資金の所要額が把握できる。

なお、所要運転資本については、当面数年間の予測を行えば足りるものと判断される。理由は次のとおりである。

- 運転資本需要は、売上、取引先別売上変動、決済条件の変動及び在庫変動などにより大きく変動するものであり、長期的予測は現実的ではない。
- 運転資金の調達は、必ずしも収益によらず短期の金融調達によることも妥当である。

そのため、所要運転資本は、必要と判断される数期につき資金運用表等により把握しその調達可能性を検証する。

(2) **中小企業における法人収益以外の償還資源**

法人と経営者個人が経済・社会的に実質一体とみられる中小・零細企業において、経営者個人が法人の関連会社である不動産管理会社の代表であり、同管理会社の収益が法人の実質的な償還力を形成する場合もある。

このように、法人のキャッシュ・フロー以外に実質的に償還資源となりうる経費や収入がある場合、その内容を事業計画書に記入する場合もある。

(3) **補助金による圧縮記帳と減価償却費**

補助金による固定資産の圧縮記帳がなされる場合、減価償却費の算出のために、次のような表を用いて算出及び検証するのが便利である。

【減価償却費算出表】

(金額単位：千円)

No.	取得固定資産	補助金対象取得額	圧縮額	補助率（圧縮率）(％)	圧縮後残高	補助金対象外付随費用	償却対象簿価	償却年間	減価償却費
1	○○工場	125,000	93,750	75.0	31,250	3,000	34,250	30	1,142
2	○△倉庫	80,000	60,000	75.0	20,000	2,000	22,000	24	917
3	○□倉庫	30,000	22,500	75.0	7,500	800	8,300	20	415
4	事務所	30,000	22,500	75.0	7,500	800	8,300	20	415
	合計	265,000	198,750	75.0	66,250	6,600	72,850		2,888

(4) **事業計画書のひな形**

参考までに、事業計画書のひな形を掲げる。

単位(　　　)

		決算期	実績(/ 期)		当期予想(/ 期)		算出根拠	予想(/ 期)		算出根拠
			金額	構成比	金額	構成比		金額	構成比	
売　上　高		合計		100		100			100	
		(　　)部門								
		(　　)部門								
		(　　)部門								
売上原価	商品仕入高 a									
	原材料費 b									
	外注加工費 c									
	変動費計 (a+b+c)									
	限界利益									
	労　務　費									
	経　　　費									
	うち減価償却費									
	うち(　　)									
	仕掛品棚卸差・他勘定振替									
	製品製造原価									
	製商品棚卸差・他勘定振替									
売 上 総 利 益										
(同 上 償 却 前)										
販売費・一般管理費										
人件費										
(役員報酬)										
(従業員給与)										
減価償却費										
(　　　)										
その他										
営 業 利 益										
支払利息・割引料										
受取利息・配当金										
その他営業外損益										
経 常 利 益										
(同 上 償 却 前)										
特 別 損 益										
法人税等引当金・収益税										
当 期 利 益										
当期減価償却費										
(うち普通減価償却費)										
(うち特別割増償却費)										
従 業 員 数										
長期借入金年間返済額 a										
再 投 資 額 b										
所 要 運 転 資 金 c										
合 計 X (=a+b+c)										
経常利益−法人税等＋減価償却費 d										
その他の返済原資 e										
返済原資計 Y(=d+e)										
返済原資余力 Y−X										

第7章 震災復興と補助金

　本章では、補助金の活用事例を解説する。東日本大震災後の復興ための手段として活用されている補助金を紹介したのち、そのひとつであるグループ補助金を取り上げる。グループ補助金の概要、成果等を説明した後、震災復興のために必要な事項を紹介する。

① 東日本大震災後の経済と中小企業の支援策はどのようなものか

> **Point!!** 震災後、多くの中小企業支援策が打ち出されている

(1) 東日本大震災の被害

　東日本大震災は、平成23年3月11日14時46分に東北地方の太平洋沖で発生したマグニチュード9.0、日本の観測史上最大の地震によって引き起こされた。

　震源範囲は南北500km、東西200kmと広域で、宮城県栗原市では震度7を観測した。この地震による津波は波高10m以上、遡上高40m以上となった。被害は死者行方不明者合わせて2万人以上、建物の全半壊は39万戸以上、避難者は40万人以上、停電世帯は800万戸以上、断水は180万戸以上であった。中小企業庁によると、被災企業の内訳は、津波により被災した企業が約8万社、地震により被災した企業が約74万社、原子力発電所事故に伴う避難区域内の企業は計84社に達している。

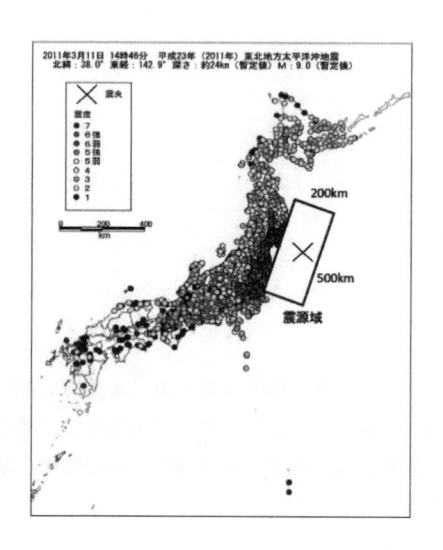

日本政府は震災による直接被害額は16～25兆円と試算しており、経済損失額は世界史上最大のものと考えられる。

(2) 東北地方の経済への影響

東北地方の経済は、平成20年のリーマンショック以降、停滞感がみられていたが、景気対策の浸透などから平成23年にかけ「厳しいなかでも持ち直している」状況にあった。そのような時期に発生した未曾有の大地震と巨大津波が、同地域の経済に大きな影響を与えた。

震災直後は自動車や電機製造業に大きな影響を与えたが、大手企業の支援により早期に復旧した。一方、地場産業である食品加工業、ホテル旅館業、建設業は状況が二極化している。食品加工業は事業施設や生産設備の被災、原子力発電所事故の風評被害、顧客の喪失などにより依然として厳しい状況が続いている。ホテル旅館業は、震災直後はボランティアや復興関係者が多く訪れ活況を呈しており、建設業も復興需要により好況である。ただし、ホテル業は、本来の顧客である観光客は減少しており、建設業の先行きは不透明である。

(3) 被災した中小企業への支援策

中小企業庁は、平成23年5月2日に被災した中小企業への支援制度を発表した。それは、国の支援事業として、「グループ補助金」と呼ばれる補助金制度や、仮設店舗、仮設工場の整備を支援する制度、さらには資金繰り関係の支援など多くのプログラムを立ち上げるというものだった。

被災地各県でいち早く立ち上がったのが福島県であり、県独自の空き店舗・空き工場対策支援事業を開始した。

日本政策金融公庫（以下、「日本公庫」）、商工組合中央金庫（以下、「商工中金」）を始め、多くの金融機関が低金利の融資を発表した。独立行政法人中小企業基盤整備機構（以下、「中小機構」）も仮設店舗、仮設工場の整備支援から始まり、共済等の対応、貸付枠の緩和、各支援センターの立ち上げなどの支援施策を発表した。

被災地各県の労働局においても、緊急雇用調整助成金や失業給付（離職しなくても失業給付が受けられる）などの支援を立ち上げた。ただし、残念なが

らこの失業給付の支援が公表されたのが、被災後2週間ほど経てからであったため、この支援措置が間に合わず雇用保険の給付を有利にするために、従業員を解雇した経営者も多くみられた。

　その後、岩手県、福島県は平成23年8月11日、宮城県は同年8月末にそれぞれ復興計画、復興ビジョンを作成している。そのなかで中小企業を支援していく方策が説明されており、復興期間は8年から10年となっている。

　上に述べた支援策のうち一部を次に記入する。

> 東日本大震災復興特別貸付制度（日本公庫・沖縄公庫・商工中金）
> 　震災により直接又は間接被害を受けた中小企業者を対象に、新たな長期・低利の融資制度
> 東日本大震災復興緊急保証制度（信用保証協会）
> 　震災により直接又は間接被害を受けた中小企業者を対象に、借入金全額を保証
> 仮設店舗・仮設工場等の整備（中小機構）
> 　中小機構が、東日本大震災の被災地域において、事業活動を再開する複数の中小企業者のために、仮設施設（店舗・事務所・工場等）を整備し、市町村に一括して貸与

❷ 震災復興に関する補助金制度とは何か

> **Point!!** 震災関係の補助金の目的は復旧支援と復興支援の２つに大別される

(1) 復旧と復興

　震災関係の補助金制度を整理するには、まず復旧と復興の違いを明確に理解しなければならない。

① 復旧とは

　震災の被害により施設・設備等が壊れそのために事業が低迷したところを元に戻すまでの作業・行動をいう。

② 復興とは

　復旧後、さらに新しく事業を創造し、売上や事業を伸ばし回復することをいう。

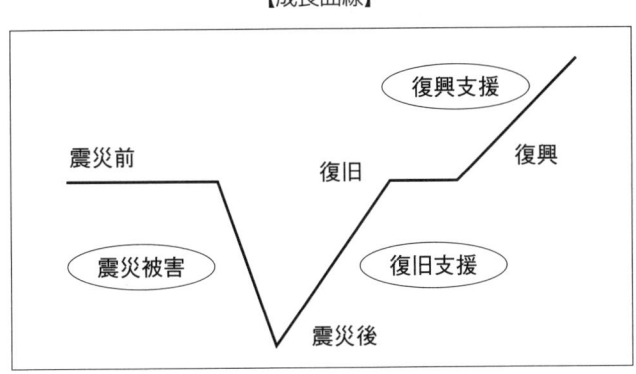

【成長曲線】

（震災前　復旧　復興／震災被害　震災後　復旧支援　復興支援）

　補助金には、復旧支援の補助金と、復興支援の補助金とがある。基本的に復旧支援の補助金は、１施設や設備につき１回のみの給付となる。復興支援の補助金は、復興の内容により、数種の補助金を同時に受けることができる。よって震災関係の補助金制度は、復旧支援と復興支援のどちらの補助金

であるかをまず理解することが重要になる。すでに震災から2年半が経過し、復旧支援の補助金は少なくなっており、今後は復興支援の補助金によって復興がスムーズに進むことを期待したい。

(2) **復旧支援の補助金**

　復旧支援の補助金では、グループ補助金が事業に要した経費の最大75％という補助率の高さで注目されてきた。その他、被災各県単独で行っている復旧支援の補助金があり、この内容は県により大きく違う。たとえば、福島県では空き店舗、空き工場等による事業再開支援なども行っており、補助率は事業に要した経費の最大3分の1で上限額は2,000万円である。一方、宮城県では、補助率は事業に要した経費の最大2分の1で、上限額は工場が2,000万円、店舗が300万円である。

　復旧支援の補助金には、たとえば次の制度がある。

> ・中小企業等グループ施設等復旧整備補助事業
> ・中小企業施設設備復旧支援事業（宮城県）
> ・商店復旧支援補助金／商業活動再開支援補助金（宮城県）

(3) **復興支援の補助金**

　復興支援の補助金においては、すでに多くの補助金が公募されている。業種や目的にあわせ細分化されているため、どの補助金が自社に合致するかを判定することが重要になる。

　また、復興支援を直接の目的とはしていないが、復興に活用できる補助金もある。「ものづくり補助金」などが該当し、この補助金は上限額が1,000万円であり、平成25年2月時点で応募した事業者は1万社を数える。活用方法を誤らなければ期待できる補助金制度である。

　また、雇用関係においても復興型の雇用助成金や緊急雇用調整助成金などがあり、現在でも申請できる。

　復興支援の補助金は次のとおりである。

- 農商工連携等による被災地等復興支援事業
- 宮城県事業復興型雇用創出助成金

(4) その他の補助金

　復興支援を直接の目的とはしていないが、復興に活用できる補助金は次のとおりである。

- ものづくり中小企業・小規模事業者試作開発等支援補助金
- 戦略的基盤技術高度化支援事業
- 地域需要創造型等起業創業促進補助金

(5) 平成25年度の震災関係の主な補助金

　平成25年度にも復興関係の補助金は継続している。代表的なものは次のとおりである。

- 津波・原子力災害被災地域雇用創出企業立地補助金
- 中小企業組合等共同施設等災害復旧事業
- 中小企業再生支援協議会事業
- 東日本大震災復興ソーシャルビジネス創出促進事業補助金
- 福島再生可能エネルギー研究開発拠点機能強化事業
- 伝統的工芸品産業復興対策支援補助金
- 福島復興再生のための環境回復・創造分野における研究拠点施設等整備事業

3 グループ補助金とは何か

Point!! グループ補助金は、誰にでも交付されるわけではない

(1) グループ補助金の目的

グループ補助金の正式名称は「中小企業等グループ施設等復旧整備補助事業」である。この補助金は、公募型のためすべての事業者に交付される補助金ではなく、申請者が実施事業について計画を提出し、補助事業の趣旨と目的に合致する計画が認定され補助金が交付される。

宮城県ではグループ補助金の目的は、次のように記載されている。

> 東日本大震災により甚大な被害を受けた地域において、県の認定する中小企業等グループの復興事業計画について、国及び県が支援することにより、「産業活力の復活」「被災地域の復興」「コミュニティーの再生」「雇用の維持」等を図り県内産業の復旧及び復興を促進することを目的とします。
> 「中小企業等グループ施設等復旧整備補助事業復興事業計画認定 公募要領」

すなわち、中小企業などグループが、グループとしての復興事業計画に基づき、「産業活力の復活」「被災地域の復興」「コミュニティーの再生」「雇用の維持」等に重要な役割を果たすと見込まれる場合において、グループを構成する各社に、グループの復旧事業に要する経費の一部が補填される。重要な役割を果たさない企業や、この目的に合致しない計画は採択されない。

(2) グループとは何か

この事業でいう「グループ」は、グループ企業のことではなく、資本系列や人事関係のない、独立した企業が2社以上集まって構成する企業群をいう。グループの構成は、たとえば宮城県では5パターンがあり、このパターンに当てはまらない場合は申請対象外になる。

宮城県については、水産(食品)加工業型グループがあるが、岩手県、福

島県では、当グループを除く4パターンになる。グループ内の事業者が同じ復興計画を推進することも重要なグループの条件である。

宮城県では中小企業等グループの機能は、次のとおりである。

> ① サプライチェーン型
> ② 経済・雇用効果大型
> ③ 地域に重要な企業集積型
> ④ 水産（食品）加工業型
> ⑤ 商店街型
> 「中小企業等グループ施設等復旧整備補助事業復興事業計画認定　公募要領」

(3) 補助の対象となる経費は何か

グループ補助金において、補助の対象となる経費は次のとおりである。

> 中小企業等グループ又はその各構成員の施設及び設備であって、東日本大震災により損壊もしくは滅失又は継続して使用することが困難になったもののうち、中小企業等グループが復興事業計画に基づき事業を行うのに不可欠な「施設及び設備を復旧するのに要する経費」
> 「中小企業等グループ施設等復旧整備補助事業復興事業計画認定　公募要領」

すなわち、被災した企業の施設と設備のみが対象となる。各々の施設であっても、寮または食堂などの福利厚生に関する施設は対象外となっており、復旧すべき事業に最低限必要な施設のみが、補助の対象となる。設備についても同じく汎用性のある設備は、補助の対象外となり、復興事業に必要なもののみが補助の対象となる。

(4) グループ補助金の特徴

グループ補助金の特徴は、次のとおりである。

> ① 複数の中小企業者が構成し、指定の機能をもった「中小企業等グループ」で申請する。
> ② 補助の対象となる経費は、震災前に所有していた施設・設備の復旧・整備に要する経費である。
> ③ 補助金交付決定日以降新たに着工・実施する施設・設備の復旧・整備等のみが対象となる。

(5) グループの認定

　グループ補助金については、グループで申請するもので、認定もグループの復興計画についてグループ単位で行われる。グループを構成する各事業者の費用がすべて補助の対象として認められるわけではない。復興計画が認定された後に、各事業者が復旧のための交付申請を行い、その後、事業者単位で見積金額の妥当性などから復旧金額の精査が行われ、交付金額が確定する。

　認定される内容は、次のとおりである。

> ① グループの構成状況
> 　グループの構成内容に妥当性・正当性があり、復興目的に合致しており、地域の復興に重要な役割を果たすこと。
> ② グループの復興の見通し
> 　グループが復旧費用を交付されたことにより、復興できる可能性が高いこと。
> ③ グループ化したことによる復興計画の内容
> 　グループでの復興計画の内容が、地域の発展、及びグループ補助金の目的である"産業活力の復活""被災地域の復興""コミュニティーの再生""雇用の維持"等に重要な役割を果たすと見込まれる」こと。
> ④ グループ構成員の復旧に関する基本的な内容
> 　各事業者の復旧費用の概算金額合計が、復興内容に見合う金額になっていること。

(6) **留意事項**

　この補助金は、事業の再生を目的とし、震災前に所有していた施設・設備の復旧・整備等が対象となる。グループとしての復興計画の認定が必要で、この復興計画に必要不可欠なものしか補助の対象にならない。そのため、補助を受ける場合には各事業者の復旧、復興のみならず、グループの復興計画を推進することも求められている。

❹ グループ補助金の実績はどのようになっているか

> **Point!!** グループ補助金により多くの中小企業が復旧し、復興に向かっている

平成25年3月時点における県別のグループ補助事業の採択状況は、次のとおりである。

	補助件数	企業数	補助総額	うち国費
青森県	10グループ	208社	86.0億円	57.0億円
岩手県	95グループ	1,455社	753.0億円	503.0億円
宮城県	158グループ	4,543社	2,098.0億円	1,399.0億円
福島県	195グループ	3,568社	759.0億円	505.0億円
茨城県	50グループ	1,258社	174.0億円	116.0億円
千葉県	6グループ	170社	26.3億円	17.8億円
合計	514グループ	11,202社	3,896.3億円	2,597.8億円

（注）青森県から福島県までは中小企業庁発表、茨城県と千葉県の企業数は独自に集計。

(1) グループ補助金の成果

グループ補助金の成果は、次のとおりである。

> ① グループ形成により相乗効果が発揮され、各事業者の経営に役立つ
> ② 競争相手と協力することで、従来にはない連携を行うことが可能となる
> ③ 事業の復旧を足掛かりに、事業の復興を可能にする

上記のとおり、グループ補助金によって、514グループ、11,202社の企業が、当該補助金により復旧を果たしたことになる。

グループ補助金は前節で説明のとおり、事業者がグループを構成して申請する補助金である。これは、同業者または、他業種の事業者が「中小企業等グループ」を構成し申請することを意味し、事業者が、従来は競争相手（コンペティター）であった近隣の事業者と協力し、申請する可能性もある。グ

ループ構成員が、各々の強みを活かし、従来にはない連携が行われることが期待される。

このグループ構成については、お互いの良いところを持ち寄り、より良い企業グループを結成し「他地域もしくは、他国との競争力をつける」という意味では、大きな復興を期待している。さらに、強いグループの形成を目的とし、復興計画をつくるので、新しい事業の枠組みや、新組織が構築されることになる。

(2) グループ補助金の課題

グループ補助金の課題は、次のとおりである。

> ① 補助金の交付に伴い発生する「すべきこと」「義務」があるが、このことを認識できていない事業者がいる
> ② 復興計画に参加しない事業者がいるので、今後、グループとしての組織強化が急務である
> ③ グループ補助事業が採択されたグループの構成員には自力での復興がむずかしい事業者が含まれており、さらに支援が求められる

補助金の内容を十分に理解せず、支援として資金が交付されると考えて、申請した事業者もおり、グループの復興計画への参加に消極的な事業者がいるので、グループとしての組織強化が急務になる。

復興事業計画を遂行するために、最も重要となるのは、震災における企業環境の変化への対応力である。施設・設備は補助金によって復旧したとしても、人口の流出等による企業環境の変化にあわせた事業設計ができず、本来の復興が果たせない事業者が出ることが懸念される。

このグループ補助金では、補助金でまかなう範囲と自力で復興していく範囲を明確に説明し、支援する側の論理と支援される側の論理を調整し、いち早く復興できるように被災企業を指導できる、公共の支援機関の充実が、さらに求められることになる。

5 震災復興に必要なことは何か

> **Point!!** 企業の復旧復興に必要なものは、資金、製品、人材、顧客の4つである

(1) **復興の基本は街づくり**

　復興の大きな目的は地域住民の復興にあり、そのための街づくり構想が重要になる。

　今回の東日本大震災では街全体をなくしてしまった地域が多く、今後、街の復興をどのように進めていくかが重要な課題になる。

　そのためには、住民から「現状の課題」や「要望」をよく聞き、市町村が県や国に対して提案していくことが必要になる。

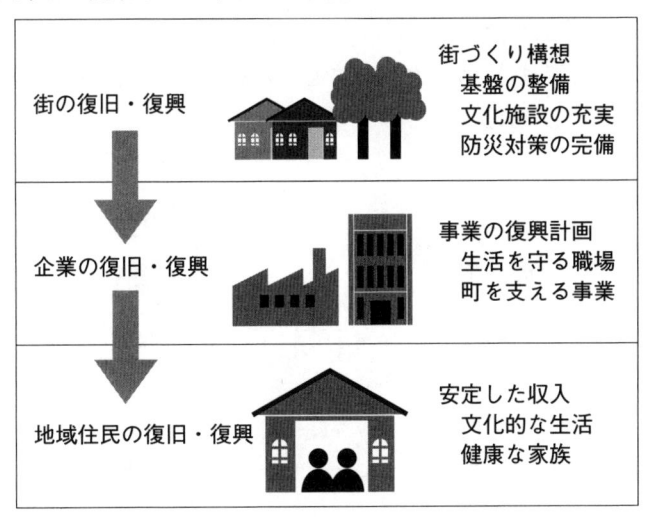

街の復旧・復興	街づくり構想 基盤の整備 文化施設の充実 防災対策の完備
企業の復旧・復興	事業の復興計画 生活を守る職場 町を支える事業
地域住民の復旧・復興	安定した収入 文化的な生活 健康な家族

　また、街づくりには市町村と地域住民だけでなく、企業も大きな役割を担っている。企業は街を支える事業者であり、地域住民の生活を守る事業者でもある。そのため、事業者は街づくりにあわせた事業を営む必要がある。

　事業には大きく2つの目的がある。1つは街の住民の雇用を確保し、生活

を守ることである。一方で企業は安定した労働力を確保できるメリットを享受できる。大手の製造工場や地場の食品加工場等がその例になる。もう1つは地域住民の利便性を高めることである。商店街等がその例になるが、街の電気屋、美容院、床屋、食品店等である。どの企業も復旧できなければ街づくりも住民の復興もなしえない。

(2) **企業の復旧、復興に必要なもの**

　企業の復旧復興に必要なものは、資金、製品、人材、顧客の4つである。水産加工会社の場合、設備を整えるための資金、加工品をつくるための魚類、魚を加工する技術をもつ人材、さらにその加工品を購入する顧客が必要となる。

　今回の震災ではこの4つすべてをなくした企業がある。施設・設備が津波で流され、加工品製造のための原材料となる魚は入手が困難となり、人材は地域から移動流出したため大幅に不足し、顧客も地域から離れたり、取引の再開に応じなかったりする。

　補助金により設備等は整ったとしても、人材や顧客を呼び戻さなければ、企業の復興はなしえない。

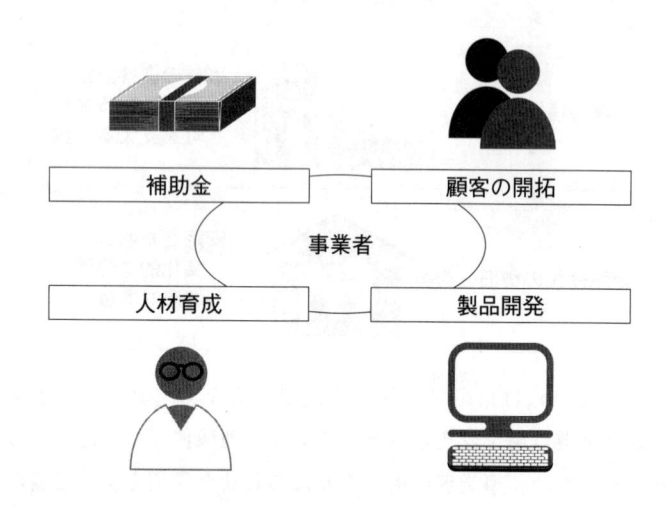

(3) 企業における課題

　グループ補助金の場合には、復旧に必要な資金の4分の3近くが交付されている。資金援助されれば、一般的にはどのような事業でも利益を確保できるはずである。しかし、今回の震災・津波で被災した中小企業が必ず利益を出し復興できるかは疑問である。

　グループ補助金の申請を支援する業務を通して認識したのは、経営管理のノウハウが欠しい小規模事業者が多くみられることであった。事業者は小規模であっても、今回の補助金などを契機に経営管理を強化すべきである。経営ノウハウの強化がむずかしい小規模企業ならば、組合などを立ち上げることも考えられる。たとえば、経営管理の指導や、共同購入によるコスト削減を目指すなど、具体的なノウハウの共有を図る。そして、さらに「組合の立ち上げ」や適切な運営などを支援する機関も必要となる。

(4) 支援すべきこと

　補助金制度により施設・設備は復旧し、体制が整ったとしても復興できるとは限らない。次の課題は「人材確保」と「顧客の創出」である。街づくりがある程度進み、人が戻ってきて初めて人材も顧客も整うことになるが、企業はそれまで待つわけにはいかない。街づくりが進む前に人材を集める方策、顧客を創出できる方策の支援が求められる。また資金援助を受けても、復興がむずかしい事業がいくつかある。文化的色彩が強い事業である。これらの業種は生活に必須の事業ではないが、日本文化や地域文化のことを考えると残すべき重要な事業である。これらの事業を営む企業が利益を確保するために、自治体や地域社会とより密接に結びついた支援体制が求められる。

　中小企業を支援する際には、単に資金援助するだけでなく、人材に対する支援や顧客開拓に対する支援、製品開発に対する支援などが必要であり、資金、製品、人材、顧客というすべての要素が満たされることで中小企業の復興が果たせることになる。

第8章 グループ補助金の申請

　本章では、前章で紹介したグループ補助金の申請を行う場合を例として取り上げ、申請手順、必要書類、留意事項等を解説する。他の補助金の申請を行う場合には直接当てはまらない事項も含まれているが、補助金を申請する際の全体像と留意事項を把握していただくために申請書類も紹介する。参考にしていただきたい。

1 グループ補助金の申請手順はどのようになっているか

Point!! グループを設定し、復興事業計画書を作成する

グループ補助金の申請手順は、次の図のとおりである。

【申請手順】

```
┌─────────────────────────┐
│  グループの設定・体制の整備  │
└─────────────────────────┘
           ↓
┌─────────────────────────┐
│  グループ・ビジョン、復興事業  │
│  計画書（原案）の作成       │
└─────────────────────────┘
           ↓
┌─────────────────────────┐
│  グループ予定メンバーへ説明   │
└─────────────────────────┘
           ↓
┌─────────────────────────┐
│  構成員別復興事業計画書      │
│  記入方法の勉強会          │
└─────────────────────────┘
           ↓
┌─────────────────────────┐
│  復興事業計画書            │
│  （別紙1、2、3）の記入     │
└─────────────────────────┘
           ↓
┌─────────────────────────┐
│  復興事業計画書提出前整理    │
└─────────────────────────┘
           ↓
┌─────────────────────────┐
│  事前提出・最終提出        │
└─────────────────────────┘
```

補助金の公募が開始されるとすぐ、公募要項、記入用紙等が発表される。各県のウェブサイト上に掲示されるので、ダウンロードして活用することができる。

申請書の作成前に、この要項をよく読むことが重要である。申請を行うにあたり、補助金の目的や公募の要件を理解し、求められている項目に正しく記入しなければならない。

特にこの補助事業においては、グループで申請しなければならないので、グループを設定しグループの方向性（ビジョン）を定め、このビジョンに基

づきグループ全体としての復興事業計画をまとめる。中心となる企業（幹事企業）がビジョンと「復興事業計画書」（別紙1）の原案を作成し、構成員となるメンバーに説明会を開き、構成員の意見、要望等を聞きながら当初のビジョンと復興事業計画書を修正していくことになる。

申請に参加するメンバーはこのビジョン等を参考に「事業者別復興事業計画書」（別紙2）と経営状況表（別紙3）を作成する。別紙2の完成後に、その内容をもとに別紙1に、各メンバーの記載内容に関する明細を記入すれば両書類が完成する。

表紙に相当する「認定申請書」と別紙1については、グループ全体で1部作成すればよく、別紙2、別紙3はメンバーごとに作成する。資料の順番を整えてバインダーに綴じ、提出する。

幹事企業は提出物と同じ「写し」をもち、メンバーは別紙1と自社の別紙2や添付資料の写しを保管しておく。

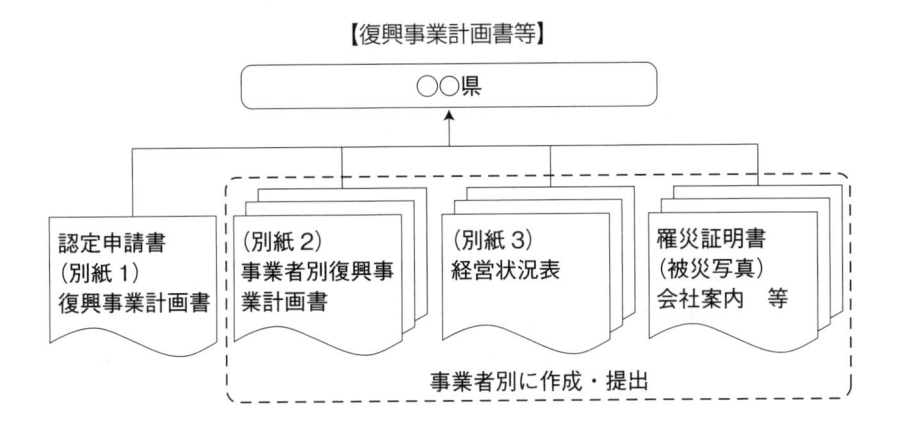

【復興事業計画書等】

○○県

- 認定申請書（別紙1）復興事業計画書
- （別紙2）事業者別復興事業計画書
- （別紙3）経営状況表
- 罹災証明書（被災写真）会社案内　等

事業者別に作成・提出

申請後のスケジュールは次ページの図のとおりであり、それにあわせて、各々の資料を準備する。

第8章　グループ補助金の申請

【申請後のスケジュール】

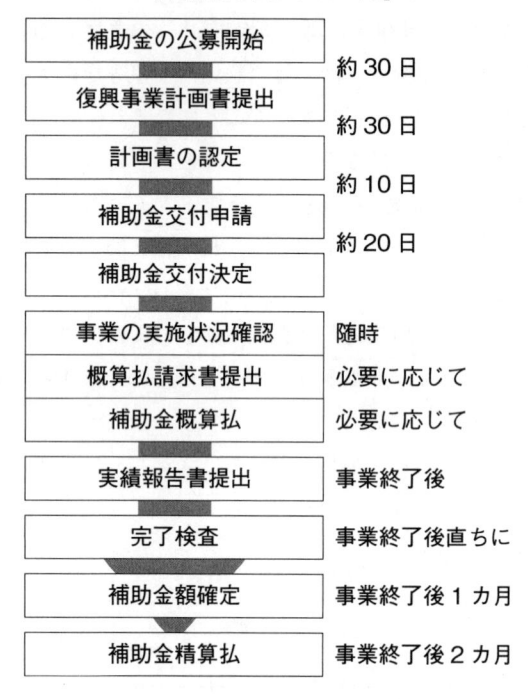

| 補助金の公募開始 |
| 約30日 |
| 復興事業計画書提出 |
| 約30日 |
| 計画書の認定 |
| 約10日 |
| 補助金交付申請 |
| 約20日 |
| 補助金交付決定 |
| 事業の実施状況確認　随時 |
| 概算払請求書提出　必要に応じて |
| 補助金概算払　必要に応じて |
| 実績報告書提出　事業終了後 |
| 完了検査　事業終了後直ちに |
| 補助金額確定　事業終了後1カ月 |
| 補助金精算払　事業終了後2カ月 |

　実際に補助金が交付されるのは事業終了後2カ月ほど先になる。
　また、申請に関する注意点は次のとおりである。
(1) **グループ補助金は復旧補助金**
　震災前に所有していた施設・設備が申請対象となるが、震災前に所有していなかった施設・設備は、新たな整備に該当し復興事業となるため、申請対象とならない。
(2) **事業の変更は可能**
　交付決定された後でも、事業の内容は変更できる。ただし当初申請額の範囲内であることが条件である。また、大幅な変更は知事の事前承認が必要になる。

(3) **補助金の財源は税金**
　補助金の財源は税金であり、無駄な支出は納税者の理解が得られないと考えられることから、不明瞭な申請は採択されないだけでなく、採択後であっても不適切な会計や支出があった場合には、補助金の返還等厳しい処置がとられる。

② 復興事業計画書を作成するにあたり留意すべき点は何か

> **Point!!** 地域に貢献できるグループの設定が重要である

補助事業計画書作成上の注意点は次の3点である。

(1) 公募要領で提出方法や時期等の確認
(2) 補助事業計画書に記入すべき内容の整理
(3) 審査のポイントの理解

(1) 公募要領で提出方法や時期等の確認

まずは、手続上のミス等によって申請が却下されることがないよう公募要領で提出方法や時期等を確認する。

(2) 補助事業計画書に記入すべき内容の整理

次に、補助事業計画書に記入すべき内容は、目的、対象者及び、補助の対象となる経費の3つである。

① 目的

グループ補助金の目的は「産業活力の復活」「被災地域の復興」「コミュニティーの再生」「雇用の維持」等であり、地域の復旧・復興を促進することである。計画書にこの目的を達成するための具体的な内容を明記する。

② 対象者

申請するグループが、対象者に該当することを計画書に明記する。対象者は、前章3節(2)「グループとは何か」に記載されている「中小企業等グループの機能」5分類のうちいずれに該当するかを確認する。

③ 補助の対象となる経費

グループ補助金で申請できるものは、次のような施設と設備である。

区　分	内　　容
施　設	倉庫、生産施設、加工施設、販売施設、検査施設、共同作業場、原材料置場、その他「1事業の目的」の範囲内で復興事業計画の実施に不可欠と認められる施設
設　備	復興事業に係る事業の用に供する設備であって、中小企業等グループ又はその構成員の資産として計上するもの

「中小企業等グループ施設等復旧整備補助事業復興事業計画認定　公募要領」抜粋

　ここで注意したいのは次の3つである。

> ⅰ）　施設又は設備を震災前に所有していたことが、写真や書類等で確認できることが必要になる
> ⅱ）　私的に活用できる施設、寮、休憩所、仮眠室、食堂、事務所専用建物は対象外となる
> ⅲ）　汎用性の高い設備、普通乗用車や、イス、机、パソコン、テレビ、FAX、プリンター等は対象外となる

　しかし、同じパソコンでも、NCシステムやCADシステムのような専用機については、申請対象となる場合がある。また施設でも、法で規制されている業種は例外となる。たとえば「運送業における仮眠室」などは申請対象となる。

(3) 審査のポイントの理解

　グループ補助金における交付機関の審査のポイントは次のとおりである。

> （別紙1）復興事業計画書
> ・グループの概要（特徴）
> ・地域で果たしている役割や重要性
> ・被害の状況
> ・実施スケジュール
> ・実施体制・必要性
> ・グループ機能の評価（重要性等）

> （別紙2）事業者別復興事業計画書
> ・グループにおける役割
> ・グループ機能へ与えた影響
> ・復旧整備の方針や考え方
> ・復旧復興後のイメージ
> ・グループから求められる必要性
> ・復旧後のグループへの貢献度
> ・復旧整備金額の正当性・妥当性

これらの審査ポイントを理解し、計画書に明瞭かつ具体的に記入する。この際に特に意識する点は次のとおりである。

① 震災による被害を明確に記入する
② 構成企業のグループ内における役割と復旧時における貢献度を説明する
③ 申請予定のグループが復旧することによって、被災地域や他産業に貢献できることを説明する

3 グループ補助金申請に必要な書類は何か

Point!! 申請にあわせて提出すべき書類があるので、あらかじめ準備する

(1) 提出書類

　書類は、認定申請や交付申請に必ず必要になるため、あらかじめ準備しておく必要がある。復興事業計画認定申請書及びグループの（別紙1）復興事業計画書については、グループ全体で1部用意すればよいが、（別紙2）復興事業計画書以降については構成員企業がすべて用意する。

　提出物の一覧は、次のとおりである。県ごとに若干異なる。

	提出書類	岩手県 認定	岩手県 交付	宮城県 認定	宮城県 交付	福島県 認定	福島県 交付
全体	復興事業計画認定申請書	○		○		○	
	（別紙1）復興事業計画書	○		○		○	
構成員別	（別紙2）復興事業計画書	○		○		○	
	（別紙3）経営状況表	○		○		○	
	罹災証明書（被災写真）	○		○		○	
	会社案内（手書きも可）	○		○		○	
	決算書（3期分）	○			○		○
	定款（写し）		○		○		○
	登記事項証明書（原本）		○		○		○
	納税証明書（原本）	○			○	○	
	見積書等（金額算出根拠）	○					○

第8章　グループ補助金の申請

実施計画書（施設）				○		
暴力団排除に関する誓約書		○		○		○
役員名簿			○	○		○
補助金交付申請書			○	○		○
補助事業計画書		○		○		○

① 罹災証明書

大規模半壊、全壊、半壊、一部損壊の評価をするものであり、市町村単位で発行している。ただし、罹災証明を発行しない市町村もあるので、注意が必要である。市町村が発行していない、取得したかった等の理由で罹災証明書がなければ、写真や被災証明でもよい場合がある。

② 会社案内

会社の概要を示すため「会社案内」を用意する。「会社案内」がなければ、会社概要を記入したそれに準ずる書類でよい。

③ 決算書

3期分の損益計算書、貸借対照表を用意する。

④ 定款

法人の場合は、定款が必ず必要である。写しでよい。

⑤ 登記事項証明書

原本が必要になる（個人事業主は住民票である）。

⑥ 納税証明書

県税すべての納税証明書が必要である。原本の提出が求められる。

⑦ 見積書等

金額算出根拠を示すために必要である。

⑧ 実施計画書

施設については、実施計画書の提示を求められる場合がある。

⑨ 暴力団排除に関する誓約書

暴力団排除条例に従う旨の誓約書であり、提出は必須となる。あわせて役員名簿も提出する。

⑩ そのほかに準備しておくべき資料

　復旧整備の施設がある場合は、位置図、施設の配置図、平面図、立面図、工事見積書、基本設計書又は実施設計書が必要であり、復旧整備の設備がある場合は、位置図、設備の配置図、工事見積書を用意する。

(2) **補助資料**

　グループ補助金の申請を行うときに、図表やグラフを活用して、申請を受けた側が、申請内容を理解しやすいように説明する。

　「グループ・ビジョン」や「構成員の役割」については、添付資料として提出することとされており、事業者の取りまとめや事業者別復興事業計画書としても役立つ。「実施スケジュール表」や「復興計画」「復興体制」については、グループの復興事業計画の補助資料として作成するとよい。

① グループ・ビジョン

　グループとしてどのように復興していくのか、復興後、グループとして、

【「〇〇〇産業のサプライチェーングループ」ビジョン】

- サプライチェーンの強化
  当グループ外の企業や他地域の産業にとって重要な役割を果たしている
- サプライチェーン型で申請
- 流通機能の強化
  ＊＊＊＊＊＊＊＊＊＊
  ＊＊＊＊＊＊＊＊＊＊
- ワンストップのフル活用
  ＊＊＊＊＊＊＊＊＊＊
  ＊＊＊＊産業を支える
- 今後の発展に期待
- コンセプト
  ● 早期の事業再開に向けた環境整備
  ● サプライチェーンの中核を担う企業群
  ● 地震津波に強い「〇〇〇の地域づくり」
- だから重要
- だからメリットが大きい
- だから雇用に貢献
- グローバル化の拠点
  ＊＊＊＊＊等の世界戦略の一翼を担う
- 雇用環境の整備
  ＊＊＊＊改善を行い、震災以降の雇用の維持と拡大を目指す
- 防災対策の強化
  避難訓練や＊＊の整備により、従業員・地域住民の安全を確保する

どのように活動するのかなどを復興ビジョンとして作成し、構成員が別紙2の「グループ内における役割」や「グループへの貢献度」等を記入しやすくする。

さらに各事業者が同じ方向性をみて記入することで、まとまりを表現することができる。

② グループの役割

同業種でグループを組んだ場合、構成員の役割が不明確になりやすい。担当地域や得意分野によりマトリクスをつくり分類し役割を明確にする。

このマトリクスをつくるために構成員の事業内容を調査し「グループ内における役割」を検討する。

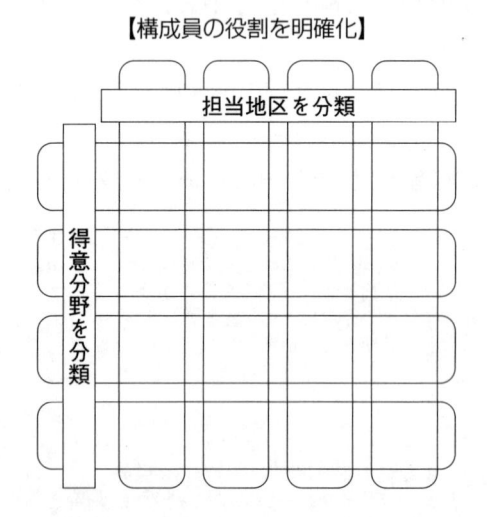

【構成員の役割を明確化】

担当地区を分類

得意分野を分類

③ 実施スケジュール

申請書に、復旧・復興スケジュールを文章で作成すると、構成員の多いグループでは理解しづらい。一覧表にするとみやすくなる。

【復旧事業スケジュール全体表】

社名	平成24年										平成25年											
	3月	4月	5月	6月	7月	8月	9月	10月	11月	12月	1月	2月	3月	4月	5月	6月	7月	8月	9月	10月	11月	12月
1 ○○○○株式会社															復旧開始				完了			
2 株式会社△△△						復旧開始																
3 □□株式会社				復旧開始																		
4 ○○△株式会社					復旧開始																	
5 ○○株式会社																復旧開始					完了	

④ 復興事業

復興計画の内容に記入するのは、主に次の項目である。

> ⅰ) 計画の考え方
> ⅱ) 実施内容イメージ
> ⅲ) 実施のメリット
> ⅳ) 目標

これらを図で示すと理解しやすい。

【○○○復興事業のイメージ】

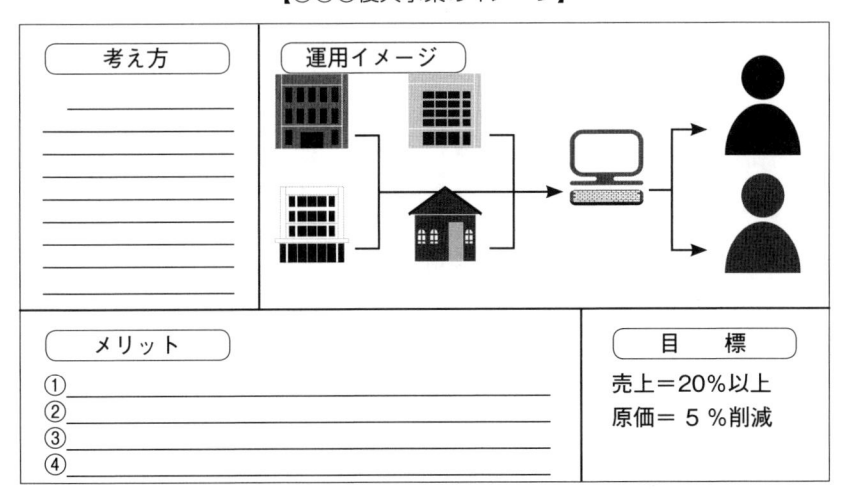

考え方
―――――――――
―――――――――
―――――――――
―――――――――
―――――――――

運用イメージ

メリット
① _____
② _____
③ _____
④ _____

目　標
売上＝20％以上
原価＝5％削減

⑤ 復興計画

　復興スケジュールも表にまとめるとわかりやすい。

【復興スケジュール表】

復興事業の内容	平成25年												平成26年〜					
	1月	2月	3月	3月	4月	5月	6月	7月	8月	9月	10月	11月	12月	1月	2月	3月	4月	5月	6月
ⓐ「サプライチェーンの機能再構築」																			
・○○関係の取り組み					●												→|	
・○○関係の取り組み							●										→|	
・エコ・省エネの検討			●													→|		
・研究会・勉強会への参画			●									●							
・グループ全体検討会			●								●					●			

⑥ グループの体制

　グループで復興計画を推進する体制は文章で作成するより図で示すと理解しやすい。

【「○○○○グループ」の復興体制】

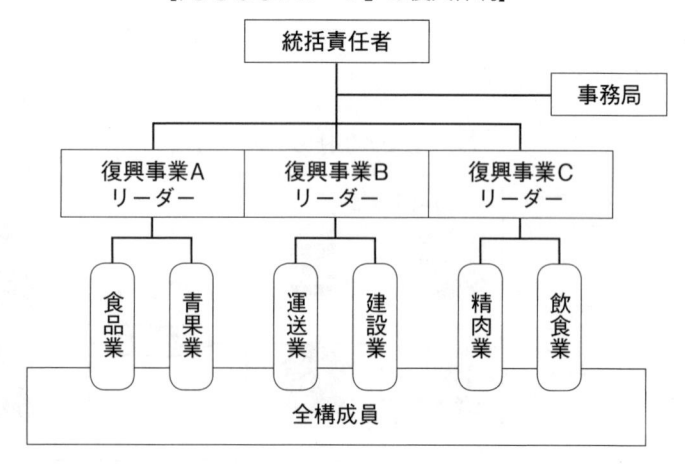

```
        統括責任者
           │────── 事務局
   ┌───────┼───────┐
復興事業A  復興事業B  復興事業C
リーダー   リーダー   リーダー
 ┌─┬─┐   ┌─┬─┐   ┌─┬─┐
食 青   運 建   精 飲
品 果   送 設   肉 食
業 業   業 業   業 業
 └─┴───┴─┴───┴─┴─┘
        全構成員
```

❹ 復興事業計画書の作成のポイントは何か

Point!! 計画書をわかりやすく、説得力をもたせる

　復興事業計画書記入の際のポイントを、宮城県の記載要領に基づいて説明する。復興事業計画認定申請書に添付する「中小企業等グループ施設等復旧整備補助事業復興事業計画書」(以下、「別紙1」)と「事業者別復興事業計画書」(以下、「別紙2」)について記入事例を参考にしながら注意点をまとめた。

　別紙1については、サプライチェーンを構築するために組成されたグループの申請をモデルにしている。別紙2については、できるだけ汎用的に作成したので、どのようなグループにも応用できる。

(1) 復興事業計画認定申請書に添付する別紙の位置づけ

　復興事業計画認定申請書（以下、「申請書」）に添付する別紙1は、申請書の復興事業計画の実現性や実効性を説明にするために、事業の内容や背景、予算、参加する企業、スケジュールなどを記入する。別紙2は、別紙1の内容を補足するために事業者の概要、被災状況（被害状況）、復旧のための費用を明記する。さらに別紙3については、事業者がグループの復興計画に参加し、復興できる経営状況を説明するために、決算書をもとに作成する。すべての資料は、必然性があり、「グループ補助金の目的の達成すること」を説明するためには不可欠なものである。

【別紙の役割】

```
復興事業計画認定
申請書
      ↑ 復興事業計画の内容説明
別紙1
復興事業計画書
      ↑ 復興事業計画を推進する
        事業者の復旧状況
別紙2
事業者別復興事業
計画書
      ↑ 事業者の復興の可能性
別紙3
経営状況表
```

(2) **別紙1と別紙2の整合性**

　申請書に添付する別紙1と、別紙2は、記入内容の整合性をとる必要がある。整合性は下の図のとおりである。

【中小企業等グループ施設等復旧整備補助事業復興事業計画】

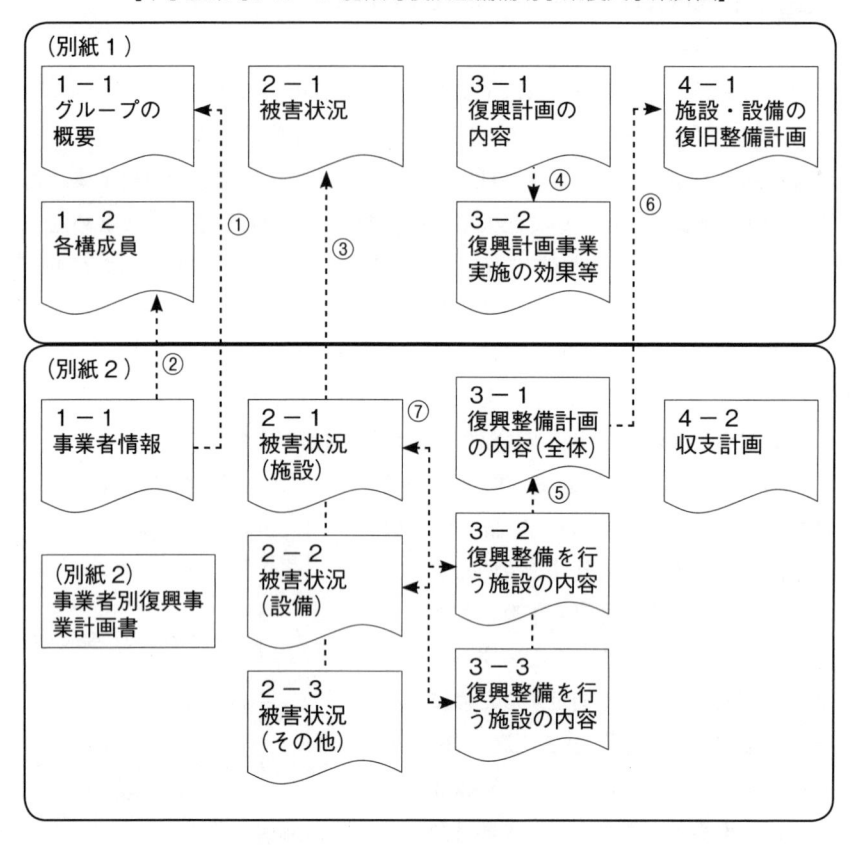

(別紙1)
- 1-1 グループの概要
- 1-2 各構成員
- 2-1 被害状況
- 3-1 復興計画の内容
- 3-2 復興計画事業実施の効果等
- 4-1 施設・設備の復旧整備計画

(別紙2)
- 1-1 事業者情報
- (別紙2)事業者別復興事業計画書
- 2-1 被害状況（施設）
- 2-2 被害状況（設備）
- 2-3 被害状況（その他）
- 3-1 復興整備計画の内容（全体）
- 3-2 復興整備を行う施設の内容
- 3-3 復興整備を行う施設の内容
- 4-2 収支計画

矢印番号：①②③④⑤⑥⑦

　記入内容の整合性は、次のとおりで、数字は、図とあわせて確認する。

① 　別紙2の「1-1(4)グループにおける役割」は、グループ概要を説明するために重要な項目となっている。震災前からの特徴や役割、機能などで復興計画の実現性が明確になる。震災後に結成された場合においては、その

時点のことでもよい。
② 別紙1の「1-2グループの構成員の内容」は、参加企業の状況を、確認するため、別紙2の「1-1事業者情報」に基づき、事業者名などの情報と、グループにおける役割を明記する。
③ 別紙1の「2-1被害状況」は、別紙2の「2-1被害状況（施設）」「2-2被害状況（設備）」の記載内容を事業者別に記入し、「2-3被害状況（その他）」の記載内容をグループの被害状況として整理しまとめて記入する。
④ 別紙1の「3-2復興計画事業実施の効果等」は、同「3-1復興事業計画の内容」が、地域社会にとって、どの程度の効果があるか図るため、グループの属性で選択した類型別に、指示されている内容を明記する。
⑤ 別紙2の「3-1復興整備計画の内容（全体）」は、同「復興整備を行う施設の内容」が復興したときの、内容、スケジュール、必要性、貢献度などを記入し、グループの復興に役立つかを判断する。
⑥ 別紙1の「4-1施設・設備の復旧整備計画」は、別紙2の「3-1復興整備計画の内容（全体）」に基づきグループの復興の可能性を明記する。
⑦ 別紙2の「3-2復興整備を行う施設」「3-3復興整備を行う施設の内容」は、同「2-1被害状況（施設）」「2-2被害状況（設備）」の被害規模、金額の範囲内とする。

(3) 作成の際に心がけるポイント

申請書の記入の際に心がけるポイントと、復興事業計画書作成のポイントは次のとおりである。第2章の解説と重複するが、文章を作成するときの参考にする。申請者の記入内容をチェックすると、基本的な項目が抜けている場合がある。提出前にグループで確認するなどして、もれのないように記入する。

記入の際に心がけるポイント

① すべての項目を記入し、空白をなくす
② 記入スペースが不足したときはページを増やすか別表にする
③ 文字はグループ全体で統一し読みやすいように記入する
④ 文章は結論を初めに記入し、箇条書きも活用する
⑤ 文脈、ストーリー、論理を正しくする
⑥ 主張には事実を列挙し、裏付けを示す

⑦ データ・数字を活用し具体性を高める
⑧ 審査のポイントを意識して的確に記入する。
⑨ 記載要領を参考にして、注意事項については確実に記入する
⑩ 記入用紙の注意事項（※印）をよく読み正しく記入する

復興事業計画書作成のポイント

① 震災による被害や影響を明確に記入する
② 補助金の目的に対し重要度が高いことを説明する
③ 復旧することが地域や他産業にも貢献することを説明する
④ グループ内における役割の重要性と復旧による貢献を説明する

別紙1

整理番号 ※記入不要

中小企業等グループ施設等復旧整備補助事業復興事業計画書

1-1 グループの概要

(1) グループの名称

グループの名称	○○○○産業サプライチェーングループ

(2) グループの属性

以下の属性からいずれか一つを選択

| グループの属性 | ■①サプライチェーン型
(地域内外のサプライチェーン上の企業や地域の産業にとって重要な役割を果たしているもの)
□②経済・雇用維持型
(地域経済・雇用に貢献が大きく、地域の基幹となる産業や企業の集積等)
□③基幹産業集積型
(地域内で同じ業種に属している事業者が多数集まり、当該地域における一定の産業集積が認められるもの)
□④サプライチェーン型
(地域コミュニティの基盤を形成し、経済上、社会上大きな役割を担っているもの)
□⑤その他大臣が認めるもの
(地域型以外の震災の影響を受けて経営の悪化をきたし、他地域への流出等により、当該地域の基幹として維持を図るためのものなど) |

(3) グループの概要

| グループの概要 | グループが形成された時期
平成○○年○○月
グループの内容
・・・・・・・・・・・を目的に結成した。
構成員の数及び業種
・・・・・・・・・
・グループは○○○○地区の産業を形成する基幹業種、製造、加工、卸販、サービス等の○○社により構成されております。
グループの主な取扱品目
・各社、詳細については添付のサブライチェーンの状況としてお示ししております、詳しくは別添資料添付「○○○○グループの運営資料について」をご覧下さい。 |
| 地域(又は地域から見た)重要性 | 原料、製品、半製品、資材、燃料等及び○○○○は殆どが地元○○地区に集積され、グループに加盟、加工・製造・販売等を営業されている企業、関連グループ(サポートする)は○○○以上に及びます。詳細については、○○の組合説明については、グループの運営に関する詳しい説明は「○○○○グループの概要の運営資料について」をご参照下さい。 |

吹き出し:
・グループの名称
グループの中核企業やグループの機能が判断しやすい、わかりやすい名称を付ける。

・グループの概要
グループ機能が形成された時期、グループの特徴、各構成員の機能や役割等を箇条書きで記入する。

・地域で果たしている役割や重要性
地域において申請グループが果たしていった役割や機能を詳しく記入する。
なお、詳しくは上記「(2) グループの属性」ごとに「機能、役割、重要性等」を別様式で詳しく記入するので、ここでは簡単な概要のみ記入する。

第8章 グループ補助金の申請 285

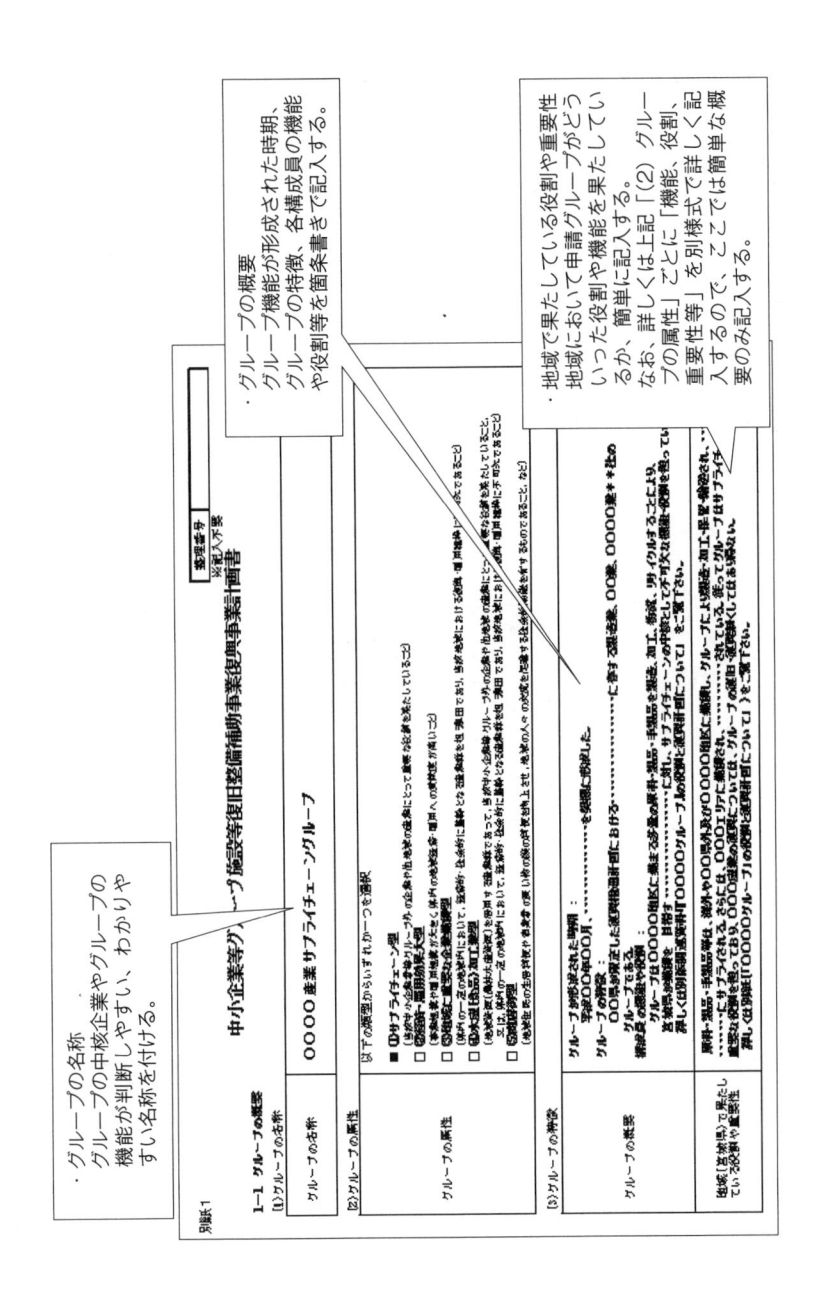

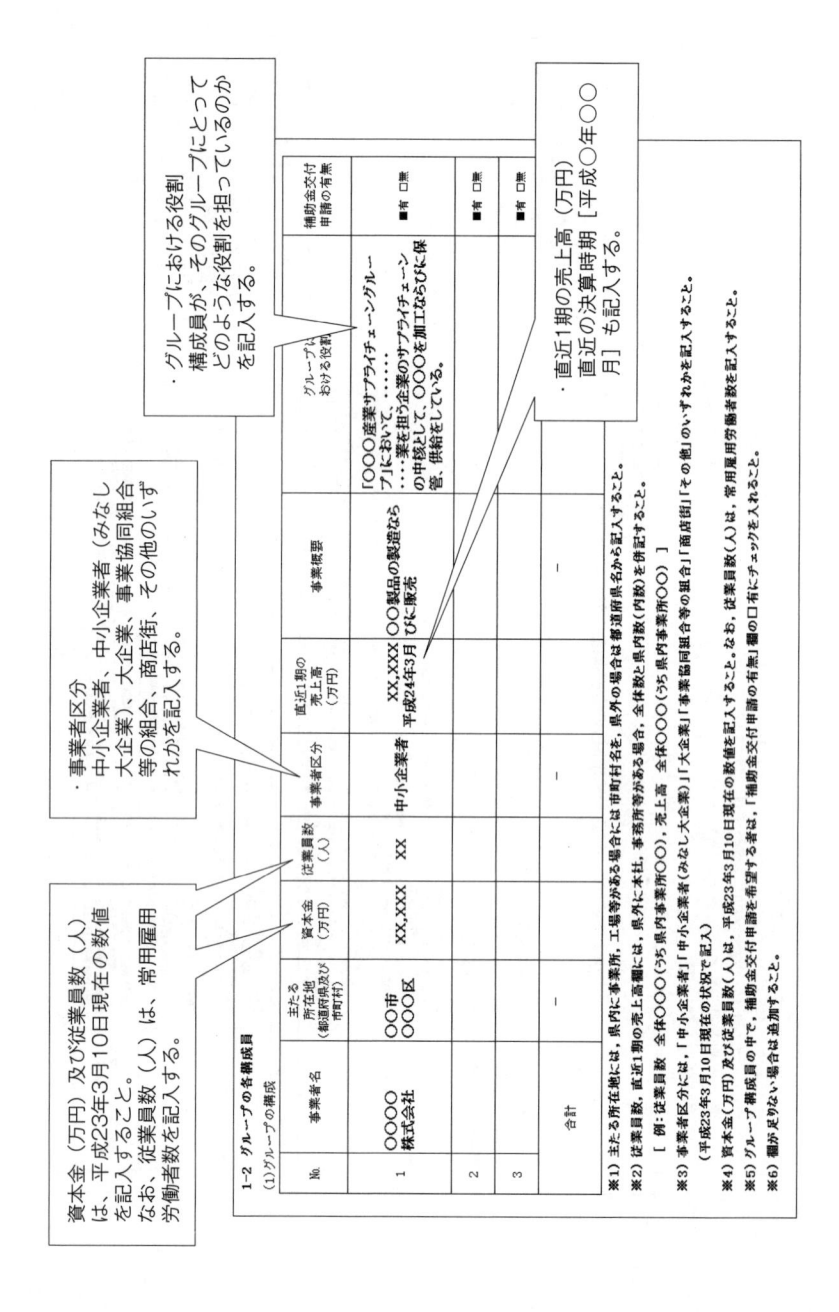

- 資本金（万円）及び従業員数（人）は、平成23年3月10日現在の数値を記入すること。なお、従業員数（人）は、常用雇用労働者数を記入する。

- 事業者区分
  中小企業者、中小企業者（みなし大企業）、大企業、事業協同組合等の組合、商店街、その他のいずれかを記入する。

- グループの構成員が、そのグループにとってどのような役割を担っているのかを記入する。

- 直近1期の売上高（万円）
  直近の決算時期［平成〇年〇〇月］も記入する。

1-2　グループの各構成員

(1)グループの構成

No.	事業者名	主たる所在地（都道府県及び市町村）	資本金（万円）	従業員数（人）	事業者区分	直近1期の売上高（万円）	事業概要	グループにおける役割	補助金交付申請の有無
1	〇〇〇〇株式会社	〇〇市〇〇〇〇区	XX,XXX	XX	中小企業者	XX,XXX 平成24年3月	〇〇製品の製造ならびに販売	「〇〇〇産業サプライチェーングループ」において、「……」事業を担う企業のサプライチェーンの中核として、〇〇〇を加工などにより保管、供給をしている。	■有 □無
2									□有 □無
3									□有 □無
合計	－				－		－		

※1) 主たる所在地に、県内等が事業所、工場等がある場合には市町村名を、県外の場合は都道府県名のみを記入すること。
※2) 従業員数、直近1期の売上高欄には、事業所等がある場合、事務所毎に本社、県内外に内訳（内数）を併記すること。
　　[例：従業員数　全体〇〇〇(うち県内事業所〇〇)、売上高　全体〇〇〇(うち県内事業所〇〇)]
※3) 事業者区分には、「中小企業者」「中小企業者（みなし大企業）」「大企業」「事業協同組合等の組合」「商店街」「その他」のいずれかを記入すること。
※4) 資本金（万円）及び従業員数（人）は、平成23年3月10日現在の数値を記入すること。なお、従業員数（人）は、常用雇用労働者数を記入すること。
※5) グループ構成員の中で、補助金交付申請を希望する者は、「補助金交付申請の有無」欄の□にチェックを入れること。
※6) 欄が足りない場合は追加すること。

(2) グループ構成の内訳

グループにおける県内中小企業の役割等	海外及び国内他地域との関わり合いを持つ……………………等の役割を担い、さらに○○業・○○○業において、………………等の専門性を発揮し、………………における重要な機能を果たしている。そして、………………………………………、○○産業に……………………分野において、その特異性や強みを最大限に発揮している。……………………にリーディングカンパニーとして対応し、グループ中小企業は経営資源が乏しいと、今回の震災により広域的な被害を受け、経営を概ね直面している。本事業により復旧を果たし、復興段階においては事業の再構築等の視点を持ち、……………………における○○産業を支えていく役割を担うとともに、県内他地域の○○産業を支えていく役割を担うことが可能となる。よって、県内他地域の○○産業を支えていく以上の機能強化を図る必要がある。

	参画数 (社または団体等)	従業員数 (人)	売上高 (万円)
グループにおける県内中小企業の内訳	○○社	○○○○人	0億○○○○万円
グループにおける県内中小企業の割合(%) (県内中小企業/グループ全体)	**%	**%	*%

・グループにおける県内中小企業の役割等、特にグループ内における「県内中小企業」の果たす役割や、本事業による「県内中小企業」の効果について記入する。

第 8 章　グループ補助金の申請

- No.
  No.は、1-2-(1)で記入した事業者名のNo.と一致させる。

- 被害額
  被害額は、同程度の機能・性能を有する施設・設備を新たに取得した場合の概算額(=再取得額)を記入すること。

- 売上に与えた影響
  売上に与えた影響は、平成23年4月から平成24年2月までの期間において、いずれか一月の売上状況と前年同月の売上状況を比較し、その割合を記入すること。

2-1 東日本大震災による被害状況(グループ全体)

(1) 共同所有・共同利用施設・設備

施設・設備の名称	所在地 (都道府県及び市町村)	【施設の概要】	【施設(設備)の被害の状況】	
		被害の概要	被害額(万円)	
		-	-	
被害額(合計)			XX,XXX	

※1) 被害があったすべての共同施設・設備(共同所有の共同利用施設・設備)について記入すること。
※2) 被害額は、同程度の機能・性能を有する施設・設備を新たに取得した場合の概算額(=再取得額)を記入すること。
※3) 欄が足りない場合は追加すること。

(2) 構成員ごとの個別施設・設備

No	事業者名	【施設の概要】	【施設(設備)の被害の状況】	グループ機能に与えた影響	売上に与えた影響
		被害の概要	被害額(万円)	被害の概要	被害額(万円)		
1	○○○○株式会社	○○市から全壊の認定を受けた	-	3月11日の本震、津波により流出	XX,XXX	震災により製品を生産することが出来ず、グループ全体の効率化に影響を与えた。	XX.X%
2							
被害額(合計)			XX,XXX		XX,XXX	-	-

※1) No.欄は、1-2(1)で記入した事業者名の順と一致させること。
※2) 被害があったすべての構成員について、構成員ごとにまとめて記入すること。(被害の無かった構成員は記入不要)
※3) 被害額は、同程度の機能・性能を有する施設・設備を新たに取得した場合の概算額(=再取得額)を記入すること。
※4) 売上に与えた影響は、平成23年4月から平成24年2月までの期間に取得した場合において、いずれか一月の売上状況と前年同月の売上状況を比較し、その割合を記入すること。
[例:2月期比較した場合] 割合(○○%)=(平成24年2月期売上高/平成23年2月期売上高)×100]
※5) 欄が足りない場合は追加すること。

・その他の被害状況
グループ全体の視点から、その他の被害（インフラ、取引関係、風評被害等）があれば記入する。箇条書とする。

(3) その他の被害状況

1. インフラの被害
 ・電気・ガス・水道・電話等すべて津波により寸断され、復旧に約6ヶ月を要した。
 ・―――――――――――――――――――――――
 ・―――――――――――――――――――――――

2. 売上に与えた影響
 ・津波によりグループの施設・設備はほぼ全壊し、インフラによる被害等も加わり、売上に大きな影響が出た。
 ・―――――――――――――――――――――――
 ・―――――――――――――――――――――――

3. 雇用の被害
 ・営業車両が津波により流出し、売上の減少・工場の操業停止等の要因により、やむを得ず解雇に至ったケースがある
 ・―――――――――――――――――――――――
 ・―――――――――――――――――――――――

4. 風評被害について
 ・放射能の風評被害により、――――――――――、貨物量が激減した。
 ・―――――――――――――――――――――――

5. 被害額について（推定）
 ・グループ全体の施設・設備の被害申告額は約○○億と多額となる。
 ・その他の被害は約44億である。
 ・―――――――――――――――――――――――

第8章　グループ補助金の申請　289

・背景及び目的
復興計画作成に至った経緯・背景等を記入する。また、この計画でグループが地域（県内）においてどのような役割を果たそうとするのか、その大きな目的、方向性を記入する。グループがそうすることを目的、方向性を記入する。グループが提供している具体的な製品、サービス、内容やその数量、売上高、シェア等があれば詳しく記入する。

・復興事業の内容
上記目的を達成するために、グループ全体としての復興事業の内容及びグループ化の効果について、各構成員（個別事業者）の復旧整備との関連性をふまえながら記入する。グループとして共同して行う復興事業の内容等については、「3-1 別紙」に詳しく記入する。

・実施スケジュール
復旧整備等、復興事業の優先順位を考慮し、可能な限り具体的な年月日を明記したうえで、記入する。また、すでに復旧整備を終えた箇所（施設、設備）があったら、その内容・終了時期も明記する。

・実施体制
各構成員の震災前に有していた役割をふまえ、復興事業における構成員間の役割分担を別添付資料に図で記入するとよい。

・必要性
本復興事業がどうして必要なのか、地域、あるいはサプライチェーンから求められている必要性を具体的に記入する。

3-1 ○○の内容（グループ全体）

背景及び目的	促進、グループ企業・事業の再構築の観点から立ち上げ、……等、○○○産業にサブチェーンを形成し、サプライチェーンを機能化していくため、……グループ企業が今までに以上にサプライチェーンをより強固なものに、……対策も合わせて行い、雇用創出・創造を図っていく。……具体的な復興事業計画を立案する。 サプライチェーン機能のより効率化、高度化を促進。……カテゴリーでの内外的な分野からの積極的な提案を行って活動する。 ① 「サプライチェーンの機能強化」 ② 「○○○なサプライチェーン」 ③ 「雇用の維持・創出」
復興事業の内容	1. 復旧整備における復旧事業内容の実施状況と今後の計画スケジュール（別紙参照願います。3-1-(1)「復旧事業スケジュール全体」資料NO. 　　　　　） 2. 復興整備における復興実施スケジュール（別紙参照願います。3-1-(2)「復興整備におけるスケジュール」資料NO. 　　　　　） 3. 復興事業の内容には各テーマ（⑤、⑥、⑦）が分かりそのためプロジェクトチームを編成し、検討を行い、その基盤をグループ全体に波及させるものとする。
実施体制	1. プロジェクトチームには各社スタッフ　　　　　　　　　　　　　　　　　　　　　　　　　　　　　参画する。 2. 実施体制は添付資料の通りである。
必要性	1. 必要性 東日本大震災からの復興に向け、強力な推進を目指すとして、○○○グループは、震災復興を実行するを主体として機能を果たすで、同グループが総合力を発揮して強固で迅速で柔軟な復旧を果たし、……となる強固なサプライチェーン……の必要性がある。

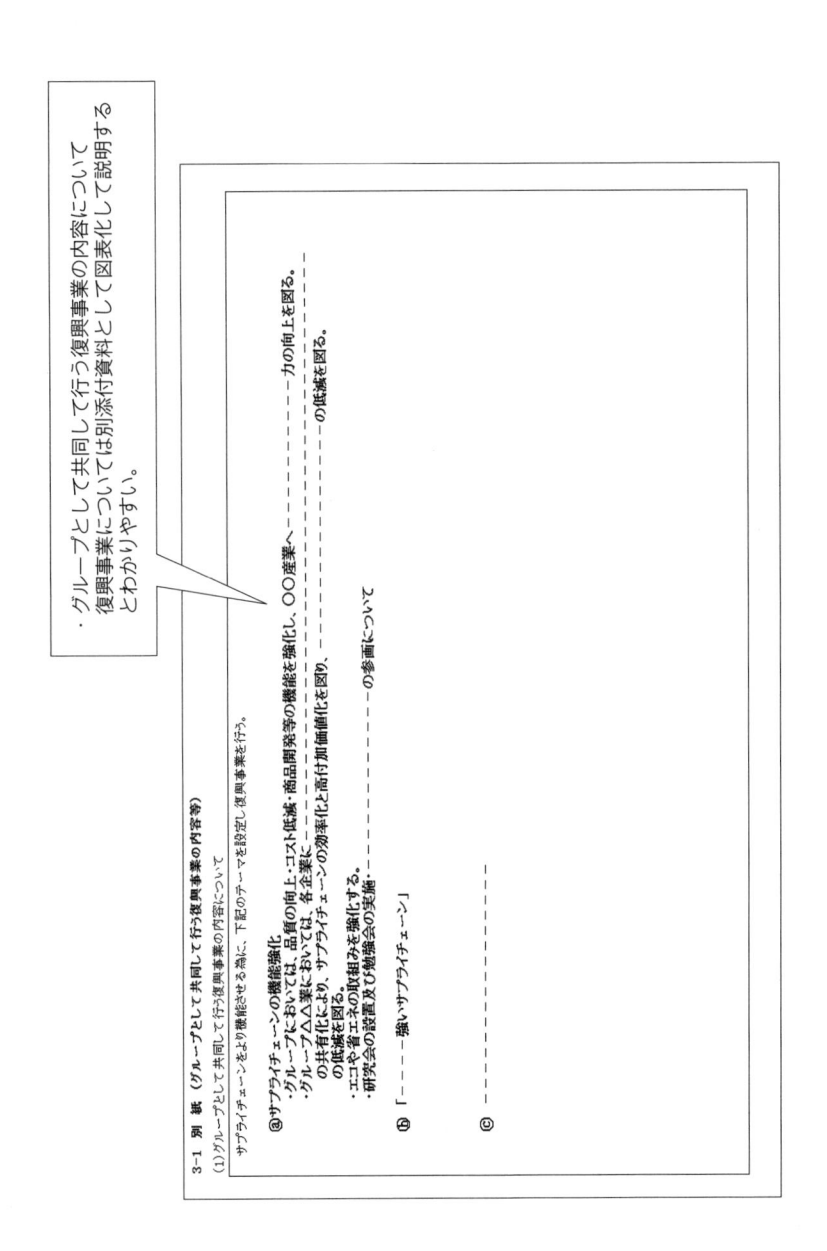

・グループとして共同して行う復興事業の内容について
復興事業については別添付資料として図表化して説明すると
わかりやすい。

3-1 別 紙（グループとして共同して行う復興事業の内容等）
(1)グループとして共同して行う復興事業の内容について
サプライチェーンをより機能させる為に、下記のテーマを設定し復興事業を行う。

ⓐサプライチェーンの機能強化
・グループにおいては、品質の向上・コスト低減・商品開発等の機能を強化し、——————力の向上を図る。
・グループ各企業においては、各企業へ——————OO産業へ——————の低減を図る。
・共有化により、サプライチェーンの効率化と高付加価値化を図り、——————の低減を図る。
・エコや省エネの取組みを強化する。
・研究会の設置及び勉強会の実施——————の参画について

ⓑ「——————強いサプライチェーン」

ⓒ ——————————————

第8章　グループ補助金の申請

- グループとして共同して行う復興事業への各グループ構成員の参画内容
- グループとしての実施体制に基づき各事業者の復興事業に対する役割を明確に記入する。

(2)グループとして共同して行う復興事業への各グループ構成員の参画内容について

No.	事業者名等	グループとして共同して行う復興事業への各グループ構成員の参画内容
1	○○○○株式会社	「サプライチェーンの機能強化」チームに属し、チームリーダーとしての課題を推進していく、○○業の強みを生かした実施・提案を行う。
2	株式会社○○○	「サプライチェーンの機能強化」チームに属し、チームリーダーとしての課題を推進していく。------
3	△△△株式会社	
4	株式会社 □□	
5		
6		
7		
8		
9		
10		
11		

※ 欄が足りない場合は追加するか、または別葉とすること。別葉とする場合は通し番号を振ること。

3-2 復興...

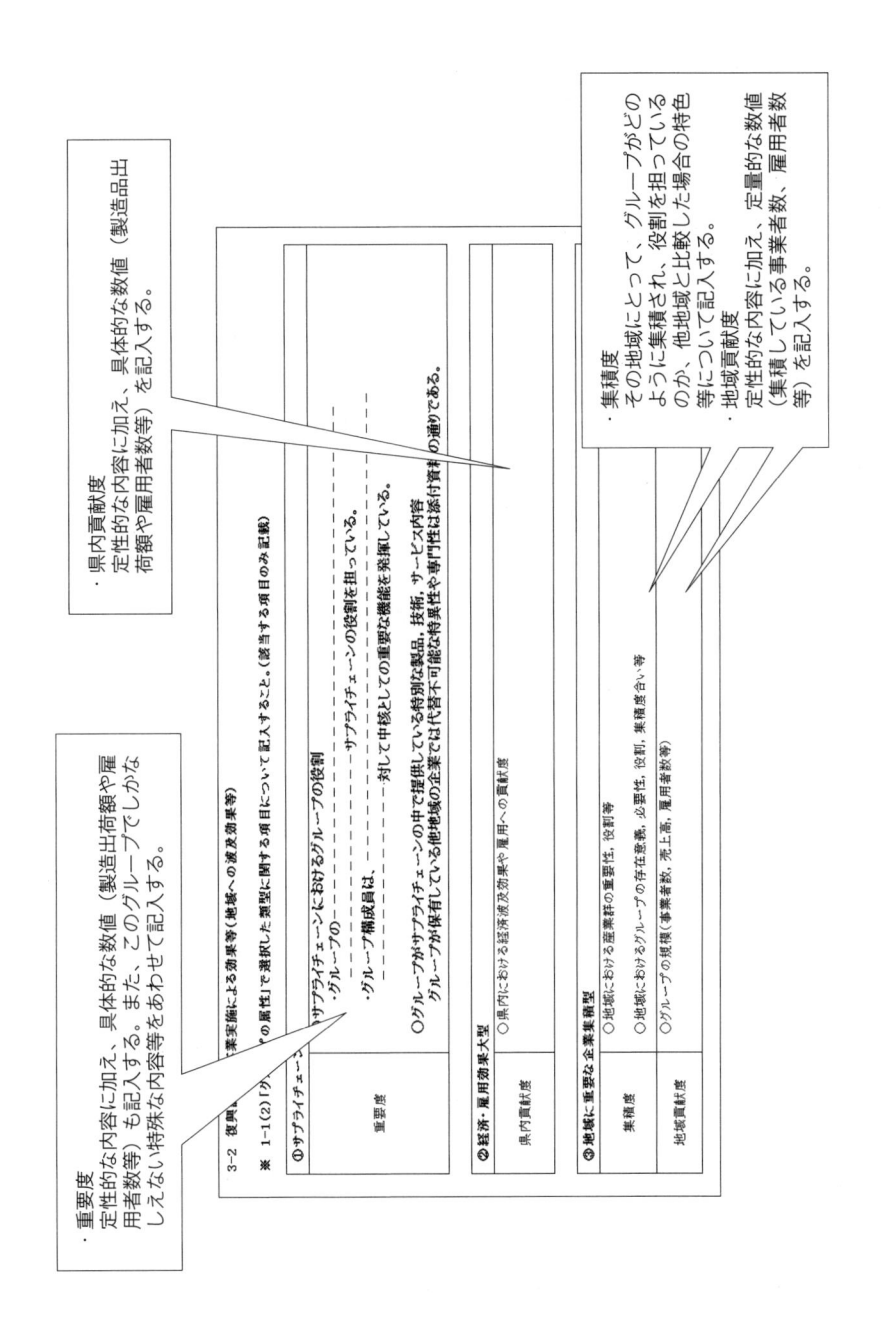

※ 1-1(2)ｱｳ...〇の属性で選択した類型に関する項目について記入すること。(該当する項目のみ記載)

事業実施による効果等(地域への波及効果等)

重要度	①サプライチェーン
	〇サプライチェーンにおけるグループの役割
	・グループの―――――――サプライチェーンの役割を担っている。
	・グループ構成員は、―――――――の役割を担っている。
	〇グループがサプライチェーンの中で提供している特別な製品、技術、サービス内容
	対して中核としての重要な機能を発揮している。
	グループが保有している他地域の企業では代替不可能な特異性や専門性は添付資料の通りである。

②経済・雇用効果大型

県内貢献度	〇県内における経済波及効果や雇用への貢献度

③地域に重要な企業集積型

集積度	〇地域における産業群の重要性、役割等
	〇地域におけるグループの存在意義、必要性、役割、集積度合い等
地域貢献度	〇グループの規模(事業者数、売上高、雇用者数)

・重要度
定性的な内容に加え、具体的な数値(製造出荷額や雇用者数等)も記入する。また、このグループでしかなしえない特殊な内容等をあわせて記入する。

・県内貢献度
定性的な内容に加え、具体的な数値(製造品出荷額や雇用者数等)を記入する。

・集積度
その地域にとって、グループがどのように集積され、役割を担っているのか、他地域と比較した場合の特色等について記入する。
・地域貢献度
定性的な内容に加え、定量的な数値(集積している事業者数、雇用者数等)を記入する。

第8章　グループ補助金の申請

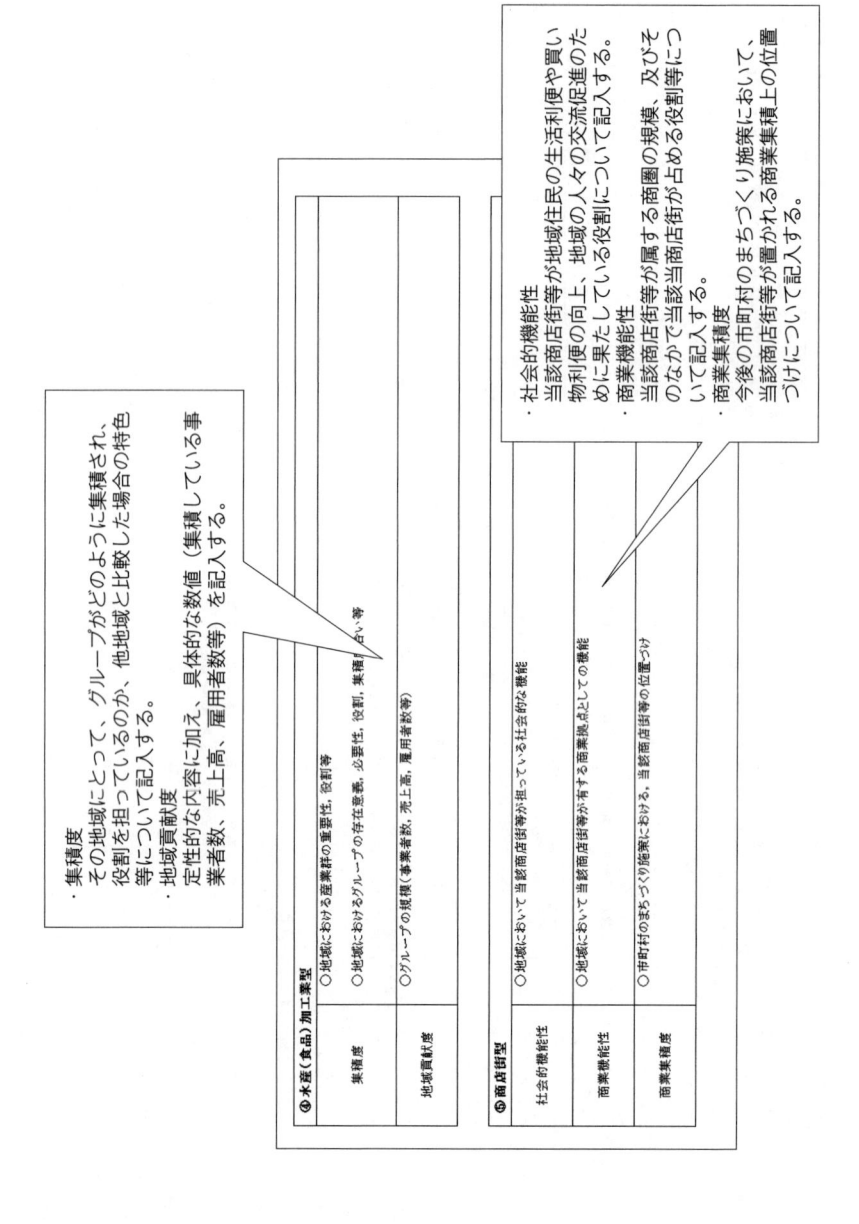

- 集積度
  その地域にとって、グループがどのように集積され、
  役割を担っているのか、他地域と比較した場合の特色
  等について記入する。
- 地域貢献度
  定性的な内容に加え、具体的な数値(集積している事
  業者数、売上高、雇用者数等)を記入する。

⑥木産(食品)加工業型

集積度	○地域における産業群の重要性、設置等
	○地域におけるグループの存在意義、必要性、役割、集積の度合い等
地域貢献度	○グループの規模(事業者数、売上高、雇用者数等)

- 社会的機能性
  当該商店街等が地域住民の生活利便や買い
  物利便の向上、地域の人々の交流促進のた
  めに果たしている役割について記入する。
- 商業機能性
  当該商店街等が属する商圏の規模、及びそ
  のなかで当該商店街が占める役割等につ
  いて記入する。
- 商業集積度
  今後の市町村のまちづくり施策において、
  当該商店街等が置かれる商業集積上の位置
  づけについて記入する。

⑥商店街型

社会的機能性	○地域において当該商店街等が担っている社会的な機能
商業機能性	○地域において当該商店街等が有する商業拠点としての機能
商業集積度	○市町村のまちづくり施策における、当該商店街等の位置づけ

4-1 施設・設備の復旧整備計画の内容（グループ全体）

(1) 共同施設・設備 ※共同所有（組合等）の共同利用施設・設備

順位	施設・設備の名称	復旧整備の内容	実施スケジュール	必要性・緊急性	事業費計（万円）	内訳（万円）	
						補助金	自己資金
①							
②							
				合計			

※1) 被害のあった共同施設・設備（共同所有の共同利用施設・設備）のうち、本事業により、復旧整備を行い、より事業の目的達成に寄与する「施設・設備」のみ記入すること。
※2) 本事業計画の実施に際して、"事業の目的達成"の観点から、復旧整備に寄与する「施設・設備」の順に記入すること。
※3) 実施スケジュールにおいて、既に復旧整備を完了している場合は完了年月日、これから実施する場合は完了予定年月日を記入すること。
※4) 欄が足りない場合は追加すること。

(2) 各構成員の施設・設備

順位	No.	事業者名	復旧整備の内容	実施スケジュール	必要性・緊急性	事業費計（万円）	内訳（万円）	
							補助金	自己資金
1	1	○○○○株式会社	工場棟、倉庫棟および付設棟の外壁-------全損したため、復旧する。	平成25年○月	○○において必要不可欠な製品を供給しており、-----供給を行えないと---に -- に応えられないという問題に対応するためにも緊急に復旧する。	XX,XXX	XX,XXX	XX,XXX
2	2	株式会社○○	倉庫を取壊し経済復旧エ事を行い事業に利用できるようにした。	平成25年○月	当社業務が遂行されなければ、地域住民に多大な影響を与えるので、早目に多額の費用がかかる、従業員の雇用に安全の構築から緊急性が必要する。	XX,XXX	XX,XXX	XX,XXX
3	3	△△△株式会社						
4	4	株式会社□				XX,XXX	XX,XXX	XX,XXX

※1) No.欄には、1-2(1)グループの構成員で記入した事業者の順位と同じ番号を記入すること。
※2) 被害のあった各構成員の施設・設備のうち、本事業により、復旧整備を行い各構成員が事業について行い、各構成員ごとにまとめて記入すること。
※3) 本事業計画の実施に際して、"事業の目的達成"の観点から、復旧整備に寄与する「施設・設備」の順に記入すること。
※4) 実施スケジュールにおいて、既に復旧整備を完了している場合は完了年月日、これから実施する場合は完了予定年月日を記入すること。
※5) 欄が足りない場合は追加すること。

- 事業費は四捨五入して万円単位で記入する。
- 補助金は事業費の75％で切り捨て、万円単位で記入する。
- 自己資金は事業費用－補助金を万円単位で記入する。
- 宮城県では、より目的達成に寄与する「構成員」の順番で記入することになっている。

第8章　グループ補助金の申請　295

別紙記

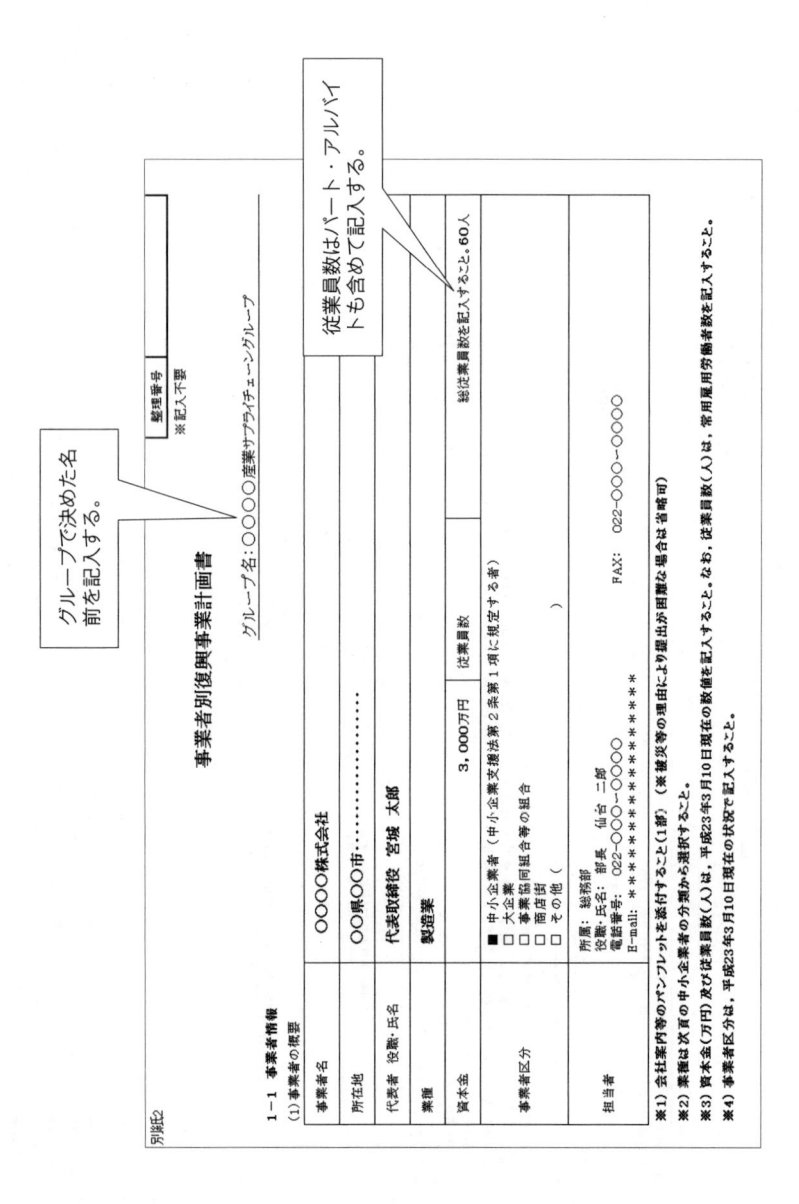

事業者別復興事業計画書

グループ名：○○○○産業サプライチェーングループ

※記入不要
整理番号

＞グループで決めた名前を記入する。

1-1 事業者の概要
(1)事業者の概要

事業者名	○○○○株式会社
所在地	○○県○○市・・・・・・・・・・
代表者 役職・氏名	代表取締役 営塚 太郎
業種	製造業
資本金	3,000万円
事業者区分	■ 中小企業者（中小企業支援法第2条第1項に規定する者） □ 大企業 □ 事業協同組合等の組合 □ 商店街 □ その他（ ）
従業員数	総従業員数を記入すること。60人
担当者	所属：総務部 役職：氏名：部長　仙台　三郎 電話番号：022-○○○-○○○○　　　FAX：022-○○○-○○○○ E-mail：*******************

＞従業員数はパート・アルバイトも合めて記入する。

※1）会社案内等のパンフレットを添付すること（1部）。（※被災等の理由により提出が困難な場合は省略可）
※2）業種は次頁の中小企業者の分類から選択すること。
※3）資本金（万円）及び従業員数（人）は、平成23年3月10日現在の数値を記入すること。なお、従業員数（人）は、常用雇用労働者数を記入すること。
※4）事業者区分は、平成23年3月10日現在の状況で記入すること。

(2) 事業者の事業内容

主な事業	主たる生産品目、年間生産数・売上額、市場規模・市場シェア等
精密機械加工	……, XXX万円/年(生産額), XXX万円/年(売上額)
金型設計製作	……, XXX万円/年(生産額), XXX万円/年(売上額)【市場規模O%, 全国シェアO%】

※欄が足りない場合は追加すること。

市場規模・市場シェアが不明な場合は記入不要、生産額または売上額は必ず記入する。

(3) 事業者の略歴

年月日	略歴
XXXX年XX月XX日	会社創業
XXXX年XX月XX日	会社設立
XXXX年XX月XX日	△△市へ工場新築移転

※欄が足りない場合は追加すること。

(4) グループ内における役割

OOOOOの機能を持つIOOOO産業サプライチェーングループにおいて、相区集積企業のうちOOOO産業を担う、企業のサプライチェーンの中核として、△△を□□□□地区において加工供給している。△△はOOOO業の生産する製品にとって不可欠な部品であり、……など重要な役割を担っている。(自社のアピールポイントはここに記入する)

役割を明確に記入する。
役割とはグループ内における特質（地域や得意技）を記入するとよい。

(参考) 中小企業者の定義(中小企業支援法第2条第1項)

業種	従業員規模	資本金規模
製造業・その他の業種	300人以下	又は 3億円以下
ゴム製品製造業(自動車又は航空機用タイヤ及びチューブ製造業並びに工業用ベルト製造業を除く。)	900人以下	又は 3億円以下
卸売業	100人以下	又は 1億円以下
小売業	50人以下	又は 5,000万円以下
サービス業	100人以下	又は 5,000万円以下
ソフトウェア業又は情報処理サービス業	300人以下	又は 3億円以下
旅館業	200人以下	又は 5,000万円以下

第8章 グループ補助金の申請

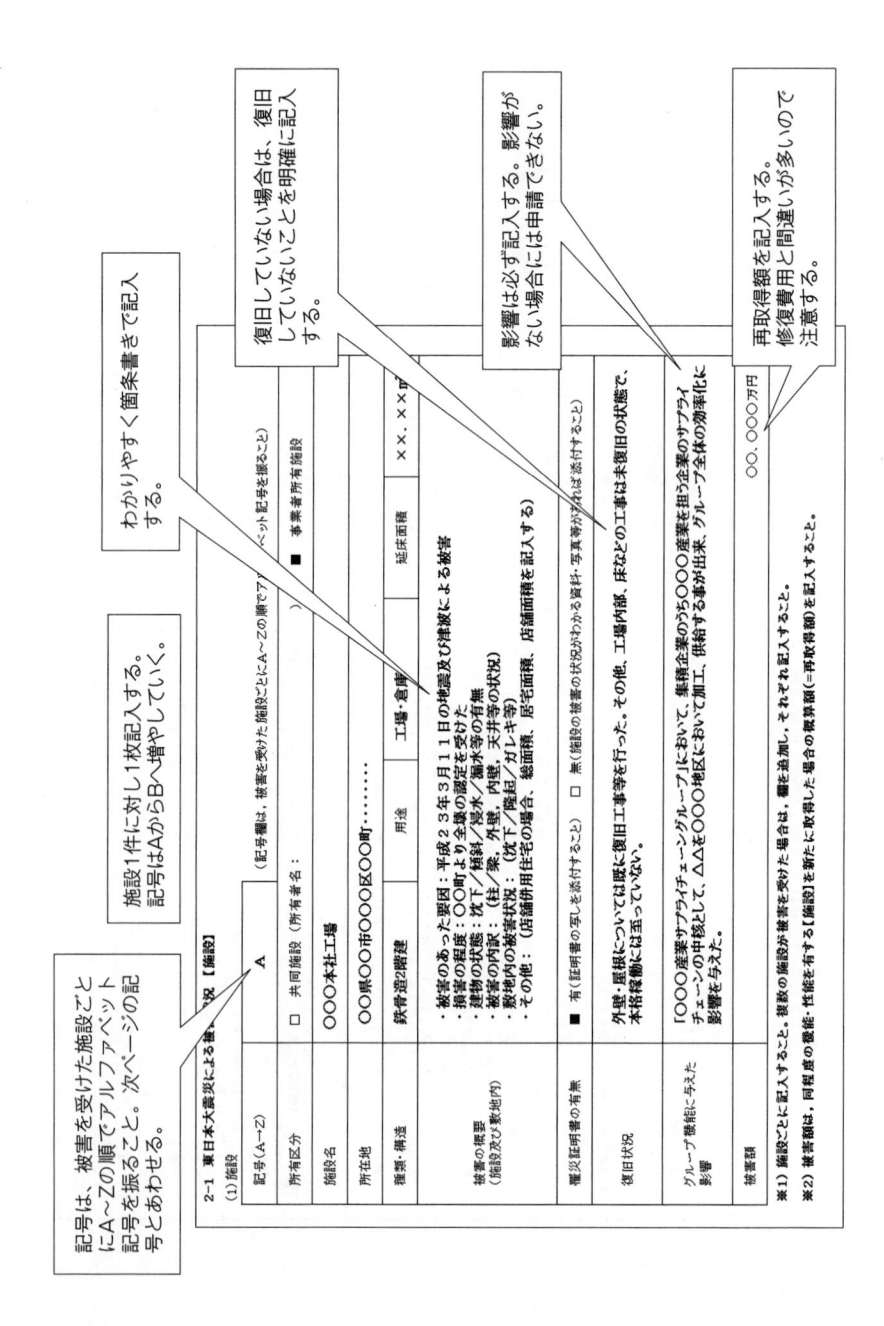

2-1 東日本大震災による被害状況【施設】
(1)施設

記号(A〜Z)	A	(記号欄は、被害を受けた施設ごとにA〜Zの順でアルファベット記号を振ること)
所有区分	□ 共同施設（所有者名： ）	■ 事業所所有施設
施設名	○○○本社工場	
所在地	○○県○○市○○区○○町………	
種類・構造	鉄骨造3階建	用途 工場・倉庫 延床面積 ××,×××㎡
被害の概要 (施設の次ら被地別)	・被害のあった要因：平成23年3月11日の地震及び津波による被害 ・損害の程度：○○町より全壊の認定を受けた。 ・建物の状況：沈下／傾斜／浸水／漏水等の有無 ・被害の内容：（住／柱、外壁、内壁、床下／階段、天井等の状況） ・敷地内の被害状況：（住下／階段／ガレキ等） その他：（店舗併用住宅の場合　総面積、居宅面積、店舗面積を記入する）	
罹災証明書の有無	■ 有（証明書の写しを添付すること） □ 無（施設の被害状況が分かる資料・写真等があれば添付すること）	
復旧状況	外壁、屋根については既に復旧工事を行った。その他、工場内部、床などは未復旧の状態で、本格稼働には至っていない。	
グループ機能に与えた影響	「○○○産業サプライチェーンググループ」において、集積企業のうち○○○産業を担う企業のサプライチェーンの中核として、△△を○○○地区において加工、供給する事が出来、グループ全体の効率化に影響を与えた。	
被害額	○○,○○○万円	

※1）施設ごとに記入すること。複数の施設が被害を受けた場合は、欄を追加し、それぞれ記入すること。
※2）被害額は、同程度の機能・性能を有する[施設]を新たに取得した場合の取得額（＝再取得額）を記入すること。

（吹き出し注記）
- 記号は、被害を受けた施設ごとにA〜Zの順でアルファベット記号を振ること。記号を振ること、次ページの記号とあわせる。
- 施設1件に対し1枚記入する。記号はAからBへ増やしていく。
- わかりやすく箇条書きを記入する。
- 復旧していない場合、復旧していないことを明確に記入する。
- 影響は必ず記入する。影響がない場合には申請できない。
- 再取得額を記入する。修復費用と間違いが多いので注意する。

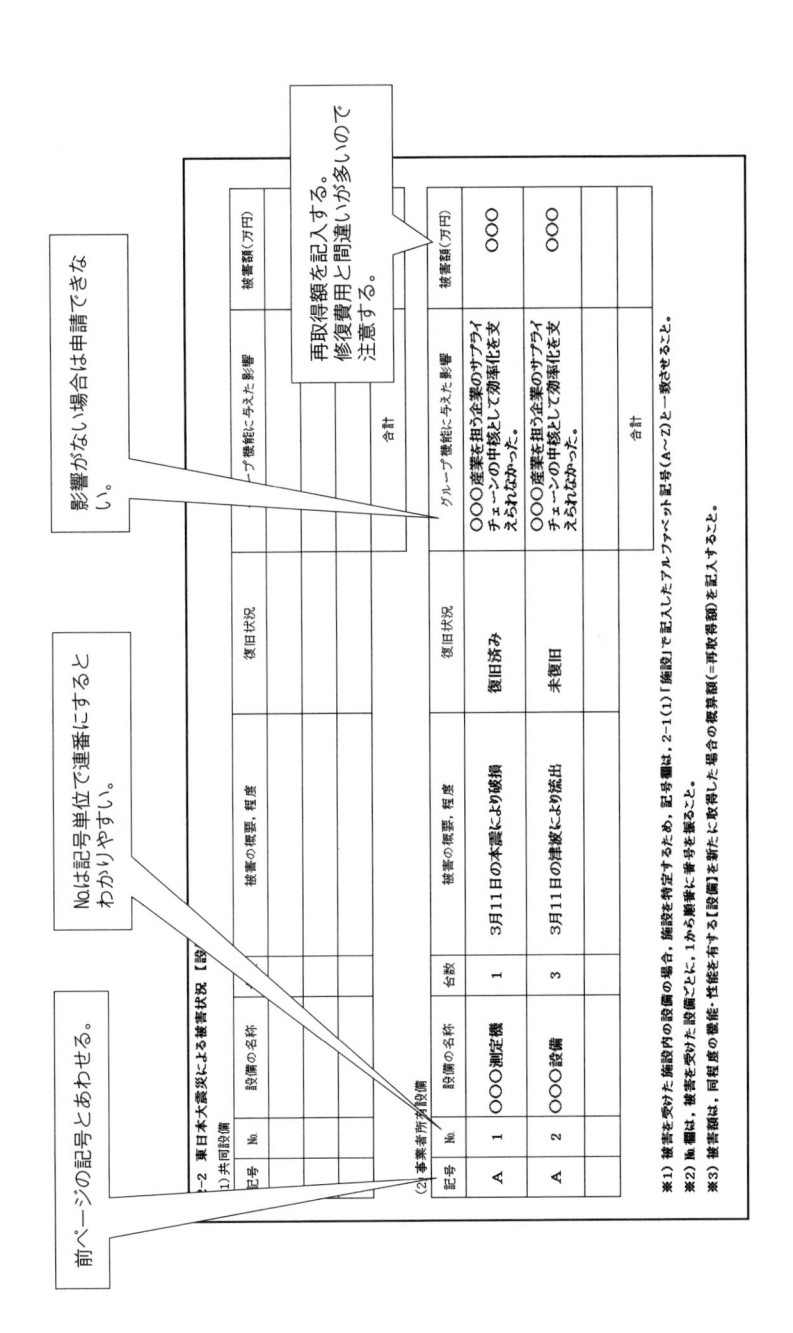

1-2 東日本大震災による被害状況 [設
1)共同設備

記号	No	設備の名称	台数	被害の概要、程度	復旧状況	被害額(万円)
					合計	

(2)事業者所有設備

記号	No	設備の名称	台数	被害の概要、程度	復旧状況	被害額(万円)
A	1	○○○測定機	1	3月11日の本震により破損	復旧済み	○○○
A	2	○○○設備	3	3月11日の津波により流出	未復旧	○○○
					合計	

※1) 被害を受けた施設内の設備の場合、施設を特定するため、記号欄は、2-1(1)「施設」で記入したアルファベット記号(A〜Z)と一致させること。
※2) №欄は、被害を受けた設備ごとに、1から順番に番号を振ること。
※3) 被害額は、同程度の性能・機能を有する[設備]を新たに取得した場合の概算額(=再取得額)を記入すること。

前ページの記号とあわせる。

No.は記号単位で連番にするとわかりやすい。

影響がない場合は申請できない。

再取得額を記入する。
修復費用と間違いが多いので注意する。

第8章 グループ補助金の申請

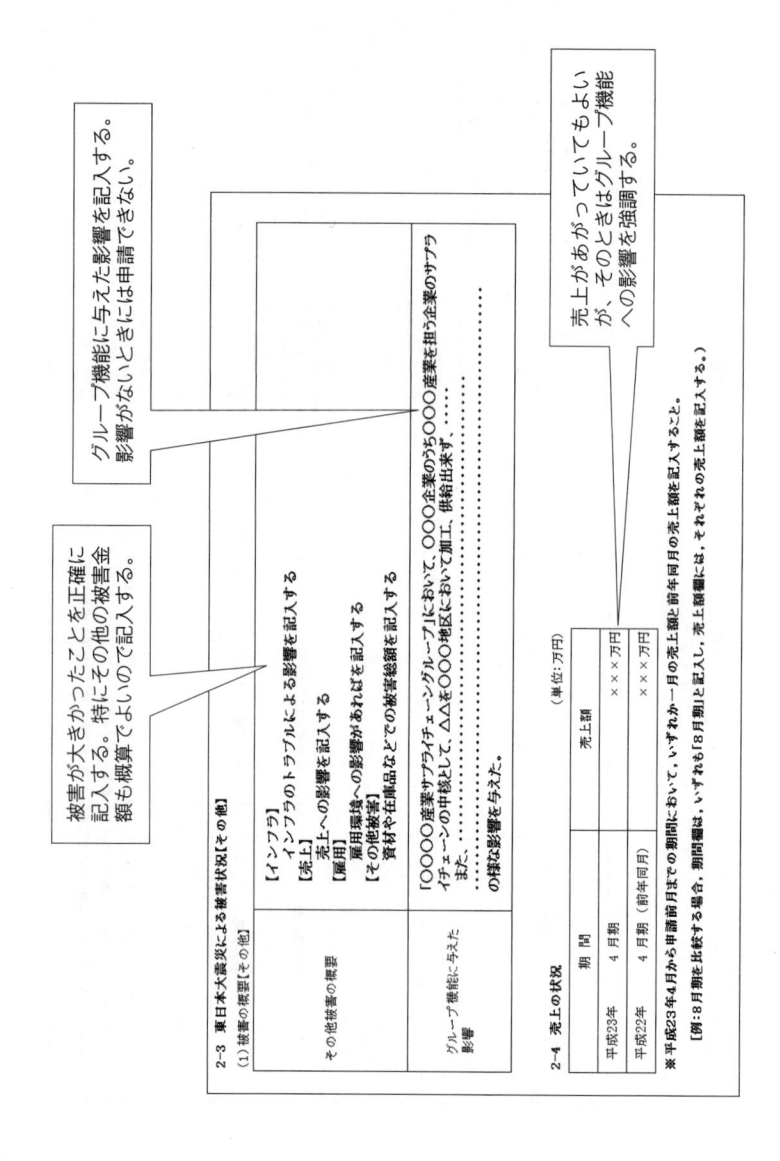

2-3 東日本大震災による被害状況［その他］
(1) 被害の概要［その他］

その他被害の概要	[インフラ] インフラのトラブルによる影響を記入する [売上] 売上への影響を記入する [雇用] 雇用環境への影響があれば記入する [その他被害] 資材や完成品などでの被害総額を記入する
グループ機能に与えた影響	「〇〇〇〇産業サプライチェーングループ」において、〇〇〇企業のうち〇〇〇産業を担う企業のサプライチェーンの中核として、△△＆〇〇〇地区において加工、供給出来ず、……………………………………………………………の様な影響を与えた。

> 被害が大きかったことを正確に記入する。特にその他の被害金額も概算でよいので記入する。

> グループ機能に与えた影響を記入する。グループ機能がないときには申請できない。

2-4 売上の状況

(単位：万円)

期間	売上額
平成23年 4月期	×××万円
平成22年 4月期（前年同月）	×××万円

※平成23年4月から申請前月までの期間において、いずれか一月の売上額と前年同月の売上額を記入すること。
【例：8月期と比較する場合、期間欄は、いずれも8月期と記入し、売上額欄には、それぞれの売上額を記入する。】

> 売上があがっていてもよいが、そのときはグループ機能への影響を強調する。

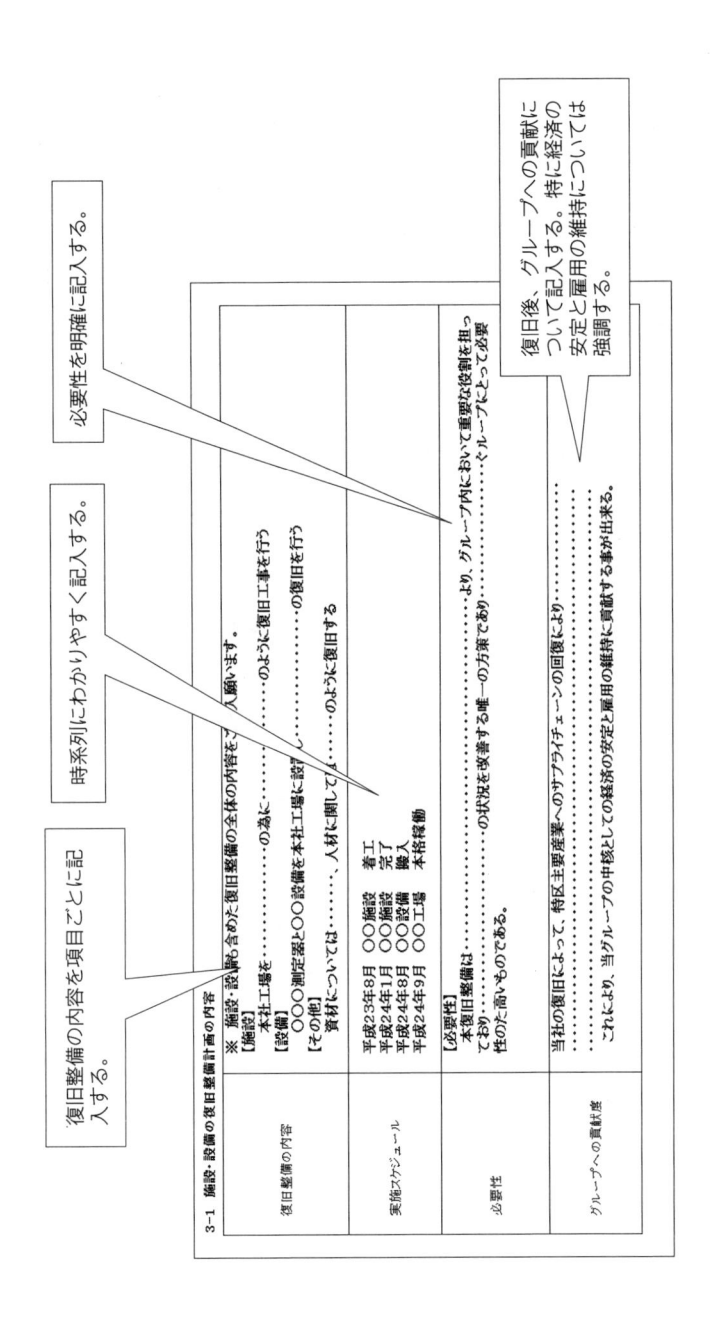

3-1 施設・設備の復旧整備計画の内容

復旧整備の内容	※ 施設・設備 統合を含めた復旧整備の全体の内容を……ご記入願います。 【施設】 本社工場を……のように復旧工事を行う 【設備】 ○○○測定器と○○設備を本社工場に設し、……のように復旧を行う 【その他】 資材については……、人材に関しては……のように復旧する
実施スケジュール	平成23年8月　○○施設　着工 平成24年1月　○○施設　完了 平成24年8月　○○設備　搬入 平成24年9月　○○工場　本格稼働
必要性	【必要性】 本復旧整備は…………………………………………… であり、……の状況を改善する唯一の方策……の必要性の高いものである。
グループへの貢献度	当社の復旧によって、特区主要産業へのサプライチェーンの回復により……………… これにより、当グループの中核としての経済の安定と雇用の維持に貢献する事が出来る。

吹き出し（注記）:
- 復旧整備の内容を項目ごとに記入する。
- 時系列にわかりやすく記入する。
- 必要性を明確に記入する。
- 復旧後、グループへの貢献について記入する。特に経済の安定と雇用の維持については強調する。

第8章　グループ補助金の申請　301

3-2 復旧整備を行う施設の内容

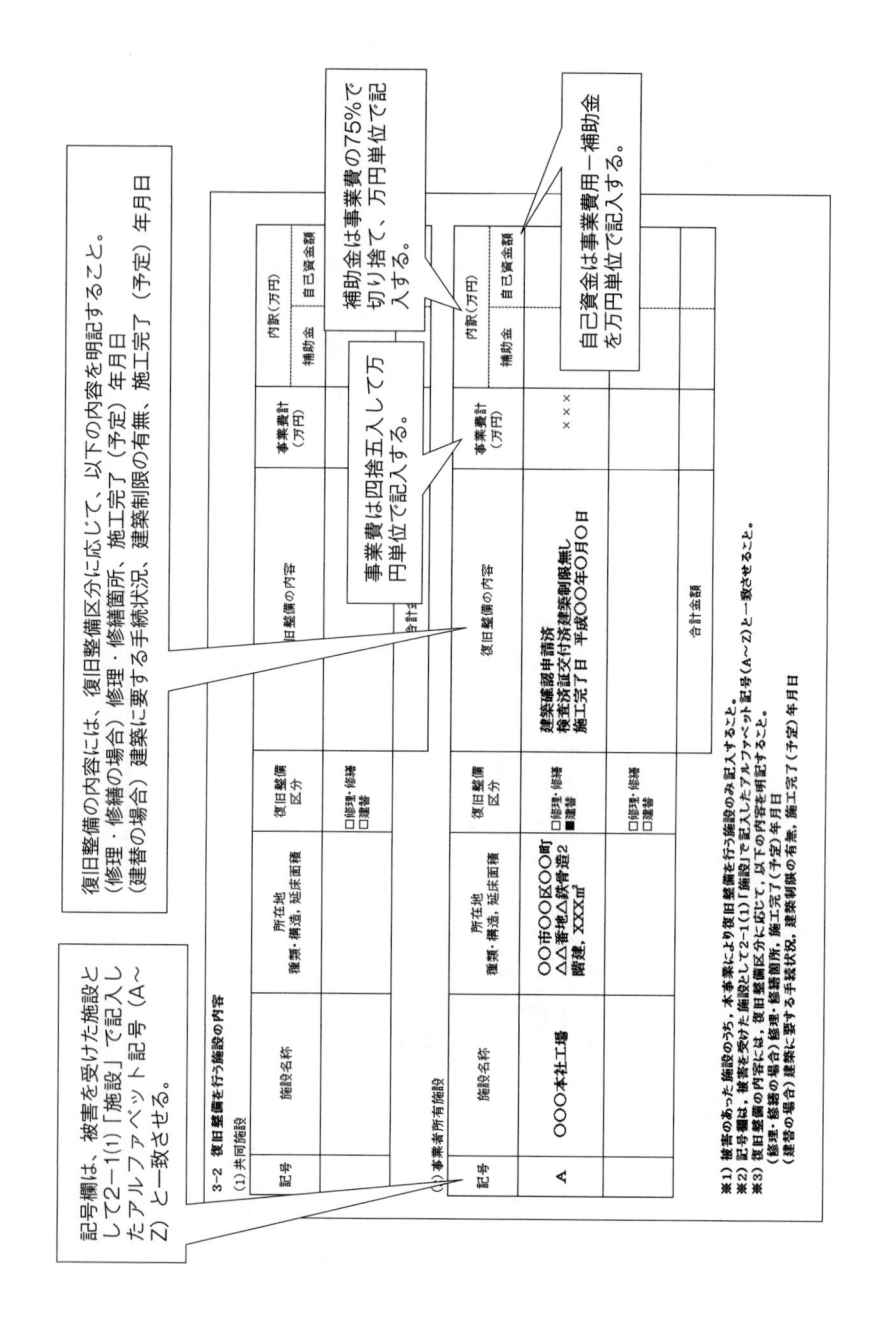

(1) 共同施設

記号	施設名称	所在地 建築・構造、延床面積	復旧整備 区分	旧整備の内容	事業費計 (万円)	内訳(万円)	
						補助金	自己資金額
			□修理・修繕 □建替				
				合計			

(2) 事業者所有施設

記号	施設名称	所在地 建築・構造、延床面積	復旧整備 区分	復旧整備の内容	事業費計 (万円)	内訳(万円)	
						補助金	自己資金額
A	○○○本社工場	○○市○○区○○町△△番地A鉄骨造2階建、××㎡	☑修理・修繕 □建替	建築確認申請済 検査済証交付済建築制限無し 施工完了日 平成○○年○月○日	×××		
			□修理・修繕 □建替				
				合計金額			

※1) 被害のあった施設のうち、本事業により復旧整備を行う施設のみ記入すること。
※2) 記号欄は、被害を受けた施設として2-1(1)「施設」で記入したアルファベット記号(A～)と一致させること。
※3) 復旧整備の内容には、復旧整備区分に応じて、修理・修繕箇所、施工完了(予定)年月日
(修理・修繕の場合)修理・修繕箇所、施工完了(予定)年月日
(建替の場合)建築に要する手続き状況、建築制限の有無、施工完了(予定)年月日

記号欄は、被害を受けた施設として2-1(1)「施設」で記入したアルファベット記号(A～Z)と一致させること。

復旧整備の内容には、復旧整備区分に応じて、以下の内容を明記すること。
(修理・修繕の場合)修理・修繕箇所、施工完了(予定)年月日
(建替の場合)建築に要する手続き状況、建築制限の有無、施工完了(予定)年月日

事業費は四捨五入して万円単位で記入する。

補助金は事業費の75%で切り捨て、万円単位で記入する。

自己資金は事業費用－補助金を万円単位で記入する。

3-3 復旧整備の内容

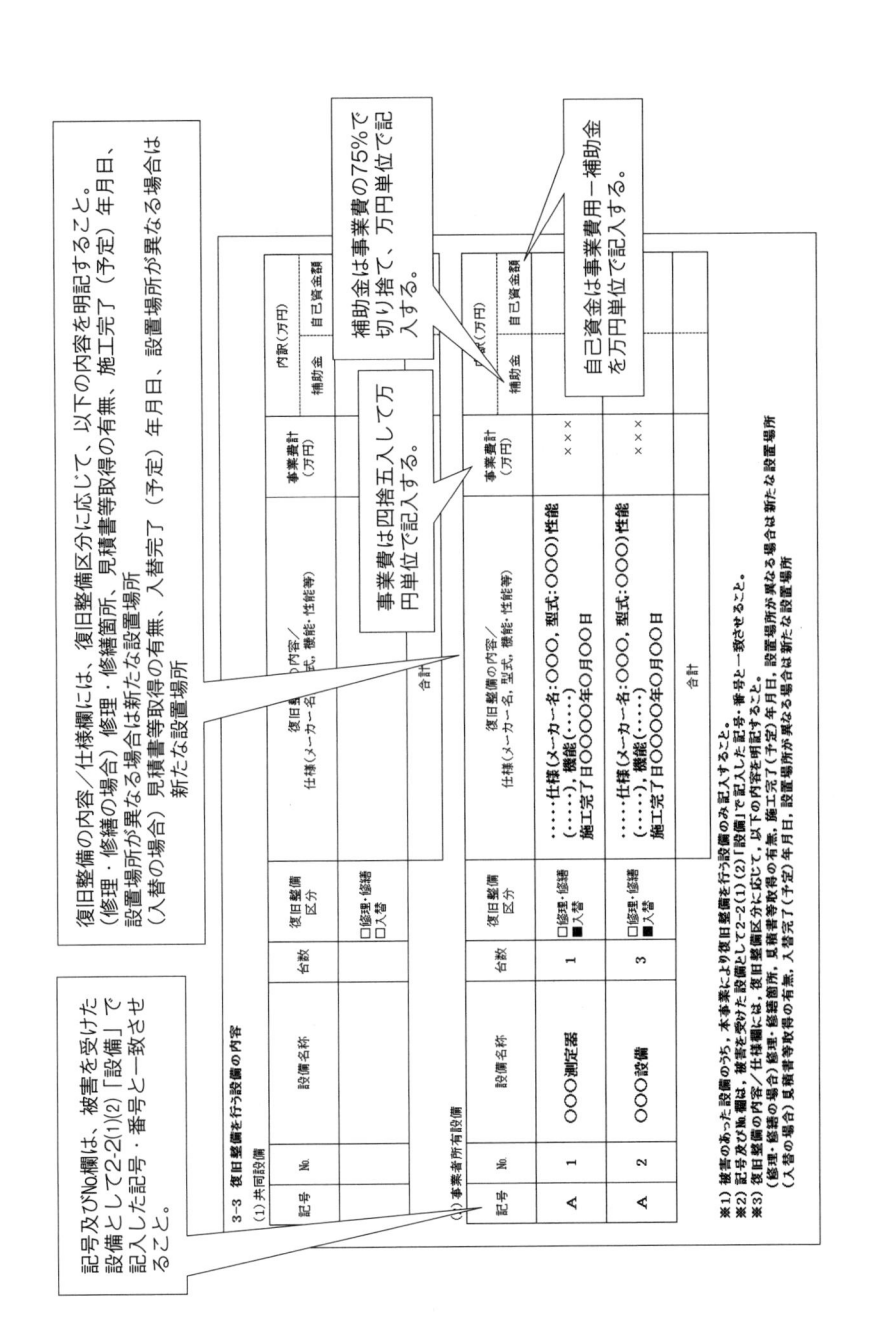

(1) 共同設備

記号	No	設備名称	台数	復旧整備区分	仕様(メーカー名・型式、機能・性能等)	事業費計(万円)	内訳(万円)	
							補助金	自己資金額
				□修理・修繕 □入替				
					合計			

(2) 事業者所有設備

記号	No	設備名称	台数	復旧整備区分	仕様(メーカー名・型式、機能・性能等)	事業費計(万円)	内訳(万円)	
							補助金	自己資金額
A	1	○○○測定器	1	□修理・修繕 ■入替	……仕様(メーカー名:○○○、型式:○○○性能(……)、機能(……) 施工完了日○○○○年○月○○日	×××		
A	2	○○○設備	3	□修理・修繕 ■入替	……仕様(メーカー名:○○○、型式:○○○性能(……)、機能(……) 施工完了日○○○○年○月○○日	×××		
					合計			

注釈(左側・記号およびNo欄):
記号及びNo欄は、被害を受けた設備として2-2(1)(2)「設備」で記入した記号・番号と一致させること。

注釈(復旧整備を行う設備):
3-3 復旧整備の内容の(1)(2)「設備名称」の設備のうち、本事業により復旧整備を行う設備のみ記入すること。

注釈(復旧整備区分):
復旧整備の内容/仕様欄には、復旧整備区分に応じて、以下の内容を明記すること。
(修理・修繕の場合) 修理・修繕箇所、見積書等取得の有無、施工完了(予定) 年月日、設置場所が異なる場合は新たな設置場所
(入替の場合) 見積書等取得の有無、入替完了(予定) 年月日、設置場所が異なる場合は新たな設置場所

注釈(事業費):
事業費は四捨五入して万円単位で記入する。

注釈(補助金):
補助金は事業費の75%で切り捨て、万円単位で記入する。

注釈(自己資金):
自己資金は事業費用-補助金を万円単位で記入する。

※注1) 被害のあった設備のうち、本事業により復旧整備を行う設備のみ記入すること。
※注2) 記号及びNo欄は、被害を受けた設備として2-2(1)(2)「設備」で記入した記号・番号と一致させること。
※注3) 復旧整備の内容/仕様欄には、復旧整備区分に応じて、以下の内容を明記すること。
(修理・修繕の場合)修理・修繕箇所、見積書等取得の有無、施工完了(予定)年月日、設置場所が異なる場合は新たな設置場所
(入替の場合)見積書等取得の有無、入替完了(予定)年月日、設置場所が異なる場合は新たな設置場所

4-1 収支計画

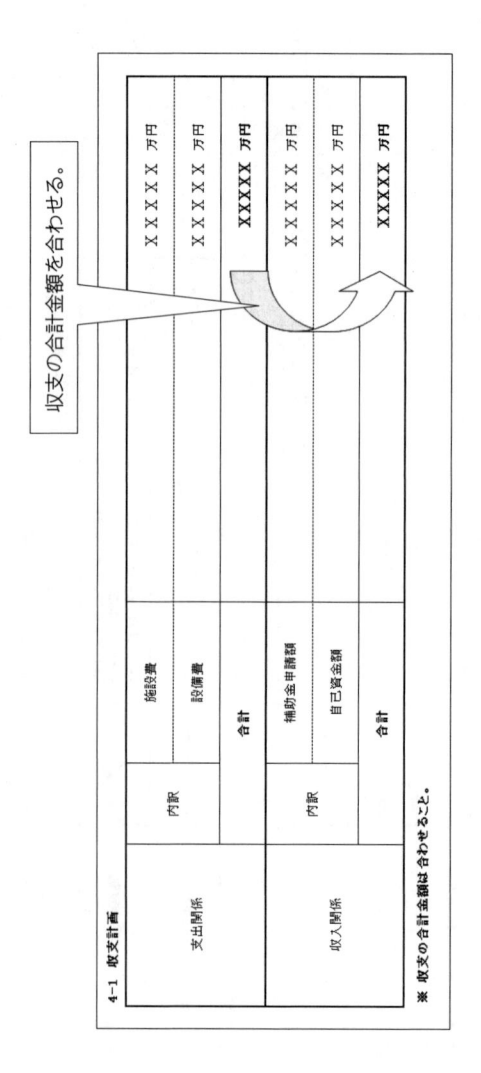

	内訳		
支出関係		施設費	××××× 万円
		設備費	××××× 万円
	合計		×××××× 万円
収入関係	内訳	補助金申請額	××××× 万円
		自己資金額	××××× 万円
	合計		×××××× 万円

収支の合計金額を合わせる。

※ 収支の合計金額は合わせること。

経 営 状 況 表

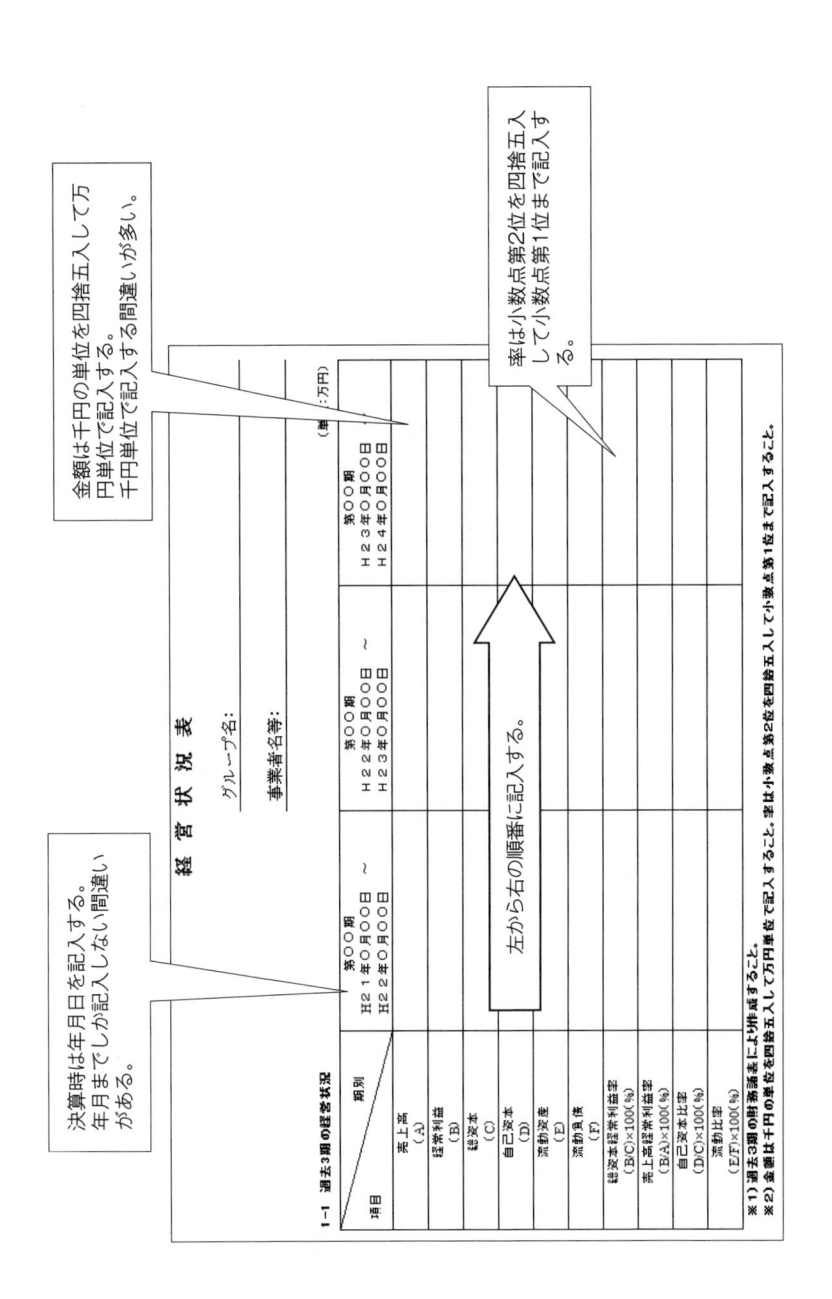

グループ名：
事業者名等：

(単位：万円)

1-1 過去3期の経営状況

期別 項目	第○○期 H21年○月○日 ～ H22年○月○日	第○○期 H22年○月○日 ～ H23年○月○日	第○○期 H23年○月○日 ～ H24年○月○日
売上高 (A)			
経常利益 (B)			
総資本 (C)			
自己資本 (D)			
流動資産 (E)			
流動負債 (F)			
総資本経常利益率 (B/C)×100(%)			
売上高経常利益率 (B/A)×100(%)			
自己資本比率 (D/C)×100(%)			
流動比率 (E/F)×100(%)			

※1）過去3期の財務諸表により作成すること。
※2）金額は千円の単位を四捨五入して万円単位で記入すること。また率は小数点第2位を四捨五入して小数点第1位まで記入すること。

[注釈：]
- 決算時は年月日を記入する。年月までしか記入しない間違いがある。
- 左から右の順番に記入する。
- 金額は千円の単位を四捨五入して万円単位で記入する。千円単位で記入する間違いが多い。
- 率は小数点第2位を四捨五入して小数点第1位まで記入する。

第8章　グループ補助金の申請

あとがき

　設備投資などに必要な資金は、返済の必要のない自己資金で行うのが最も安全で理想的ともいえる。
　しかし、収益を蓄積するのには時間がかかり、資本蓄積の乏しい多くの中小企業では、タイムリーに自己資金による調達をすることは、なかなかむずかしい。
　その点補助金は、いわば収益の蓄積によらない自己資金の調達を可能にするものである。また、取得した補助金が必要資金の一部であっても、補助金以外の調達不足分について金融機関からの融資が受けやすくなるという「呼び水効果」も認められる。

　そうした意味で、補助金をうまく活用すれば、設備投資などのタイムリーな取得に効果があり、企業経営に大きく寄与するものである。
　しかし、その一方で、補助金の取得には、申請書類の作成が初めての者にはむずかしく、また所定帳票の作成など事後管理にも相当の手間隙を要し、さらには会計・税務処理面も複雑でむずかしい、という側面がある。
　補助金の申請、事後管理および会計処理の実務を平易に解説した本書は、これらの課題に十分応えられる内容となっているものと思われる。

　本書の読者には、本書を活用して、さまざまな補助金の取得に積極的に取り組んでいただくよう、お勧めしたい。
　本書発行時以降も、対象や要件を一部改正した新たな「グループ補助金」の公募が継続していくものと思われる。また、そのような震災復興関連補助金のみならず、国の中小企業施策に基づく多種多様な補助金の公募が、今後とも全国的に続いていくものと予想される。
　本書によって補助金を広く活用し、被災地の中小企業の復興がいっそう進展することを祈念するとともに、デフレ脱却の途がみえつつあるなかで日々

健闘している全国の中小企業に対して、心からのエールを送りたい。

平成25年9月

執筆者一同

補助金の申請と会計・税務

平成25年11月13日　第1刷発行

　　　　　　　編著者　藤原　　勉
　　　　　　　　　　　西村　哲雄
　　　　　　　　　　　太陽ASGグループ
　　　　　　　発行者　倉田　　勲
　　　　　　　印刷所　大日本印刷株式会社

〒160-8520　東京都新宿区南元町19
発　行　所　一般社団法人　金融財政事情研究会
　　　編集部　TEL 03 (3355) 2251　FAX 03 (3357) 7416
販　　　売　株式会社きんざい
　　　販売受付　TEL 03 (3358) 2891　FAX 03 (3358) 0037
　　　URL http://www.kinzai.jp/

・本書の内容の一部あるいは全部を無断で複写・複製・転訳載すること、および磁気または光記録媒体、コンピュータネットワーク上等へ入力することは、法律で認められた場合を除き、著作者および出版社の権利の侵害となります。
・落丁・乱丁本はお取替えいたします。定価はカバーに表示してあります。

ISBN978-4-322-12382-1